广东省“十四五”职业教育规划教材

# 高尔夫球运动规则及案例解析

第二版

GOLF RULES AND CASE ANALYSIS (2ND EDITION)

张国华　编著

暨南大學出版社
JINAN UNIVERSITY PRESS

中国·广州

**图书在版编目（CIP）数据**

高尔夫球运动规则及案例解析 / 张国华编著. 2 版. -- 广州 : 暨南大学出版社, 2024. 9. -- ISBN 978-7-5668-3978-7

Ⅰ. G849.34

中国国家版本馆 CIP 数据核字第 2024KJ5856 号

**高尔夫球运动规则及案例解析（第二版）**
GAOERFUQIU YUNDONG GUIZE JI ANLI JIEXI（DI-ER BAN）
**编著者：张国华**

---

**出 版 人**：阳　翼
**责任编辑**：高　婷　梁安儿
**责任校对**：刘舜怡　许碧雅　潘舒凡
**责任印制**：周一丹　郑玉婷

**出版发行**：暨南大学出版社（511434）
**电　　话**：总编室（8620）31105261
营销部（8620）37331682　37331689
**传　　真**：（8620）31105289（办公室）　37331684（营销部）
**网　　址**：http：//www. jnupress. com
**排　　版**：广州市新晨文化发展有限公司
**印　　刷**：佛山市浩文彩色印刷有限公司
**开　　本**：787mm × 960mm　1/16
**印　　张**：17. 5
**字　　数**：320 千
**版　　次**：2020 年 12 月第 1 版　2024 年 9 月第 2 版
**印　　次**：2024 年 9 月第 1 次
**定　　价**：59. 80 元

# 前　言

俗话说“无规矩不成方圆”，大到社会，小至家庭，概莫能外。运动规则是使每一项体育运动体现公正和有序的前提，也是每一位参与者都必须遵守的行为准则。

高尔夫球运动是球类运动中所需场地最大的项目，其场地状况的复杂多样使得参与者在打球过程中遇到的情况千变万化。高尔夫球运动尤其注重对参与者的品行和修养的约束。规则使高尔夫球运动变得伟大，并不断考验和培养着参与者的公平、诚信、自律意识。

从 1984 年广东中山温泉高尔夫球会开业算起，国内高尔夫球运动走过了 40 年的发展历程。40 年来，国内高尔夫球运动获得了长足发展，球场、运动人数、球具生产及销售企业、开设高尔夫球专业的大专院校的数量都在快速增长。

高尔夫球运动规则既是高尔夫球企业员工及高尔夫球爱好者必备的知识，也是高尔夫球相关专业学生必修的一门核心课程。如何快速掌握高尔夫球运动规则，将规则条文熟练运用于高尔夫球运动、教学和岗位工作中，是高尔夫球人迫切需要解决的问题。为了使高校学生及高尔夫球运动参与者更好地学习和掌握高尔夫球规则，笔者在多年的“高尔夫规则与礼仪”教学实践基础之上编写了这本课程配套教材。

经 R&A 规则有限公司（The R&A）及美国高尔夫球协会（USGA）批准的第 35 版高尔夫球规则自 2023 年 1 月 1 日起正式生效。本书以中国高尔夫球协会发布的 2023 年中文版《高尔夫球规则》为蓝本，参考并借鉴李今亮、冯力源《GOLF 下场学规则》，安铁民《高尔夫球规则实用教程》等书籍，共包含六章内容：第一章为高尔夫球规则相关的背景知识；第二章为高尔夫礼仪；第三章为高尔夫专用术语及定义；第四章为高尔夫球规则；第五章为 18 洞实战案例剖析；第六章为国内常见的“本土”规则。受教材篇幅所限，各部分内容力求简明扼要、通俗易懂。对于希望进一步学习高尔夫球规则的读者，建议研读更为专业的规则及判例类书籍。

本书在策划、校订、出版过程中，得到了南沙高尔夫球会、佛山高尔夫球会、江门五邑高尔夫球会、广州市蓝鹏高尔夫运动管理服务有限公司、广州亚太国际俱乐部、从都国际企业有限公司等校外实训基地领导以及广州体育职业技术学院李国平院长、张苹副院长、孙雷鸣主任，暨南大学出版社黄圣英副社长、高婷编辑的大力支持与热忱帮助，在此向他们表达感激之情。

广州南沙高尔夫球会李谊经理、桂林旅游高等专科学校黄鑫老师、琼台师范学院黄细渭老师等当年和笔者一起参与 PDA 培训的同学为书中案例及球场示意图的绘制提供了许多宝贵意见，广州市天河区汇景实验学校侯路遥老师绘制了书中的球场示意图及案例路线图，笔者在此向各位的鼎力支持致以最衷心的感谢。

张国华
2024 年 5 月

# 目 录

Contents

# 绪　论

## 一、为什么要学习高尔夫球规则与礼仪

从事任何运动，都必须了解该运动的基本规则，否则会贻笑大方。高尔夫球运动有它特定的规则，这是所有打高尔夫球的人都应该遵守的一种游戏规则。这种规则不是由某个人说了算，而是全世界通用的。高尔夫球运动注重绅士风度的展现，因此参与者在正式打球之前对高尔夫球运动规则及礼仪的学习不可等闲视之。

相对其他运动项目，高尔夫球运动规则显得特别复杂。它不仅包含打球过程中怎么抛球、怎么罚杆的问题，而且是一个完整的行为规范体系。高尔夫球运动参与者首先应具备“诚信自律，时刻为他人着想”的高尔夫球运动精神，其次需遵循最基本的高尔夫礼仪，最后才考虑在运动过程中如何恪守规则条文的问题。

## 二、学习规则应达成什么目标

《高尔夫球规则》通过缜密的逻辑思维和严谨的语言表达，对球场上的各种规则和状况进行了细致的分类与阐述。进行高尔夫球运动的人都需要自觉遵守这部“法典”，使其成为自己的准则。制定运动规则需要尊重运动项目的历史发展轨迹，同时必须清晰和全面，能够反映这项运动的特点，并且有适度的处罚，使之向着更有利于该项运动的方向发展。为确保这一目标的实现，规则管理机构定期对规则进行审查和修订，而个人对规则的学习也应与时俱进。通过阅读和学习本书，读者可以实现以下几个目标：

较低目标——“看得懂”：了解高尔夫球规则与礼仪的基本内容，

懂得高尔夫球“玩法”，能看明白别人如何打高尔夫球。

较高目标——“做得对”：明白规则与礼仪的具体要求，能够身体力行地按照规则去应对自己在高尔夫球运动过程中遇到的绝大多数状况。

高目标——“判得了”或“考到证”：熟悉规则条文的明细规定，能够运用规则灵活处理高尔夫球运动或比赛中的具体问题。感兴趣的读者可以参加中国高尔夫球协会的高尔夫球裁判员考试。

## 三、如何学习高尔夫球规则与礼仪

### （一）理解用词

《高尔夫球规则》行文准确审慎，读者应当明白并理解相关用词的不同含义，例如：“可以”（may）是选择性的，“应当”（should）是推荐性的，“必须”（must）是指令性的（如果不遵照规则执行将会受到处罚）；“一个球”（a ball）表示可以替换另一个球，“这个球”（或该球、此球，the ball）表示不得替换另一个球。

### （二）知晓定义

高尔夫球规则中有74条被定义的专用术语，如“异常球场状况”“助言”“罚杆区”等。这些术语构成了撰写《高尔夫球规则》的基础。掌握这些被定义的术语是正确运用规则的前提。

### （三）明确事实

在回答任何有关规则的问题之前，必须细致地考虑与案例相关的事实。应当确认：

（1）比赛的赛制，是比洞赛还是比杆赛，是个人赛、四人二球赛还是四球赛等。

（2）涉及谁，是球员本人、伙伴还是球童，是对手、对手的球童还是局外人。

（3）事情发生在哪种球场区域，是在发球区、沙坑、罚杆区还是在推杆果岭等。

（4）究竟发生了什么事情。

（5）球员当时的意图是什么，如球员当时正在做什么，以及他想做什么。

（6）事情发生的时机，如球员是否仍在球场上、球员是否已经提交了记分卡、比赛是否结束等。

## 四、如何使用本书

本教材设计了六章内容：第一章为高尔夫球规则相关的背景知识；第二章为高尔夫礼仪；第三章为高尔夫专用术语及定义；第四章为高尔夫球规则；第五章为18洞实战案例剖析；第六章为国内常见的“本土”规则。这些内容是笔者在多年的教学实践基础上总结出来的高尔夫球规则学习路径。

读者若没有高尔夫球规则方面的基础，建议从第一章开始按顺序阅读；若具备一定的高尔夫球基础知识，只是没有系统学习过高尔夫球运动规则，可以重点阅读第五章的18洞实战案例剖析，同时查阅第四章的高尔夫球规则条文，以深化对规则条文的理解和运用。

# 第一章

# 高尔夫球规则相关的背景知识

## 第一节

# 高尔夫球规则简介

运动规则是使每一项体育运动体现公正和有序的前提，也是每一位参与者必须遵守的行为准则。高尔夫球运动尤其注重对参与者的品行和修养的约束，其规则是维护高尔夫球运动秩序、指引职业球员和业余球员参与运动及赛事的准则和标准。

规则不是固定不变的，它需要与时俱进，不断地进行修订与完善。高尔夫球运动从最开始的民间游戏，经过几个世纪的发展，成为和台球、网球齐名的三大绅士运动之一。经过不断的审核和修改，现有的高尔夫球规则更符合高尔夫球运动的精神。随着高尔夫球运动的发展，高尔夫球规则从当初不成文的游戏玩法逐步发展成为今天通行全球的《高尔夫球规则》。

现行的《高尔夫球规则》由 R&A 规则有限公司（The R&A）及美国高尔夫球协会（USGA）联合审定，是世界通用的高尔夫职业和业余选手行为规范，每四年修订印制一次。

## 一、 高尔夫球规则的起源

高尔夫球运动是一项古老的运动，迄今有近 600 年的历史。由于高尔夫球运动的起源没有准确的时间或大致的年代，因而产生了许多古老而神秘的传说。虽然有关高尔夫球运动的起源说法各异，但综合来看，大部分人都认可高尔夫球运动起源于苏格兰这一观点。

现代高尔夫球运动也的确具有浓浓的苏格兰味：

一方面，从历史文献看，最早有关高尔夫的记载出现在 1457 年。由于士兵狂热地迷恋高尔夫球运动而影响日常训练，当时的苏格兰国王詹姆斯二世曾让议会颁布法令严禁高尔夫球运动。

另一方面，高尔夫球运动的名称来源于苏格兰语“gouf”，为“击、打”之义。现在建造的高尔夫球场也多仿照苏格兰特有的海滨沙地，既要求有排水良好、质量上乘的草坪，又要求有一定的起伏造型。

高尔夫球运动经历了约300年的民间游戏之路，终于在1744年被当作一项体育产业来运作。1744年3月7日，利斯绅士高尔夫球手俱乐部（Gentlemen Golfers of Leith，后来更名为“爱丁堡高尔夫球手荣誉团体”）为了于当年4月2日举行的会员比赛，特意拟定了一份比赛中会员须遵守的比赛规则，共计13条。这份规则成为高尔夫球运动历史上最早的述诸文字的规则，被后人简称为“十三条”。该规则以明文方式公布（具体规定参见附录），在此后的150余年时间里一直是欧美地区高尔夫俱乐部或协会进行高尔夫比赛的基本规则。

又过了100多年，在1860年，世界首个高尔夫赛事——英国高尔夫球公开赛举行，开创了现代高尔夫球运动的先河。随着英国的殖民统治不断地向外扩张，高尔夫球运动也从英伦三岛传播到欧洲大陆、美洲大陆，后来又传到非洲、大洋洲和亚洲。至20世纪初期，高尔夫球运动已经在世界范围内开展起来了。

## 二、高尔夫球规则的演进

继利斯绅士高尔夫球手俱乐部推出“十三条”之后，很多高尔夫俱乐部都在此基础上制定了适合自己会员使用的比赛规则。

在众多高尔夫俱乐部中，成立于1754年5月14日的圣安德鲁斯高尔夫俱乐部（Society of St. Andrews Golfers）后来居上，其影响力超过了利斯绅士高尔夫球手俱乐部。1834年，时任英国国王威廉四世在王室高尔夫球爱好者众星捧月的拥护下，宣布封圣安德鲁斯高尔夫俱乐部为“苏格兰圣安德鲁斯皇家古老高尔夫俱乐部”（Royal and Ancient Golf Club of St. Andrews. Scotland）。1897年，苏格兰圣安德鲁斯皇家古老高尔夫俱乐部在众多高尔夫俱乐部的敦请下，出面编印了高尔夫球运动历史上第一部统一的《高尔夫球规则》，由此结束了高尔夫球运动一百多年来规则不统一、各自为政的混乱状况。此后，苏格兰圣安德鲁斯皇家古老高尔夫俱乐部也担负起欧洲地区高尔夫球运动的规则制定和各项赛事活动的组织工作。

18世纪中叶，一批苏格兰移民来到了美洲大陆，他们把苏格兰人所钟爱的高尔夫球运动也带到了这片辽阔而神秘的土地。1786年，他们在查尔斯顿地区成立了全美第一家高尔夫俱乐部，即南卡罗来纳高尔夫俱乐部(South Carolina Golf Club of Charleston)。随着欧洲移民的大量涌入，高尔夫这项起源于欧洲的户外运动在美洲大陆得到了长足发展。1894 年，美国高尔夫球协会宣告成立，该协会的前身是高尔夫球业余爱好者协会（Amateur Golf Association of the United States)，后更名为“美国高尔夫球协会”（The United States Golf Association，USGA）。由于运作合理，会员数量增长很快，该协会迅速成为美洲大陆高尔夫球运动发展的领头羊，成为大西洋彼岸的另一个实力强大的高尔夫球运动管理机构。美国高尔夫球协会负责制定美洲高尔夫球竞赛规则，组织各项赛事工作。

随着国际赛事的不断增多，苏格兰圣安德鲁斯皇家古老高尔夫俱乐部和美国高尔夫球协会在规则上的分歧不断加剧。直到 20 世纪初，这两家最有影响力的机构才达成一致，同意在欧美地区举行国际比赛时统一采用由苏格兰圣安德鲁斯皇家古老高尔夫俱乐部制定的高尔夫竞赛规则。即便如此，这两家机构对规则的许多技术细节仍存在分歧，每场在两地举行的国际性高尔夫赛事仍须在赛前做统一规则的工作。

1951 年，美国高尔夫球协会与苏格兰圣安德鲁斯皇家古老高尔夫俱乐部经过认真协商，从根本上解决了规则认识上的分歧。双方对规则的解释达成了共识，一致决定每四年召开一次联席会议，检讨错误并修订高尔夫竞赛规则。此后，这两家机构成为世界上公认的制定、解释高尔夫竞赛规则和提供仲裁的最高权威机构。

从 2004 年 1 月 1 日起，苏格兰圣安德鲁斯皇家古老高尔夫俱乐部将制定、解释《高尔夫球规则》和《高尔夫业余身份规则》并提供裁决的责任和权利转至 R&A 规则有限公司（以下简称“R&A 公司”)。

R&A 公司的名字来源于苏格兰圣安德鲁斯皇家古老高尔夫俱乐部英文名称的缩写，它是该俱乐部于 2004 年 250 周年庆时分离出来的独立机构，专职运营锦标赛、制定英国和海外高尔夫球规则以及推广高尔夫运动，是英国高尔夫球公开赛以及许多大型业余赛事和国际对抗赛的主办者。

当今世界高尔夫球运动的发展，从某种意义上讲，是由位于苏格兰圣安德鲁斯的 R&A 公司和位于美国新泽西远山的美国高尔夫球协会共同推动的，它们管理着全世界的高尔夫球运动，包括撰写和解释《高尔夫球规则》。

一方面，R&A 公司和美国高尔夫球协会合作发布统一的规则；另一方面，双方也在不同的工作管辖范围内独立运作。美国高尔夫球协会负责管理美国以及墨西哥的高尔夫球运动规则事宜；而 R&A 公司则在其附属高尔夫机构的同意下负责管理世界其余国家和地区的规则事宜。

目前国际上所采用的高尔夫竞赛规则是由上述两家机构于 2022 年审定批准并从 2023 年 1 月 1 日起实施的，规则正文共 25 条。该规则内容全面、条理清晰、逻辑严谨。

# 第二节

# 中国高尔夫球协会简介

## 一、协会简介

中国高尔夫球协会是具有独立法人资格的全国性群众体育社会团体，简称“中国高协”或“中高协”，英文名称为“China Golf Association”，缩写为“CGA”。协会成立于 1985 年 5 月，总部在北京。

中国高尔夫球协会是由爱好、支持和致力于高尔夫球运动发展的组织和个人自愿结成的全国性、专业性、权威性、行业性社会团体，是非营利性社会组织，是中华全国体育总会和中国奥林匹克委员会的团体会员，是代表中国参加国际高尔夫球组织及相应的国际高尔夫球赛事、活动的唯一合法组织。

## 二、协会宗旨

中国高尔夫球协会的宗旨是团结全国高尔夫球行业工作者、运动员和爱好者，服务我国高尔夫球运动发展，促进群众高尔夫球和竞技高尔夫球全面发展，为加快建设体育强国贡献力量。

中国高尔夫球协会遵守宪法、法律、法规和国家政策，践行社会主义核心价值观，弘扬爱国主义精神，遵守社会道德风尚，自觉加强诚信自律建设。

### 三、协会职能

中国高尔夫球协会秘书处下设综合部、竞技部、竞赛部、商务部、发展部、会员媒信部、反兴奋剂部 7 个部门。协会规划设计出 12 个专业委员会，以训练、竞赛、市场、人才培养、会员“五大体系”建设为抓手，推进中国高尔夫球事业全面发展。

中国高尔夫球协会承认国际高尔夫球联合会（IGF）及亚太高尔夫球联合会（APGC）的章程和条例，使用 R&A 公司和美国高尔夫球协会公布的规则。

## 第三节 高尔夫裁判员培训及考证体系简介

中国高尔夫裁判员培训及考证体系是由中国高尔夫球协会与 R&A 公司合作建立起来的。

### 一、高尔夫裁判员等级

高尔夫裁判员分为四个等级：二级裁判员、一级裁判员、国家级裁判员（A、B）和国际级裁判员。

按照所学的内容和通过要求，二级裁判员可在级别较低的业余比赛中担任观察员或没有最终裁决权的裁判员；一级裁判员可在级别较低的业余比赛中担任具有最终裁决权的裁判员，并在级别较高的业余比赛或职业赛事中担任观察员；国家级裁判员可在级别较低的业余赛事中担任裁判长，在级别较高的业余赛事或职业比赛中担任具有最终裁决权的裁判员；国际级裁判员则可担任国际赛事的裁判员或裁判长。

## 二、高尔夫裁判员不同等级培训及考证介绍

### （一）二级裁判员培训及考证

二级裁判员培训的主要内容包括：高尔夫礼仪、规则中的所有定义，以及《高尔夫球规则》中的常用规则。二级裁判员的培训过程中会涉及实践部分的讲解，但考试时只考理论，没有实践部分的考核。二级裁判员培训及考证的主要目的是让学员对高尔夫球规则有一个总体的了解，以及掌握一些最基本的定义及基础的规则应用，难度较低。

### （二）一级裁判员培训及考证

一级裁判员培训的内容涉及全部的高尔夫球规则。与二级裁判员考试相比，一级裁判员考试的难度明显增加，学员必须对规则和判例相当熟悉才可能顺利通过考试。一级裁判员考试在 2015 年以前只有理论考试，不设实践考核。从 2015 年起，一级裁判员考试增加了实践考核环节，考生必须同时通过理论考试和实践考核才能获得一级裁判员证书。

1. 理论考试

一级裁判员的理论考试包括闭卷和开卷两部分。

2. 实践考核

全体考生须统一在教室候考，工作人员按照考号逐个通知考生前往球场参加考核。实践考核中，每个考生需要现场模拟裁判员处理考官预设的打球状况，比如球受到不可移动妨碍物妨碍后的补救流程、球进入罚杆区的处理方法、宣布球不可打之后的应对办法等。考官从风格、清晰度和准确性三个方面为考生评分。

### （三）国家级裁判员培训及考证

国家级裁判员的考证形式与一级裁判员的考证相似，包括理论考试和实践考核两个部分。较一级裁判员考试而言，国家级裁判员的考试内容增加了竞赛组织和管理方面的内容，如比赛条件和当地规则制定、球场标定和设置等。从 2015 年开始，国家级裁判员考证细分为 A、B 两个档次。国家 A 级与国家 B 级裁判员考试的主要区别在于考试过程中是否使用英文。只有通过国家 A 级裁判员考试的考生才有资格参加国际级裁判员的培训及考证。

国家级裁判员考试中最难的部分是实践考核。因为大多数学员之前

并没有太多临场执法的经验，所以在面对考官时很容易感到紧张，从而影响临场的发挥。因此，每年的国家级裁判员考试中有相当多的学员在实践考核上失利。要解决这个问题，最好的办法是学员平时多花些时间创造和模拟一些执法环境去体验，或者找机会观摩大型比赛并向有经验的裁判员学习和请教。

**（四）国际级裁判员培训及考证**

想成为国际级裁判员的学员需要参加 R&A 公司举办的赛事管理和高级裁判员培训班（The R&A Tournament Administrators and Referees Seminar）的培训及考证。培训内容主要是赛事管理方面和组织方面的高级知识，比如比赛条件、球场设置、对临时不可移动妨碍物的处理、控制打球速度等，此外还包括一些疑难判罚的讨论。理论考试的形式与一级、国家级裁判员的理论考试类似。

# 第二章

# 高尔夫礼仪

第一节

# 高尔夫礼仪基础

高尔夫球运动虽然起源于苏格兰牧羊人的游戏，但它对打球者的礼仪有较高的要求。事实上，高尔夫球选手的行为规范比其球技更重要。球打得差没关系，即使是初学乍练的新手，如果懂规则、守礼仪，照样会赢得尊重；相反，虽然球技高超，但是举止粗俗、恶习连连，也定会遭人唾弃。因此，不管球员如何标榜球技和球龄，或者展示昂贵的球具和一身名牌行头，只要看看他在球场上的举止是否遵守高尔夫礼仪，就能区分出他是一个名副其实的高尔夫球手，还是一个只会拿着球杆在场上玩票的人。通过球员的场上表现，人们可以观察到他是否热爱这项运动、是否理解高尔夫的传统并尊重一起打球的同伴，进而对球员个人的教养和人品作出评价。

高尔夫礼仪作为高尔夫球运动最重要的组成部分，自始至终都伴随着这项运动的发展，成为高尔夫有别于其他运动项目的特点之一，所以高尔夫球运动也被称为“绅士运动”。

高尔夫礼仪的部分内容被写进了《高尔夫球规则》，但也有一些约定俗成的规范并没有以文字的形式出现在规则条文中。与礼仪有关的规则有些是适用于整个球场和练习场区域的，有些则是针对特定区域如发球台、果岭的。

## 一、球场上的着装要求

高尔夫球运动对着装有特别要求，这也是该项运动在长期的历史发展中所形成的独特文化的一部分。

高尔夫球运动着装要求如图 2－1 所示。

**图 2－1　高尔夫球运动着装要求**

高尔夫球运动着装以舒适、整洁为原则，不论男女，都应穿有领的上衣。女士着装可以时髦一些，上衣可无袖，但必须有领子，不可穿过短的短裤或短裙，尤其不可穿吊带衣或吊带裙。穿着过于暴露有伤大雅，并且容易被晒伤。

球员不允许穿无领 T 恤、吊带衣或吊带裙、低胸露背装、超短裙、牛仔裤（或用牛仔布做的其他衣饰）、连衣裙、透视装上场。穿着不得体的服装出入高尔夫会所，对俱乐部及个人来说都会显得突兀。球鞋方面，大部分俱乐部出于保护草坪的需要，规定球员在球场上只能穿特制的胶钉球鞋或运动鞋，不允许穿凉鞋。

### （一）女士在高尔夫球场上的正确着装

（1）高尔夫球鞋，运动袜，高尔夫类短裤、短裙或休闲裤以及有领 T 恤。

（2）短裤和短裙的底边不能高于膝盖上方 4 英寸（101.6 mm）。

（3）帽子必须穿戴适宜，帽舌向前。

女士的错误着装如图 2－2 所示：

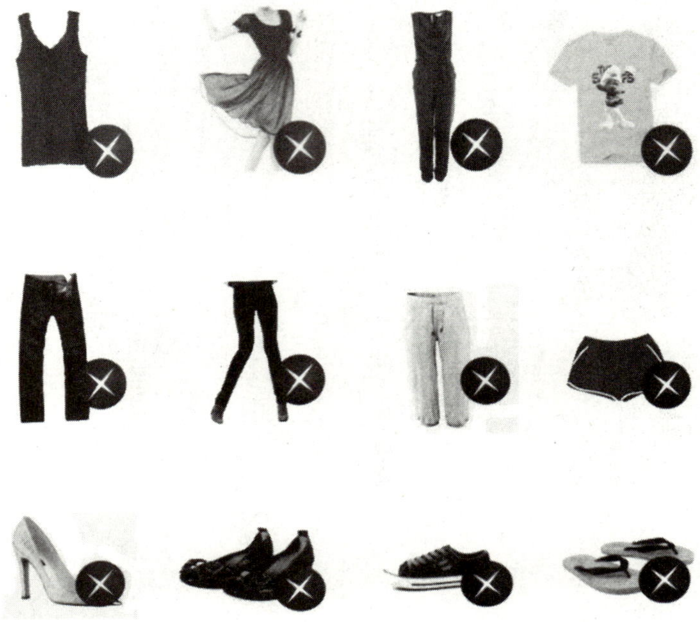

图 2－2　女士的错误着装

（1）无领 T 恤、绑颈露背类衣服、吊带衣或吊带裙、连衣裙、超短裙、运动装、训练服。

（2）牛仔裤、牛仔布类衣服、迷彩裤、工装长裤或短裤、慢跑或网球短裤、足球短裤、沙滩裤和田径服。

（3）带铁钉的高尔夫球鞋、高跟鞋、平底皮鞋。

### （二）男士在高尔夫球场上的正确着装

（1）高尔夫球鞋、运动袜、合适的短裤或者长裤以及一件高尔夫 T 恤衫（带领或高领）。

（2）T 恤必须束进裤腰中。

（3）帽子必须穿戴适宜，帽舌向前。

男士的错误着装如图 2－3 所示：

图 2－3　男士的错误着装

（1）无领 T 恤、圆领或 V 领衬衫。

（2）运动长裤或短裤、牛仔裤、牛仔布类衣服、迷彩裤、工装长裤或短裤、慢跑或网球短裤、足球短裤、沙滩裤和田径服。

（3）带铁钉的高尔夫球鞋。

## 二、预约发球时间并准时到达

### （一）提前预约发球时间

为了给自己和其他会员提供便利，球员预约后若因故无法到场，应事先通知球会，避免造成空组，以便球会管理和运营。

### （二）守时抵达

守时是高尔夫球员必备的素质之一。球员要预留足够的车程时间，至少提前 30 分钟抵达球场，并在开球前 10 分钟到达出发台等候开球通知。如果同组的球友迟到，则需要等他们一起下场，并通报俱乐部出发台另外安排出发组别，不能强行上场开球，以免干扰俱乐部的管理和其他会员的打球次序。

### （三）尊重球场编组，提前做好开球准备

球员应尊重球场编组人员所安排的编组顺序，不得随意跳组。开球以前，球员应在口袋中准备若干球座（如图 2－4 所示）和若干个球标（如图 2－5 所示）或硬币，以及果岭叉（如图 2－6 所示）。

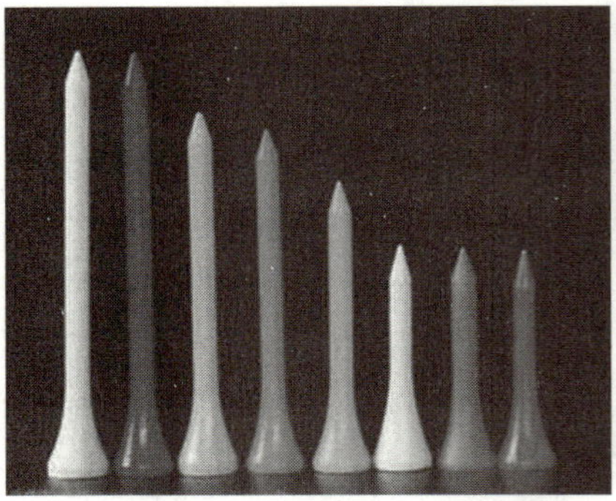

图 2－4　球座

图 2－5　球标

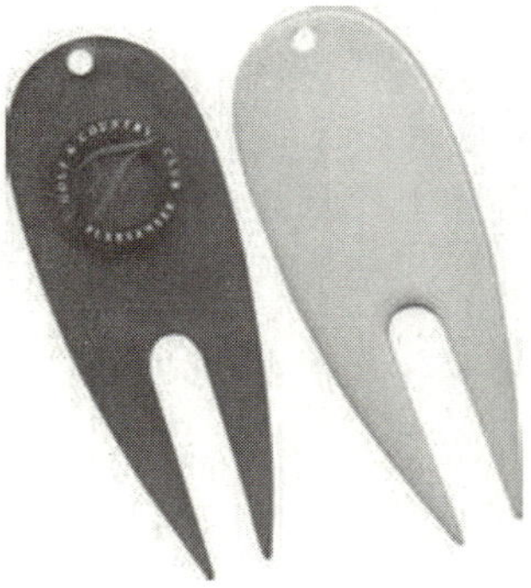

图 2－6　果岭叉

果岭叉是一个非常简便的工具，由一小片铁皮制成，铁皮中间开一个叉，支起两只脚。这个工具虽然简单，却是修补果岭的好帮手。国内的球童常要帮助球员完成修补果岭的任务，若带上一个果岭叉，在上果岭时及时修补果岭，会显得更专业。

用果岭叉修理球痕时须注意不要将果岭叉插入果岭落痕处，然后往上挑凹陷的草坪，这样会对草坪造成二次破坏。正确的方法是将叉子竖着插入凹陷处周围，将草和土往凹陷处挤压，然后用推杆或者其他工具将草坪压平。

高尔夫被称为“绅士运动”，球员应处处体现出绅士风度。在第一洞发球台开球之前，球员应主动与同组球友打招呼，无论是对同伴还是对对手都应作自我介绍并握手问候，祝对方好运。在球友开出好球后也别忘了为他们喝彩，喊上一句：“好球！”

### （四）妥善安排随行人员

有的球员下场打球，可能会有司机或随行人员同行。此时，妥善安

排随行人员，并要求他们遵守俱乐部规章就显得特别重要。俱乐部会所大厅是专供会员、来宾使用的区域，球员应事先提醒随行人员注意仪表和行为举止。衣衫不整、歪坐、打瞌睡、旁若无人地大声打电话等不当举止不仅影响自身形象，也是对其他会员和来宾的不尊重。尊重其他会员的权益就是保护自己的权益，球员可安排随行人员到专门的区域休息或用餐。

## 三、打球过程中的礼仪

### （一）保持安静

高尔夫是一项需要球员精神高度集中的运动，任何声响、动作都有可能影响击球的质量。击球时，如果有人在旁边说话、谈笑、走动或是因整理和摆弄球包内的球杆而发出响声，球员将很难集中精神挥杆或推球。有的球友喜欢大声喧哗或哈哈大笑，这是十分无礼的行为，不但影响同组伙伴，而且干扰附近球道的球友。球员进行比赛时应将手机关闭；非正式比赛或是好友之间打球消遣时，可以将手机调至振动状态。但是为了不影响其他球员或自己，关闭手机或者让手机保持静音状态才是最佳做法。

### （二）控制打球速度

球员在两次击球之间等待时间过长，可能会变得不耐烦，从而失去击球的动力。因此，为了让大家尽情享受打高尔夫球的乐趣，球员应保持适当的打球速度。一般情况下，打一轮 18 洞的合理时间大概是 4 小时 15 分钟，打一轮 9 洞的合理时间应在 2 小时以内。

打球时应遵循“慢打快走”的原则。当前组球员走出击球的射程范围之外时，后组球员应迅速击球，击球缓慢不但会给同组比赛者造成困扰，也会给球场的运作造成麻烦。

### （三）诚信自律

诚信自律是高尔夫球运动的精髓所在，球场上的任何作弊行为都是对他人的不公平和不尊重，欺诈和蒙骗是高尔夫球运动的最大耻辱。自律、自重是高尔夫球员的必备品质，做一个懂规矩的球员比做一个打球高手更重要，所以一个值得信任的高尔夫球员即便在没人注意到的时候犯规也会诚实地处罚自己。

### （四）礼待球童

球童是球场安排的工作人员，是球员的助手和伙伴。通常，在球员打球过程中只有球童可以按照规则帮助他，因此球员应当努力与球童建立良好的合作伙伴关系，尊重球童的人格，做一名善解人意的高尔夫球员。球员应当把球童视为自己的朋友，多一分关心、体贴，尽量减少球童的负担，并力所能及地帮助球童做一些平整沙坑、修整果岭上的球痕之类的事情，这样球童才可以更好地帮助球员。

有的球员把球童视为自己的奴仆，颐指气使，吆五喝六，打坏球的时候更是动辄对球童发脾气，把球童当成出气筒，更有甚者对球童大打出手、肆意欺辱。这种行为不仅有损高尔夫礼仪，而且反映出球员的品质低下和德行丑陋。一个不尊重他人的球员永远不值得他人尊重。

### （五）讲卫生、重整洁

高尔夫比赛场地维护成本极高，场地的整洁与卫生需要大家共同维护。球员在球场上应尽量避免吸烟，若真的需要吸烟，应事先征询同组其他球友的意见。吸烟后应将烟头熄灭并扔到球场上放置的烟灰缸或其他地方的垃圾筐内。在果岭上推击时不可以吸烟。乱扔烟蒂和垃圾，随地吐痰、小便，既破坏了高尔夫球场洁净的环境，也有违绅士礼仪。

## 四、观看比赛过程中的礼仪

### （一）穿专业的服装

高尔夫是一项高雅的运动，球员和观众要遵守很多规则。观看高尔夫赛事的观众应该了解相关的礼仪，不仅参赛的选手要穿专业服装，在现场观看的观众也有一定的服装限制。观众进入高尔夫球场时不要穿牛仔裤，另外为了保护草地还要穿平底鞋。

### （二）观看比赛时需走在围绳之外，注意保持安静

观众观看比赛时不能进入选手比赛的球道，赛事单位为了规范观众看球的路线，会提前用围绳把球道和果岭围起来，禁止观众走近。这既是避免观众距离太近影响选手击球，也是防止观众被球误伤。在球员准备挥杆的时候，球场边的观众必须保持绝对的安静，原则上连稍微挪动位置也是不允许的，因为脚步声同样会对场上的球员产生干扰。

### （三）球场上拍照前记得关掉闪光灯

比赛时，球员处于高度紧张状态，照相机的闪光灯会对球员造成很大的影响，甚至可能影响比赛的最终成绩。观众不允许同步拍照干扰球员，尤其注意任何时候都要关闭相机的闪光灯。在部分比赛，普通观众是不能携带手机和相机等进入比赛区的，即使是专业的摄影师，在球场上也不能在选手挥杆的时候拍照。如观众确实需要拍照，无论是在发球台、球道还是在果岭区域，都一定不能在球员击球时按快门。

遵守高尔夫礼仪既是对场上球员的尊重，也是观众良好个人素质的体现。在高尔夫比赛前，主办方会反复提醒观众观看比赛的一些注意事项，但总有一些不听劝告的观众我行我素，最终换回的是球员和其他观众的厌恶、白眼甚至斥责，给自己造成不必要的尴尬。

## 第二节

# 《高尔夫球规则》对礼仪的规定

高尔夫礼仪是指参与者在打高尔夫球的过程中应当遵循的行为规范。若能遵守这些规范，所有参与者都会从这项运动中获得最大的乐趣。

高尔夫球运动中应当遵循的最重要的原则是：在球场上任何时候都要为他人着想。

### 一、高尔夫球运动的精神

绝大多数情况下，高尔夫球运动都是在没有裁判员监督的情形下进行的。这项运动有赖于每个参与者的诚信，具体表现为替其他球员着想和自觉遵守规则。不论比赛多么激烈，所有球员都应当自觉约束自己的行为，随时表现出礼貌谦让的态度和绅士风度。这就是高尔夫球运动的精神。

## 二、安全

（1）球员在击球或试挥杆时，应确保旁边或球杆、球、石块、小石子、树枝等可能打到的地方无人站立。

（2）在前组球员还没有走出击球范围（射程）之前，后组球员不应当击球。

（3）在击球可能会危及附近或前方的球场工作人员时，球员应及时对其进行提醒。

（4）如果打球后球飞向可能击中他人的地方，球员应当立即高声喊叫，进行警告。在该场合警告的惯用词是“看球”（fore）。

## 三、与其他球员的相处方式

（1）球员不应干扰或影响他人。

（2）球员在球场上要始终为其他球员着想，不应以走动、讲话或制造不必要的声音等方式干扰他人打球。

（3）球员应当确保自己带到球场的任何电子设备不会对其他球员造成干扰。

（4）发球区上，球员不应在轮到自己开球之前先行架球。

（5）当其他人准备打球时，球员不应站在太靠近球的地方，如球的正后方或球洞的正后方。

## 四、在果岭上的行为

（1）在果岭上，球员不应站在其他球员的打球线上；当其他球员击球时，球员应注意不要让自己的身影投射到其打球线上。

（2）在本组其他球员全部击球进洞之前，球员应当站在果岭上或果岭附近。

## 五、记分

比杆赛中，如有必要，为其他球员记分的球员应当在前往下一发球区的途中与相关球员核对刚打完球洞的成绩并记录下来。

## 六、打球速度

（1）快速打球，跟上前组。球员应当保持适当的打球速度。委员会可以制定所有球员都应遵守的打球速度指南。

（2）礼让后组。本组球员有责任跟上前组。如果他们落后前组一个球洞且堵住了后组，他们应当请后组先行通过，无论后组有几名球员。如果后组球员的打球速度明显更快，即使本组球员没有落后前组一个球洞，他们也应邀请打球速度较快的组先行通过。

## 七、打球准备

在轮到自己打球时，球员应当尽快做好准备。在果岭附近或在果岭上打球时，球员应当把自己的球包或球车放在适当的位置，以便能够快速离开果岭并尽快走向下一个球洞的发球区。打完一个球洞后，球员应当立即离开果岭。

## 八、遗失球

如果球员预测自己的球可能在罚杆区外遗失或出界，为了节省时间，他应当打一个暂定球。

一旦发现不太容易找到球时，寻找球的球员应尽快发出信号，让后组球员先行通过。他们应在找球没有超过 3 分钟之前就发出信号。允许后组先行通过后，在后组通过并走出球的射程之前，本组球员不应继续打球。

## 九、球场上的优先权

除非委员会另有规定，否则球场上的优先权由一组球员的打球速度决定。任何打完全部一轮的组有权超越没打完全部一轮的组。“一组球员”包括单独一名球员。

## 十、对球场的保护

（1）沙坑。在离开沙坑前，球员应仔细平整好他们在沙坑内造成的所有坑穴和足迹，以及其他人在附近造成的坑穴和足迹。如果沙坑附近有沙耙，应当使用沙耙对沙坑进行平整。

（2）修复打痕、球痕和钉鞋造成的损伤。球员应认真修复他们造成的任何打痕，以及因球的冲击对果岭造成的损伤（不论损伤是否由球员本人造成）。在本组所有球员都完成一个球洞后，球员应当修复由高尔夫钉鞋对果岭造成的损伤。

（3）避免不必要的损伤。无论出于什么原因，球员都应避免在练习挥杆时削起草皮或把杆头砸入地面从而对球场造成损伤。

此外，还要注意：①在放置球包或旗杆时，球员应确保不对果岭造成损伤。②为了避免对球洞造成损伤，球员和球童不应站在太靠近球洞的地方，在扶持旗杆或将球从球洞中取出时应当小心谨慎。不能使用球杆的杆头从球洞中取球。③在果岭上，球员不应将身体倚在球杆上，在从球洞中取球时更应对此特别注意。④球员在离开果岭之前应将旗杆小心地放回球洞中。⑤球员应严格遵守当地有关驾驶高尔夫球车的注意事项。

## 十一、对违规的处罚

如果每名球员都能遵守这一部分的指导意见，大家便能更充分地享受高尔夫球运动带来的乐趣。如果有球员在一轮比赛过程中或者在一段时间内一直无视这些指导意见并损害了他人的利益，委员会可以考虑对他们采取适当的惩处措施，比如在限定的时间内禁止其在该球场打球，或不允许其参加某些赛事。由于要保护大多数愿意按照上述指导意见行事的球员的利益，这种惩处措施应当说是合理的。

在出现严重违反礼仪的行为时，委员会可以按照规则取消相关球员的比赛资格。

## 十二、球场礼仪要点

高球礼仪，安全第一；穿着得体，彬彬有礼。
别人打球，绝对肃静；足踏草坪，勿碾勿跺。
练习挥杆，杆别挖地；打起草皮，填沙适宜。
球进沙坑，近端出入；积极主动，填整耙平。
爱护设施，捡拾垃圾；修复果岭，点滴做起。
快走稳打，整体结构；落后一洞，礼让后组。
打完一洞，速离果岭；互为裁判，记录成绩。
球童为友，切磋球技；与自己比，不断进取。

# 第三章

# 高尔夫专用术语及定义

高尔夫球运动有着数百年的发展历程，累积了不少专用术语。对专用术语的理解和把握是学习高尔夫球规则的前提。

下面对高尔夫球规则中涉及的 74 个专用术语及定义进行介绍，按术语的英文首字母顺序进行排列。

1. 异常球场状况（Abnormal Course Condition）

指的是规则定义的以下四种状况：动物的洞穴、整修地、不可移动妨碍物、临时积水。

2. 助言（Advice）

指的是意图在选择球杆、击球、一洞或一轮比赛过程中决定打球的方式等方面影响球员的任何口头评论或动作（例如展示刚才击球使用的球杆）。但是，助言不包括公开的信息，例如物体（例如球洞、推杆果岭、球道、罚杆区、沙坑或其他球员的球）在球场内的位置、某一点到另一点的距离、风向、规则等。

3. 动物（Animal）

指的是动物界任何活着的成员，包括哺乳动物、鸟、爬行动物、两栖动物和无脊椎动物（例如蠕虫、昆虫、蜘蛛和甲壳动物等），但人除外。

4. 动物的洞穴（Animal Hole）

指的是由动物在地里所挖的任何洞穴，但被定义为散置障碍物的动物（例如蠕虫或昆虫）所挖的洞穴除外。动物的洞穴包括动物从洞里挖出的松散物体、任何通往该洞穴的旧有痕迹、任何因为动物在地下挖洞而使地面产生的凸起或变化的区域。但是，动物的洞穴不包括那些不属于通往洞穴的旧有痕迹的动物足印。

5. 球场区域（Areas of the Course）

指的是由规则划分的构成球场的五种区域：①普通区。②球员开始其比赛球洞时必须从其中打球的发球区。③所有的罚杆区。④所有的沙坑。⑤球员正比赛球洞的推杆果岭。

6. 球标（Ball-Marker）

指的是拿起一个球之前用来标记此球所在位置的人工物品，例如球座、硬币、制作成球标的物品或其他小型装备。

当某条规则提及一个被移动的球标时，指的是放置在球场上标记一个已被拿起但尚未放置回原位的球的位置的球标。

7. 界外标志（Boundary Object）

指的是界定或指示界外的人工物体，例如墙壁、栅栏（或称“篱篱”)、立桩和栏杆。规则不允许球员从这里接受免罚补救。

界外标志包括界外栅栏的任何底座和立柱，但不包括连接在墙壁或栅栏上的倾斜的支架或绳索，以及用来跨越或穿越该墙壁或栅栏的任何大门、台阶、桥或类似的建筑物。

即使界外标志可以移动，或者部分可以移动，仍要按照不可移动视之（参见规则 8. 1a）。可见，界外标志不是妨碍物，也不是基本组成物。

8. 沙坑（Bunker）

指的是一个经过特别整理的、由沙子构成的区域。该区域多呈凹状，经去除草皮或泥土而成。以下地方不属于沙坑：

（1）位于整理区域边沿并由泥土、草、码放的草皮或人工物体构成的内缘或侧壁。

（2）整理区域边沿内侧的土地或任何生长着的或连接着的自然物体（例如草、灌木或树木）。

（3）溢出或位于整理区域边沿之外的沙子。

（4）球场上不在整理区域边沿内的其他所有由沙子构成的区域（例如沙漠、其他自然沙地或有时被视为荒地的区域）。

“沙坑”是规则划分的五种球场区域之一。委员会可以把一片整理过的沙地界定为普通区（这意味着它不是沙坑），也可以把一片未经整理的沙地界定为沙坑。当某个沙坑正在修理，并且委员会将其整个界定为整修地时，该沙坑被视作普通区的一部分（这意味着它已不是沙坑）。本定义和规则 12 中使用的“沙子”一词包含任何用作沙坑材料的类似沙子的物体（例如碎贝壳）以及任何与沙子混合在一起的泥土。

9. 球童（Caddie）

指的是一轮比赛中用以下方式帮助球员的人：

（1）携带、运送或管理球杆：在比赛过程中携带、运送（例如使用球车或手推车）或管理球员的球杆的人是该球员的球童（即使其未被球员指定为球童），但把球员的球杆、球包或球车挪走或出于礼貌而移动上述物品（如拾起球员落下的球杆）的人除外。

（2）提供助言：除伙伴或伙伴的球童外，球员的球童是球员唯一可以征询助言的人。此外，球童也可以按照规则允许的其他方式帮助球员（参见规则 10. 3b）。

10. 球杆长度（Club-Length）

指的是球员在一轮比赛期间所拥有的［符合规则 4. 1b（1）规定

的］14 支（或更少支）球杆里最长的那支球杆的长度，但推杆除外。

球杆长度是界定球员在各个球洞的发球区和按照某条规则采取补救时确定补救区范围的测量单位。出于测量上述区域的目的，应使用整支球杆的长度（从球杆的趾部开始至握柄底端）。但是，握柄底端的任何附加物体均不计入球杆长度。

11. 委员会（Committee）

指的是负责比赛或球场的一个人或一组人。

12. 影响击球的环境（Conditions Affecting the Stroke，中文简称"击球环境"）

指的是球员的静止中球的球位、预计站位区域、预计挥杆区域、打球线和球员将要抛球或放置球的补救区。

（1）预计站位区域既包括球员将要摆放其双脚的位置，也包括可能适度影响球员准备和实施这次预计击球时摆放身体的方式和位置的整片区域。

（2）预计挥杆区域包括可能适度影响预计击球动作中任何上杆、下杆或收杆的整片区域。

（3）球位、打球线和补救区这些术语都有其各自的定义。

13. 球场（Course）

指的是委员会设定的任何界外线以内的全部比赛区域，由规则划分的五个球场区域构成。需要注意以下几点：

（1）位于界外线内侧的所有区域都在界内，属于球场的一部分。

（2）位于界外线外侧的所有区域都在界外，不属于球场。

（3）界外线向地面上空和地面下方两个方向延伸。

14. 抛（球）（Drop）

指的是出于让一个球进入比赛状态的目的，球员用手持球并松手使其从空中落下（如图 3－1 所示）。如果球员松手让一个球落下但无意使其进入比赛状态，则他没有抛球，这个球也没有进入比赛状态（参见规则 14.4）。各条补救规则均指出了特定的补救区，球必须被抛在并静止在其中。

进行补救时，球员必须从其膝盖高度松手抛球，以便让这个球垂直落下，球员不得通过扔掷、翻转或其他任何动作影响该球可能的静止位置；而且触地之前，该球不得触及球员的任何身体部位或装备（参见规则 14.3b）。

**图 3－1　抛球方法（正确与错误示范）**

15. 陷入（地面）（Embedded）

指的是球员的球位于其上一杆击球造成的落痕内，并且球体有一部分低于地面高度。需要注意的是，一个球不一定非要触及泥土才能被视作陷入地面（例如在球和泥土之间可能会夹有草和散置障碍物）。

16. 装备（Equipment）

指的是球员或其球童使用、穿着、手持或携带的任何物品。

用于维护球场的物品，例如沙耙，只有当它们被球员或球童持在手中或携带时，才属于装备。除球杆外，其他人为球员携带的物品不属于装备，即使这些物品为球员所有。

17. 装备规则（Equipment Rules）

指的是球员在一轮比赛期间被允许使用的球杆、球以及其他装备的规格和规定。

18. 旗杆（Flagstick）

指的是委员会提供的一根可移动的杆子，被用于插在球洞中向球员指示球洞的位置。旗杆包括旗布和连接在这根杆子上的其他任何的材料或物品。

当某个人工或自然物体，例如球杆或棍子，被用来指示球洞的位置时，出于应用规则的目的，该物体被视作旗杆。

19. 四球赛（Four-Ball）

指的是一种赛制，各方均由两名伙伴组成参赛，但每名球员只打自己的球。一个球洞中，两名伙伴中杆数较少的那个人的成绩就是这一方在这个洞的成绩。

四球赛可以是两名伙伴组成的一方与另两名伙伴组成的另一方之间的比洞赛，也可以是多对伙伴组成的多方之间的比杆赛。

20. 四人二球赛（Foursomes/Alternate Shot，也称作“轮换击球赛”）

指的是一种赛制，由两名伙伴组成一方参与比赛，在各球洞两人轮换击打一个球。四人二球赛可以是两名伙伴组成的一方与另两名伙伴组成的另一方之间的比洞赛，也可以是多对伙伴组成的多方之间的比杆赛。

21. 普通区（General Area）

指的是除了以下四种规则划分的球场区域之外的所有球场区域：球员开始其要比赛的球洞时必须从其中打球的发球区、所有的罚杆区、所有的沙坑、球员正比赛球洞的推杆果岭。

普通区包括球场内除发球区以外的所有其他开球位置以及所有的错误果岭。

22. 一般性处罚（General Penalty）

指的是比洞赛中的该洞负或比杆赛中的罚 2 杆。

23. 整修地（Ground Under Repair）

指的是委员会（通过标示或其他方式）将其界定为整修地的任何球场部分。任何被界定的整修地均包括：

（1）该界定区域边沿内的所有地面。

（2）生根于该界定区域内的任何草、灌木、树或其他生长着的或连接着的自然物体，包括这些物体延伸至地面上空并处在该界定区域边沿之外的任何部分（但不包括任何连接于或低于该界定区域边沿外侧地面的部分，例如生根于边沿内侧的一棵树的树根在边沿外侧的部分）。

即使委员会没有如此界定，整修地仍包括：

（1）委员会或场务人员在下列场合制造的洞穴：设置球场（例如拔走立桩后留下的洞穴，或在双果岭上为另一个球洞的比赛而设的球洞）；维护球场（例如移走草坪或树桩，或铺设管道时造成的洞穴，但不包括透气孔）。

（2）堆积起来打算以后移走的草屑、树叶或其他任何物体。但是，任何堆积起来打算移走的自然物体同时也是散置障碍物；此外，如果委员会没有如此界定，弃置在球场上不打算移走的任何物体都不是整修地。

（3）靠近球员的球以至于该球员的击球或站位可能将其毁坏的任何动物的栖息场所（例如鸟巢）。但是，被定义为散置障碍物的动物（例如蠕虫或昆虫）所制造的栖息场所除外。

整修地的边沿应当用立桩、线或客观特征予以界定：

（1）立桩：用立桩界定时，整修地的边沿由这些立桩在地面高度外侧点的连线决定，这些立桩本身位于整修地内。

（2）线：用地面上的喷线界定时，整修地的边沿就是这条线的外侧边沿，这条线本身位于整修地内。

（3）客观特征：用客观特征（例如花坛或苗圃）界定时，委员会应当指出如何界定整修地的边沿。

当用线或客观特征界定整修地的边沿时，可以使用立桩来指示整修地的位置。当用立桩来界定或指示整修地的边沿时，这些立桩属于妨碍物。

24. 球洞（Hole）

指的是正比赛球洞的推杆果岭上的结束位置。球洞的直径必须为 $4\frac{1}{4}$ 英寸（约 107.9 mm），深度至少 4 英寸（101.6 mm）。如果使用衬筒，衬筒的外壁直径不得超过 $4\frac{1}{4}$ 英寸（约 107.9 mm），除非土质状况要求衬筒距离表面更近一些，否则它必须至少沉入推杆果岭表面以下 1 英寸（25.4 mm）。

在整部规则中，“球洞”（或“洞”）一词常表示把特定的发球区、推杆果岭和球洞联系在一起的球场的一个部分。一个球洞的比赛开始于发球区，当球在推杆果岭上进洞后（或者规则用其他方式指出该洞已完成后）结束。

25. 进洞（Holed）

指的是一个球在击球后静止在球洞内，并且整体都在推杆果岭表面以下。当规则里说“击球进洞”（或“入洞”）时，其意思是球员的球进洞。

有关球倚靠球洞内的旗杆静止的特殊状况，参见规则 13.2c（如果球有任何一部分在球洞内且低于推杆果岭表面，这个球即被视作已进洞）。

26. 优先权（Honour）

指的是球员首先从发球区打球的权利（参见规则 6.4）。

27. 不可移动妨碍物（Immovable Obstruction）

指的是不过分费力或不造成该妨碍物或球场的损坏即无法移动，而且在其他方面不符合可移动妨碍物定义的妨碍物。

需要特别注意的是，任何妨碍物，即使它符合可移动妨碍物的定义，委员会也可将其界定为不可移动妨碍物。

28. 改善（Improve）

指的是改变一种或多种击球环境，或改变影响球员打球的其他客观环境，使球员的击球获得潜在利益。

29. 比赛状态/比赛中（In Play）

指的是球员的球位于球场内并且处于一洞比赛过程中被使用的状态：

（1）以下情况下，球在一个球洞开始进入比赛状态：球员从发球区内击打这个球；比洞赛中，球员从发球区外击打这个球，但是对手没有按照规则 6.1b 取消这次击球。

（2）这个球在进洞之前一直处于比赛状态，但发生以下情况之一后，它即脱离比赛状态：它被人从球场拿起；它遗失（即使静止在球场内）或者静止在界外；它被另一个球替换（即使规则不允许这次替换）。

没有处于比赛状态的球是错球。球员在任何时间都不得有多于一个球处于比赛状态。关于球员可以在同一时间打多个球的有限状况，参见规则 6.3d。当规则提及一个静止中球或运动中球时，其意思是这个球处于比赛状态。

（3）当把球标放在某处用于标记一个处于比赛状态的球（简称“比赛中球”）的位置时：如果这个球尚未被拿起，它仍处于比赛状态；如果这个球被拿起并放置回原位，即使还未拿走球标，它也处于比赛状态。

30. 基本组成物（Integral Object）

指的是被委员会定义为球场挑战性的一部分而不允许球员从此处接受免罚补救的人工物体。

基本组成物被视作不可移动的（参见规则 8.1a）。但是，如果某个基本组成物的一部分（例如一扇大门、门或固定缆线的一部分）符合可移动妨碍物的含义，这部分即被视作可移动妨碍物。

被委员会定义为基本组成物的人工物体既不是妨碍物，也不是界外标志。

31. 有人知道或几乎肯定（Known or Virtually Certain）

指的是判定球员的球发生过什么的标准。例如，这个球是否进入罚杆区内，它是否移动了，或者什么导致了它的移动。“有人知道或几乎肯定”意味着比“可能”或“大概”的肯定程度更高。它包含以下两种情形：

（1）有确凿的证据表明所提的事件发生在球员的球上，如球员或其他证人看到了该事件发生。

（2）尽管仍存有非常小的不确定性，但所有可以合理获知的信息都显示所提的事件至少有 95% 的可能性发生了。

“所有可以合理获知的信息”包括球员知道的所有信息，以及他们通过适当努力并且无须过度延误即能获得的其他所有信息。球员寻找球时，如果要决定是否存在“有人知道或几乎肯定”的情况，仅考虑在 3 分钟找球时限内发现的信息。

32. 球位（Lie）

指的是一个球静止的位置，以及任何触及或紧靠这个球而生长着的或连接着的自然物体、不可移动妨碍物、基本组成物或界外标志。

散置障碍物和可移动妨碍物不属于球位的组成部分。

33. 打球线（Line of Play）

指的是球员希望击球之后这个球运动的线路，包括由该线路向地面上空的适当延伸及其两侧的适当距离所构成的区域。打球线不一定是两点之间的直线（例如，根据球员希望球飞到的地点，它可能是一条曲线）。

34. 散置障碍物（Loose Impediment）

指的是没有与其他物体相连的任何自然物体，例如石头、散落的草、树叶、树枝或树杈；死去的动物和动物的粪便；蠕虫、昆虫和类似的可以被轻松移开的动物，以及它们制造的堆积物或结下的网（例如蚯蚓粪和蚁丘）；结实的土块（包括因透气作业产生的泥芯）。

上述自然物体在以下情况下不是散置的：

（1）它们仍与某物相连或正在生长。

（2）它们牢固地嵌入了地面（即不能被轻易取出）。

（3）它们黏附在球上。

另外，需要特别注意以下几种特殊情况：

（1）沙子和松散的泥土不是散置障碍物（不包括由蠕虫、昆虫和类似的动物制造的堆积物）。

（2）露水、霜和水不是散置障碍物。

（3）雪和自然冰（不包括霜）可以是散置障碍物，当其位于地面上时也可以是临时积水，球员具有选择权。

（4）蜘蛛网是散置障碍物，即使与其他物体相连也仍然如此。

35. 遗失（Lost）

指的是一个球在球员或其球童（或球员的伙伴或伙伴的球童）开始找球后3分钟内未发现它的状态。如果找球过程开始后因合理原因而临时中断（例如比赛暂停后球员停止找球，或球员需要站在一边等待另一名球员打球），或者球员误认了一个错球，则从中断找球到恢复找球的这段时间不计入其中，而且应把中断前和恢复后的找球时间合起来，使得找球的时间共计3分钟。

36. 标记（Mark）

指的是通过以下两种方式指示一个球静止后的位置：

（1）在紧贴这个球的后方或一侧放置一个球标。

（2）将球杆置于紧贴这个球的后方或一侧的地面上。

标记是为了指示一个球被拿起后必须放置回去的位置。

37. 记分员（Marker）

指的是比杆赛中负责在球员的记分卡上记录成绩并证明该卡正确性的人员。记分员可以是另一名球员，但不能是伙伴。

委员会可以指定某人作为球员的记分员，也可以告诉球员如何选择一个记分员。

38. 比洞赛（Match Play）

指的是由一名球员或一方在一轮或数轮面对面的比赛中直接对抗一名对手或另外一方的一种赛制。在这种赛制中，一名球员或一方如果用较少的杆数（包括击球次数和罚杆）完成一洞，即赢得该洞；一名球员或一方如果领先对手或另外一方的洞数多于尚未打的洞数，即赢得该场比赛。

比洞赛有个人赛（一名球员直接对抗另一名球员）、三球比洞赛或两方（每一方两名伙伴）之间的四人二球赛或四球赛形式。

39. 封顶赛（Maximum Score）

指的是一种比杆赛赛制，委员会为一名球员或一方在一洞的杆数（包括击球次数和任何罚杆）设定了上限，如两倍标准杆、某个固定的杆数或净杆双波基等。

40. 可移动妨碍物（Movable Obstruction）

指的是用适当的气力即可移动而且不会使其或球场损坏的妨碍物。

如果一个不可移动妨碍物或基本组成物有一部分（例如一扇大门、门或固定缆线的一部分）符合上述标准，这一部分即属于可移动妨碍物。但是，如果一个不可移动妨碍物或基本组成物的可移动部分本意是不被人移动，上述规定即不适用（例如原属石墙一部分的一块松动的石头）。即使某个妨碍物是可移动的，委员会也可以将其界定为不可移动妨碍物。

41. 移动（Moved）

指的是一个静止中球离开其初始位置并静止在另一个位置，而且肉眼可以看到这个现象（无论是否有人实际看到）。

无论这个球是从初始位置上升、下降，还是在任何方向上水平移动，上述解释均适用。如果这个球只是摇晃，但仍停在初始位置或者又回到初始位置，则它没有移动。

42. 自然力（Natural Forces）

指的是风、水或因重力而使一些事情没有明显原因就发生了的自然效应。

43. 最近完整补救点（Nearest Point of Complete Relief）

指的是从异常球场状况（参见规则 16.1）、危险动物情景（参见规则 16.2）、错误果岭（参见规则 13.1f）或禁打区（参见规则 16.1f 和 17.1e）采取免罚补救，或者按照某地规则进行补救时的参考点。

它是一个估计点，如果球在该点将符合以下所有条件：

（1）离球的初始位置最近，但是不比初始位置更靠近球洞。

（2）位于规定的球场区域内。

（3）根据正在使用的规则，用假设该状况不存在时球员在球的初始位置使用的击球方式进行衡量，此处不存在该状况造成的妨碍。

估计这个参考点要求球员确认这次击球本来要选择使用的球杆、站位、挥杆方式和打球线。但是，球员不必到实际站位并用所选择的球杆来模拟这次击球（不过通常建议球员这样做以便准确估计参考点）。

最近完整补救点仅与补救的具体状况相关，它所在的位置可能会存在其他妨碍，此时要按照以下方式处理：

（1）如果球员补救后又受到另一个允许采取补救的状况的妨碍，他可以再次采取补救，针对这个新的状况再确认一个新的最近完整补救点。

（2）对各个状况必须分开采取补救，除非对各个状况都作出独立补救之后可以合理地得出结论——继续这样做将导致这两种状况持续构成妨碍，此时球员可以确定针对这两种状况的最近完整补救点，然后在此基础上同时对两种状况采取补救。

44. 禁打区（No Play Zone）

指的是委员会禁止打球的球场部分。禁打区必须被界定为异常球场状况或罚杆区的一部分。

委员会可以出于任何原因设置禁打区，例如保护野生动物、动物栖息地，以及环境敏感区域；防止损毁幼树、花坛、苗圃、重铺草皮区域或其他种植区域；保护球员免遭危险；保护历史或文化古迹。

委员会应当用线或者立桩界定禁打区的边沿，这些线或立桩（或立桩的顶端）应当使用有别于不含禁打区的常规异常球场状况或罚杆区的颜色，以突出显示禁打区。

45. 妨碍物（Obstruction）

指的是除基本组成物和界外标志之外的任何人工物体，包括：人工铺设的道路和通道，含其人工边缘；建筑物和避雨亭；喷灌头、排水道、灌溉箱或控制箱；立桩、墙、栏杆和栅栏（但用以界定或指示球场的界外线时，它们属于界外标志而非妨碍物）；高尔夫球车、剪草机、汽车和其他车辆；垃圾箱、路标和长凳；球员的装备、旗杆和沙耙。

妨碍物包括可移动妨碍物和不可移动妨碍物两种形式。如果一个不可移动妨碍物有一部分（例如一扇大门、门或被固定缆线的一部分）符合可移动妨碍物的定义，这一部分即被视为可移动妨碍物。

喷漆的点和线（例如那些用来界定界外线和罚杆区的喷点和喷线）不是妨碍物。

46. 对手（Opponent）

指的是一场比洞赛中一名球员或一方对抗的另一个人或另外一方。这个术语仅用在比洞赛中。

47. 界外（Out of Bounds）

指的是位于委员会标定的球场边界线外侧的所有区域。在该边界线内侧的所有区域均属于界内。

球场的界外线既向地面上空延伸，也向地面下方延伸。这意味着界外线内侧的所有地面和其他任何物体（例如任何自然和人工的物体），无论其在地面上、地面上空还是地面下方，都位于界内。如果某物体同时位于边界线之内和之外［例如搭在界外栅栏上的台阶，或者根部在界外线之外但一些枝干伸进了界外线之内（或者相反）的树］，只有位于界外线外侧的部分才在界外。

界外线应当用界外标志或线予以界定：

（1）界外标志：当用立桩或栅栏界定时，界外线由这些立桩或栅栏立柱（不包括倾斜的支架）在地面高度球场一侧的点之间的连线决定，这些立桩或栅栏立柱本身位于界外。当用诸如墙等其他物体界定时，或者当委员会希望用其他方式处理界外栅栏时，委员会应当标定界外线。

（2）线：当用喷在地上的线界定时，界外线指的是这条线在球场一侧的边沿，这条线本身位于界外。当用地上的线界定界外线时，可以使用立桩指示界外线的位置。当用立桩来界定或指示界外线时，这些立桩属于界外标志。界桩或界外线的颜色应当为白色。

48. 外部因素（Outside Influence）

指的是以下可以对球员的球、装备或球场产生影响的人或物体：

（1）任何人（包括其他球员），但球员本人、球员的球童、球员的伙伴或对手及他们的球童不包括在内。

（2）任何动物。

（3）任何自然的或人工的物体，或者其他任何物体（包括另一个运动中球），但自然力除外。

（4）人工驱动的空气或水，例如由电扇吹出的空气或由灌溉系统喷出的水。

49. 标准杆比赛/波基比赛（Par/Boggy）

指的是一种比杆赛赛制，它以比洞赛的方式记录成绩，具体内容参见规则 21.3。

50. 伙伴（Partner）

指的是在比洞赛或比杆赛中，与另一名球员作为一方一起比赛的球员。

51. 罚杆区（Penalty Area）

指的是球员的球进入其中后允许罚 1 杆补救的区域，包括以下两类区域：

（1）球场内的任何水域（无论是否被委员会标识），包括海、湖、池塘、河、沟渠、地表排水沟或其他公开水域（即使其中没有水）。

（2）其他任何被委员会界定为罚杆区的球场部分。

罚杆区分为两种，可以用标示的颜色进行区分：黄色罚杆区（用黄线或黄桩标示）为球员提供了两种补救选项［参见规则 17. 1d（1）和（2）］；红色罚杆区（用红线或红桩标示）在黄色罚杆区可用的补救选项的基础上，又增加了一个侧面补救选项［参见规则 17. 1d（3）］。

如果委员会没有标示或指出某个罚杆区的颜色，那么该罚杆区被视为红色罚杆区。

罚杆区的边沿既向地面上空延伸，也向地面下方延伸，这意味着在边沿内的所有地面和其他任何物体（例如任何自然或人工的物体），无论其在地面上、地面上空还是地面下方，都是罚杆区的一部分。如果某物体同时位于边沿之内和之外［例如罚杆区上方的桥，或者根部在边沿之内但一些枝干伸出了边沿之外（或者相反）的树］，只有位于边沿内侧的部分才是这个罚杆区的一部分。

罚杆区的边沿应当用立桩、线或客观特征予以界定：

（1）立桩：当用立桩界定时，罚杆区的边沿由这些立桩在地面高度外侧的点决定，这些立桩本身位于罚杆区内。

（2）线：用喷在地上的线界定时，罚杆区的边沿就是这条线的外侧边沿，这条线本身位于罚杆区内。

（3）客观特征：当用客观特征（例如海滩、沙漠或挡水墙）界定时，委员会应当指出如何标定这个罚杆区的边沿。

当用线或客观特征界定罚杆区的边沿时，可以使用立桩指示罚杆区的位置。当用立桩来界定或指示罚杆区的边沿时，这些立桩属于妨碍物。如果委员会在界定罚杆区边沿时错误地将一片明显属于罚杆区的水域排除在外（例如将立桩放在某个位置，致使罚杆区内的某一部分水域看上去属于普通区），则这片区域属于罚杆区的一部分。如果委员会没有界定某片水域的边沿，这个罚杆区的边沿由其自然边界决定（即地面向下倾斜形成蓄水凹陷的地方）。如果某片公开水域没有水（例如除雨季外平时保持干涸的排水渠或径流区），委员会可以将这片区域界定为普通区的一部分（这意味着它不是罚杆区）。

52. 最大可用补救点（Point of Maximum Available Relief）

指的是对沙坑内的异常球场状况（参见规则 16. 1c）或推杆果岭上的异常球场状况（参见规则 16. 1d）进行免罚补救，且没有最近完整补救点时的一个参考点。

它是一个估计点，如果球在该点将符合以下所有条件：

（1）离球的初始位置最近，但是不比初始位置更靠近球洞。

（2）位于规定的球场区域内。

（3）用假设该状况不存在时球员在球的初始位置使用的击球方式进行衡量，此状况对这次击球造成的妨碍最小。

估计这个参考点要求球员确认这次击球本来要选择使用的球杆、站位、挥杆方式和打球线。球员不必到实际站位并用所选择的球杆挥杆来模拟这次击球（但通常建议球员这样做以便准确估计参考点），可以通过比较对球位、球员的预计站位和预计挥杆的区域，以及打球线（仅适用于推杆果岭）的相对妨碍程度发现最大可用补救点。以从临时积水进行补救为例：

最大可用补救点可能是这样一个位置：如果在这里补救，球所在位置的水比球员所在位置的水更浅（对站位的影响大于对球位和挥杆的影响）；或者球所在位置的水比球员所在位置的水更深（对球位和挥杆的影响大于对站位的影响）。

在推杆果岭上，最大可用补救点可能要根据这样一条打球线进行确定：在这里补救，球需要滚过临时积水最浅或最短的地方。

53. 暂定球（Provisional Ball）

指的是当球员刚打的球可能出界或者在罚杆区外遗失时他打的另一个球。除非按照规则 18. 3c 的规定成为比赛中球，否则暂定球不是球员的比赛中球。

54. 推杆果岭（Putting Green）

指的是球员正比赛球洞的一片区域，该区域专为推击准备，或者被委员会界定为推杆果岭（例如使用临时果岭的场合）。一个球洞的推杆果岭包含了球员想要把球打进去的球洞。

推杆果岭是规则划分的五种球场区域之一。其他所有（球员当时不在比赛的）球洞的推杆果岭都是错误果岭，属于普通区的一部分。

推杆果岭的边沿由这个准备区域可以看到的起始处决定（例如此处的草已经明显被剪至可以指示边沿的程度），但委员会用其他方式（例如使用线或点）界定边沿时除外。

如果两个不同的球洞共用一个双果岭，球员打每个球洞时，整个这片包含两个球洞的准备区域均被视作推杆果岭。但是，委员会可以界定一条边沿，将这个双果岭分为两个不同的推杆果岭。这样，当球员打其中一个球洞时，这个双果岭为另一个球洞所使用的部分就是一个错误果岭。

55. 裁判员（Referee）

指的是委员会指定的判定事实问题并执行规则的人员。

比洞赛中，裁判员的职责和权力取决于其被分配的角色。当裁判员被指派整轮执裁一场比赛时，该裁判员要负责对任何自己看到的或被告知的违规行为采取行动［参见规则 20.1b（1）］。当裁判员被指派在多场比赛、多个球洞或球场的某个部分执裁时，除非发生以下情况之一，否则他们无权牵扯入某场比赛之中：

（1）比赛中的球员寻求规则方面的帮助，或要求提供裁决［参见规则 20.1b（2）］。

（2）比赛中的一名或多名球员可能违反了规则 1.2（球员的行为标准）、规则 1.3b（1）（球员有责任自觉执行规则）、规则 5.6a（过度延误比赛）或规则 5.6b（快速打球）。

（3）有球员在第一洞出发地点迟到（参见规则 5.3）。

（4）有球员的找球时间已到 3 分钟（参见规则 5.6a 和“遗失”的定义）。

比杆赛中，裁判员要负责对自己看到的或被告知的任何违规行为采取行动。无论裁判员是被指派负责在整轮比赛中跟随某组球员，还是被指派监控多组球员、球场的某些球洞或区域，这一点均适用。

无论是比洞赛还是比杆赛，委员会均可限制裁判员的职责。

56. 补救区（Relief Area）

指的是球员按照某条规则补救时必须在其中抛球的区域。除了向后连线补救［参见规则 16.1c（2）、17.1d（2）、19.2b 和 19.3］外，所有补救的规则都要求球员使用一个特定的补救区，其范围和位置根据以下三个因素确定：

（1）参考点：从这个点开始测量补救区的范围。

（2）从参考点开始测量的补救区范围：补救区范围是从参考点开始测量的一支或两支球杆长度，但还要受到一些限制。

（3）补救区的位置：补救区的位置可能受到一个或多个方面的限制，从而使它符合某些要求，例如：

①它只能在某些规则划分的球场区域，例如只能在普通区，或者不能在沙坑和罚杆区内。

②它不能比参考点更靠近球洞，或者必须在正从中补救的罚杆区或沙坑之外。

③此处不再受到正从中补救的状况的妨碍（按照相应规则的规定）。

对于向后连线补救，球员必须在正使用的规则允许的线上的某个位置抛球，此后以所抛之球首先触及地面的点为中心，以一支球杆的长度为半径，形成一个补救区。

使用向后连线补救时，如果球员被要求重新抛球或第二次抛球，他可以更改抛球点（例如在更靠近或远离球洞的地方抛球），此后补救区亦将根据该点发生变化，并且可以在不同的球场区域抛球。但是这样做并不改变规则 14.3c 的应用方式。

使用球杆长度决定补救区的范围时，球员可以直接穿越沟渠、洞穴或类似物体进行测量，也可以直接穿越或穿过某个物体（例如树、栅栏、墙壁、涵洞、排水道或喷灌头）进行测量，但不可以穿过自然起伏的地面进行测量。

57. 放置回（原位）（Replace）

指的是用手把一个球放下然后松手，其意图是使这个球进入比赛状态。如果球员把一个球放下，但是并没有使其进入比赛状态的意图，则这个球没有被放置回（原位），亦没有处于比赛状态（参见规则 14.4）。任何时候，当某条规则要求球员把一个球放置回（原位）时，由这条规则指出必须把这个球放置回（原位）的具体位置。

58. 一轮（Round）

指的是按照委员会规定的顺序所打的 18 个或更少数目的球洞。

59. 记分卡（Scorecard）

指的是比杆赛中记录球员各洞成绩的文件。记分卡可以采用委员会批准的任何纸质或电子形式，可以记录球员在各洞的成绩，并且记分员和球员可以通过亲自签字或者经委员会批准的电子确认的方式证明卡上的成绩。比洞赛不要求使用记分卡，但是球员可以用它记录自己在比洞赛中的成绩。

60. 严重违规（Serious Breach）

指的是比杆赛中当球员从错误的地方打球后，与在正确的地方击球相比，他获得了重大利益。

在进行比较以决定是否存在严重违规时，要考虑的因素包括：这次击球的难度、球和球洞之间的距离、打球线上的障碍物存在的影响，以及击球环境。

严重违规的概念不适用于比洞赛，因为比洞赛中如果球员从错误的地方打球，他将在该洞负。

61. 一方（Side）

指的是在比洞赛或比杆赛的一轮中作为单一组合参加比赛的两名或更多名伙伴。无论是每一位伙伴都打自己的球（四球赛），还是伙伴们只打一个球（四人二球赛），每一组伙伴均为一方。

一方和一队不是同一个概念。团体赛中，各支队伍由多名球员组成，这些球员各自参与比赛，或者组成若干方参与比赛。

62. 定分式比赛（Stableford）

指的是一种比杆赛赛制，具体内容参见规则 21.1。

63. 站位（Stance）

指的是球员在准备击球和击球时双脚和身体的位置。

64. 击球/击打（Stroke）

指的是为击打球而使球杆向前的运动。当规则提到“打球”时，其意思等同于“击球”。但以下情况不算作一次击球：

（1）球员在下杆过程中决定不击打这个球，并在杆头到达球之前有意将其停住，或者在无法停下来的时候有意漏过球，以避免击中这个球。

（2）球员试挥或准备击球时不小心打中了这个球。

球员在一洞或一轮的成绩按击球的次数（中文也常称作“杆数”）计算，它既包括击球的次数，也包括任何罚杆（参见规则 3.1c）。

65. 一杆加距离（Stroke and Distance）

指的是球员按照规则 17、18 或 19 进行补救时从上一杆击球的地方打一个球的处置程序和处罚（参见规则 14.6）。

“一杆加距离”这个术语的意思是球员要同时遭受两种损失：一是被罚 1 杆；二是丧失上一杆向球洞方向击球所获得的任何距离上的利益。

66. 比杆赛（Stroke Play）

指的是由一名球员或一方对抗该比赛中其他所有的球员或参赛方的一种赛制。

在常规比杆赛（参见规则 3.3）赛制中，一名球员或一方在一轮比赛的成绩是其在各个球洞击球进洞所用的杆数（包括击球次数和任何罚杆）的总和（称为“总杆数”），用最低的总杆数完成所有轮次的球员或一方是获胜者。

其他记分形式不同的比杆赛赛制有定分式比赛、封顶赛和标准杆比赛/波基比赛（参见规则 21）。所有的比杆赛赛制都可以分为个人比赛（各球员单独参赛）和由伙伴组成的参赛方的比赛（四人二球赛或四球赛）。

67. 替换（Substitute）

指的是通过使另一个球成为比赛中球的方式更换球员在某个球洞的比赛中正在使用的球。

无论初始球之前处于比赛状态，还是因为被人从球场上拿起、遗失或出界而脱离比赛状态，当球员用任何方式把另一个球投入比赛状态以取代初始球后，替换即完成（参见规则 14.4）。

替换球是球员的比赛中球，即使它被以错误的方式，或在错误的地方放置回（原位）、抛或放置，或者规则原本要求球员把初始球投入比赛状态而非替换另一个球。

68. 球座（Tee）

指的是用来把球架离地面以便从发球区把它击出的一种物品。它不得长于 4 英寸（101.6 mm），并且必须符合《装备规则》的要求。

69. 发球区（Teeing Area）

指的是规则划分的五种球场区域之一，球员在开始其要比赛的球洞时必须从其中打球。该区域是纵深为两支球杆长度的长方形区域，它的前方边沿由委员会摆放的两个发球区标志的最前端的点的连线界定；它的两侧边沿由这两个发球区标志的外侧点向后的连线界定。

球场上其他所有的开球位置（无论是否在同一个球洞）都属于普通区的一部分。

70. 临时积水（Temporary Water）

指的是地面上任何临时性的积水（例如下雨或灌溉造成的水洼，或从一片水域中溢出来的水），它不在罚杆区内，并且在球员站位前或站位后（球员没有用脚使劲向下踩）是可见的。

仅仅是地面湿润、泥泞、松软，或者球员踩到地上的瞬间方可以看到水是不够的，必须在球员站位前或站位后仍然存在积水。

需要特别说明的是，露水和霜不是临时积水；雪和自然冰（不包括霜）可以是散置障碍物，当其位于地面上时也可以是临时积水，球员具有选择权；人造冰是妨碍物。

71. 三球赛（Three-Ball）

指的是一种比洞赛赛制。在此赛制中，三名球员中每名球员都同时在与另外两名球员打个人比洞赛，每名球员在这两场比赛中只打一个球。

72. 错球（Wrong Ball）

指的是除以下球员的球之外的任何球：比赛中球（无论是初始球还是替换球）、暂定球（在其按照规则 18.3c 被放弃之前）、比杆赛中按照规则 14.7b 或者 20.1c 打的第二个球。

错球的例子包括另一名球员的比赛中球、被遗弃的球、球员已经出界或遗失的球，或者被人拿起后尚未投入比赛状态的球。

73. 错误果岭（Wrong Green）

指的是球场上除了球员正在比赛的球洞的推杆果岭外的任何果岭，是普通区的一部分，包括：球员没在比赛的其他所有球洞的推杆果岭；在某个球洞使用临时果岭时，该球洞的正常推杆果岭；所有用于推杆、切杆或劈杆的练习果岭，除非委员会在当地规则中将它们排除在外。

74. 错误的地方（Wrong Place）

指的是球场内除规则要求或允许球员打球的地方以外的其他任何地方。以下是一些球员从错误的地方打球的例子：

（1）当规则要求把一个球放置回原位时，将其放置到错误的位置或没有放置回原位并打了这个球。

（2）在规定的补救区之外打了抛下去的球。

（3）按照错误的规则补救，因此把球抛在了规则不允许的地方并打了这个球。

（4）从禁打区内打了球，或者当禁打区妨碍预计站位区域或预计挥杆区域时打了球。

以下情况，球员没有从错误的地方打球：

（1）开始一洞的比赛时从发球区外打了球，或者在试图纠正该错误时从发球区外打了球（参见规则 6.1b）。

（2）当规则要求重新打一个球时，从球静止的位置打了球。

# 第四章

# 高尔夫球规则

2023 版《高尔夫球运动规则》包括 10 个模块，共有 25 个一级规则条文、107 个二级规则条文。大家在深入学习规则前，可认真研读表 4－1，对规则条文形成一个总体认识。

**表 4－1　《高尔夫球运动规则》模块**

| 模块及名称 | | 规则号 | 一级规则名称 | 含二级规则数 |
|---|---|---|---|---|
| 一 | 高尔夫球运动的基本原则 | 1 | 高尔夫球运动、球员的行为和规则 | 3 |
| | | 2 | 球场 | 4 |
| | | 3 | 高尔夫球比赛 | 3 |
| | | 4 | 球员的装备 | 3 |
| 二 | 一轮和一洞的比赛 | 5 | 一轮比赛 | 7 |
| | | 6 | 一洞比赛 | 5 |
| 三 | 打球 | 7 | 寻找球：找到和辨认球 | 4 |
| | | 8 | 在球场的现有状况下打球 | 3 |
| | | 9 | 在球的现有位置打球；静止中球被拿起或移动 | 7 |
| | | 10 | 准备击球与击球；助言与帮助；球童 | 3 |
| | | 11 | 运动中球意外撞到人、动物或物体；故意影响运动中球的行为 | 3 |
| 四 | 关于沙坑和推杆果岭的特定规则 | 12 | 沙坑 | 3 |
| | | 13 | 推杆果岭 | 3 |
| 五 | 拿起球和将球重新投入比赛状态 | 14 | 球的处理程序：标记、拿起和擦拭球；放置球回原位；在补救区内抛球；从错误的地方打球 | 7 |
| 六 | 免罚补救 | 15 | 散置障碍物和可移动妨碍物（包括有助于或妨碍打球的球或球标）的补救 | 3 |
| | | 16 | 异常球场状况（含不可移动妨碍物）、危险动物情景及陷入地面之球的补救 | 4 |

（续上表）

| 模块及名称 | | 规则号 | 一级规则名称 | 含二级规则数 |
|---|---|---|---|---|
| 七 | 罚杆补救 | 17 | 罚杆区 | 3 |
| | | 18 | 一杆加距离补救；球遗失或出界；暂定球 | 3 |
| | | 19 | 不可打之球 | 3 |
| 八 | 应用规则出现争议时球员及委员会的处理程序 | 20 | 解决一轮比赛中的规则问题；裁判员和委员会的裁决 | 3 |
| 九 | 其他赛制 | 21 | 个人比杆赛和比洞赛的其他赛制 | 5 |
| | | 22 | 四人二球赛（也称作“轮换击球赛”） | 6 |
| | | 23 | 四球赛 | 9 |
| | | 24 | 团体赛 | 4 |
| 十 | 对残疾球员规则的修改 | 25 | 对残疾球员规则的修改 | 6 |

下面，本章将按模块及规则序号顺序对规则条文内容进行介绍。

# 第一节 高尔夫球运动的基本原则（规则 1～4）

## 一、规则 1：高尔夫球运动、球员的行为和规则

目的：规则 1 介绍了高尔夫球运动的以下几条重要原则：

（1）在球场的现有状况打球和球的现有位置打球。

（2）遵照规则打球，尊重高尔夫球运动精神。

（3）球员如果违反了某条规则，有责任对自己实施处罚，使自己在与比洞赛对手或比杆赛其他球员的比赛中不会因此获得任何潜在利益。

### （一）规则 1.1　高尔夫球运动

高尔夫球运动是在球场上用球杆击打一个球，完成一轮 18 个（或更少数目）球洞的运动。每个球洞的比赛均从发球区的击球开始，当球在推杆果岭上进洞后（或者规则另行规定已经完成该洞后），这个球洞的比赛即结束。

每次击球，球员都要在球场的现有状况以及球的现有位置打球。但是，规则有时也会允许球员改变球场上的状况，并要求或允许他从另一个地方而非现有位置打这个球。

### （二）规则 1.2　球员的行为标准

1.2a　所有球员都应展现的行为

规则期望所有球员都能尊重高尔夫球运动精神，按照以下方式打球：

（1）诚信自律。例如：遵守规则、严格实施处罚、真诚坦荡。

（2）为他人着想。例如：快速打球、顾及他人安全、不干扰其他球员打球。如果球员击出去的球有可能打到他人，他应当立即发出警告，例如使用常见的警告用语“看球”。

（3）悉心保护球场。例如：铺回铲起的草皮、平整沙坑、修理球痕，以及不使球场遭到无谓的损害。

对于不按照上述方式行事的球员，规则本身并没有作出处罚。但是，如果委员会认为某球员的行为严重不端，可以因其行为有悖高尔夫球运动精神而取消该球员的比赛资格。“行为严重不端”指的是球员的举止严重背离高尔夫球运动公认的行为准则，此时对其实施最严厉的制裁——取消比赛资格，是恰当的处罚方式。

取消比赛资格以外的处罚，只有当其被纳入规则 1.2b 里的“行为准则”时，才会实施。

1.2b　行为准则

委员会可以制定自己的球员行为标准，将其写入“行为准则”并纳入当地规则。该准则可以包含违反其标准的处罚，如罚1杆或一般性处罚；对行为不符合该准则的球员，委员会也可以因其严重不端行为而取消其资格。

## （三）规则1.3　遵照规则打球

### 1.3a　“规则”的含义；竞赛规程

“规则”指的是《高尔夫球规则》第1~25条和定义，以及委员会为比赛或球场制定的任何“当地规则”。此外，球员还有责任遵守委员会制定的所有的“竞赛规程”，例如报名要求、赛制、比赛日期、比赛轮次以及一轮比赛的球洞数目和顺序等。

### 1.3b　执行规则

（1）球员有责任自觉执行规则。

违反了规则后，球员应当认识到这一点并诚实地对自己实施处罚。如果球员知道自己已经违反某条规则并应受到处罚，但故意不实施处罚，该球员将被取消资格；如果两名（或更多名）球员约定无视任何他们明知应当适用的规则或处罚，并且他们中的任何一人已经开始这一轮比赛，这些球员都要被取消资格，即使他们尚未按照该约定行动。

需要判定事实问题时，球员不仅有责任考虑自己了解到的事实情况，还有责任考虑其他可以合理获知的信息。

球员可以向裁判员或委员会寻求规则方面的帮助。但是，如果球员无法在合理的时间内得到帮助，他必须继续比赛，以后再寻机将问题反映给裁判员或委员会（参见规则20.1）。

（2）执行规则时接受球员在确定位置方面的“合理判断”。

许多规则要求球员确定一个地点、一条线、一片区域或其他位置，例如：估计球最后穿越罚杆区边沿的点；在抛球或放置球以进行补救时的估计或测量；把球放置回初始位置（该点可能是已知的，也可能需要估计）；确定球所在的球场区域，包括球是否位于球场内；确定球是否触及异常球场状况或位于异常球场状况之内或之上。

确定这些位置需要快速、谨慎的判断，但常常没有办法做到精确。只要球员在当时的情况下尽其所能做了准确的决定，其合理判断就将被接受，即使击球之后有视频证据或其他信息显示此前的决定是错误的也依旧如此。

如果球员在击球前意识到自己的决定是错误的，必须予以纠正（参见规则14.5）。

1.3c 处罚

（1）招致处罚的行为。当球员本人或其球童的行为违反规则时，将招致处罚（参见规则10.3c）。处罚也适用于以下情况：

①某种行为由球员或球童实施是违规的，但他人却在球员的要求下或者在得到球员准许后实施了该行为。

②球员看到他人正要对球员自己的球或装备实施某种行动，而且知道如果自己或球童实施如此行动的话是违规的，但是该球员没有采取合理措施提出反对或制止此事发生。

（2）处罚的级别。处罚的本意是抵消球员获得的潜在利益。共有三种主要的处罚级别：

①罚1杆：无论在比洞赛还是比杆赛，当按照某些规则发生如下状况之一时，即实施这种处罚：球员违规所获得的潜在利益微小；球员进行罚杆补救，在初始球所在位置以外的地方打球。

②一般性处罚：即比洞赛该洞负，比杆赛罚2杆。大多数违规情况下，球员所获得的潜在利益比罚1杆更大，此时要实施一般性处罚。

③取消资格：无论在比洞赛还是比杆赛，当球员涉及严重不端行为（参见规则1.2），或者所获潜在利益过大以至于无法认定其有效成绩时，他可能被取消此次比赛的资格。

（3）不得擅自更改处罚。处罚只能根据规则的规定予以实施，无论球员还是委员会，都无权另行实施处罚。此外，只有时限已过而无法纠正的情况下，才可维持错罚和漏罚的结果［参见规则20.1b（2）、20.1b（3）、20.2d和20.2e］。比洞赛中，只要不约定无视任何明知适用的规则或处罚，球员和对手可以协商决定某个规则事项的处罚方式［参见规则20.1b（1）］。

（4）对多重违规施加处罚。球员是否会因违反多条规则或多次违反同一条规则而受到多重处罚，取决于这之间是否存在介入事件以及球员的具体行为。

出于运用本规则的目的，将以下两种情况归为介入事件：一是完成一次击球；二是知晓或开始意识到自己违反了规则（这包括球员知道自己违反了规则、被告知违反了规则以及不确定自己是否已经违反了规则）。

处罚的方式如下：

①对于在两个介入事件之间发生的多次违规实施单一处罚：如果球员在两个介入事件之间违反多条规则或者多次违反同一条规则，他仅受

到一种处罚。如果违反的规则涉及不同的处罚级别，球员仅受到较高级别的处罚。

②对于发生在介入事件之前以及之后的违规则实施多重处罚：如果球员违反了某条规则，此后在某介入事件发生后他又违反了同一规则或其他规则，他将受到多重处罚。

例外：球员没有将被移动的球放置回原位。如果球员被要求按照规则 9.4 把一个被移动的球放置回原位，但他没有这样做，并且从错误的地方打了球，他将仅按照规则 14.7a 受到一般性处罚。

但是，球员因进行补救而得到的任何罚杆（如规则 17.1、18.1 和 19.2 的 1 杆罚杆），一定要附加在其他任何处罚之上。

## 二、规则 2：球场

目的：规则 2 介绍了一些关于球场的基本概念，每一位球员都应了解：

（1）球场被划分为五种球场区域。

（2）球场里有几种被规则定义的物体和状况，它们可能对打球造成妨碍。

了解球所在的球场区域以及任何妨碍打球的物体和状况的属性十分重要，因为它们经常会影响到球员打球或补救的选择。

### （一）规则 2.1　球场的界外线和界外

高尔夫球比赛在委员会设定了界外线的球场内进行，不在球场内的区域属于界外。

### （二）规则 2.2　规则划分的球场区域

球场内有五种球场区域，如图 4－1 所示。

2.2a　普通区

普通区指的是除规则 2.2b 描述的四种特别的球场区域之外的所有球场部分。它被称为“普通区”是因为以下原因：一是它包含了大部分球场，在球到达推杆果岭之前，普通区是球员最经常打球的地方；二是它包括了各种地面，以及在该区域生长着的或连接着的物体，如球道、长草和树木。

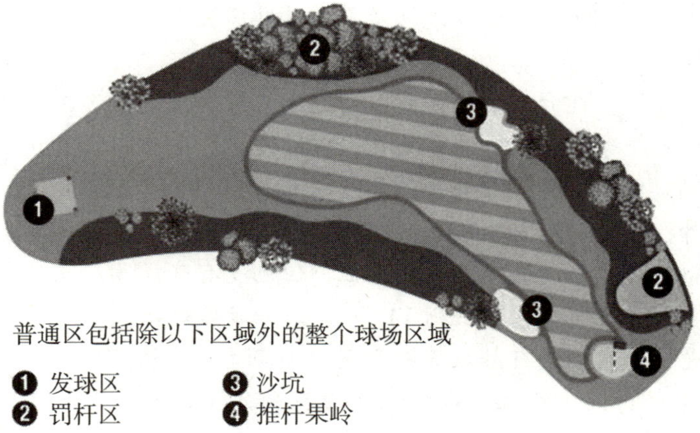


**图 4－1　规则划分的球场区域**

2.2b　四种特别区域

在普通区之外有以下四种特别区域，在这些地方要运用某些特别的规则：

（1）球员在开始其要比赛的球洞时必须使用的发球区（参见规则 6.2）。

（2）所有的罚杆区（参见规则 17）。

（3）所有的沙坑（参见规则 12）。

（4）球员正比赛球洞的推杆果岭（参见规则 13）。

2.2c　决定球所在位置的球场区域

球所在的球场区域影响着打球或补救时要执行的规则。一个球只能被视作位于一种球场区域内：

（1）如果球有一部分同时位于普通区和另外四种特别区域之一，则按照这个球位于该特别区域进行处理。

（2）如果球有一部分同时位于两种特别区域内，则按照这个球位于下列顺序靠前的特别区域进行处理：罚杆区、沙坑、推杆果岭。

### （三）规则 2.3　可能妨碍打球的物体和状况

对于诸如以下被定义的物体或状况所造成的妨碍，某些规则可能会提供免罚补救措施：散置障碍物（参见规则 15.1）、可移动妨碍物（参见规则 15.2）、异常球场状况［即动物的洞穴、整修地、不可移动妨碍物和临时积水（参见规则 16.1）］。

但是，对于界外标志或基本组成物对打球造成的妨碍，规则不提供免罚补救。

### （四）规则 2.4　禁打区

禁打区是异常球场状况内（参见规则 16.1f）或罚杆区内（参见规则 17.1e）被界定的不允许打球的部分。存在以下情况之一，球员必须进行补救：

（1）球员的球位于禁打区内。

（2）球员在击打禁打区之外的球时，禁打区对其预计站位区域或预计挥杆区域造成妨碍（参见规则 16.1f 和 17.1e）。

## 三、规则 3：高尔夫球比赛

目的：规则 3 阐述了所有高尔夫球比赛的三个核心要素，即：比洞赛或比杆赛；个人参赛或与其他伙伴结成一方参赛；用总杆（不运用差点杆数）计算成绩和用净杆（运用差点杆数）计算成绩。

### （一）规则 3.1　所有比赛的核心要素

3.1a　赛制：比洞赛或比杆赛

（1）比洞赛或常规比杆赛。比洞赛和常规比杆赛是两种差异很大的赛制。比洞赛中（参见规则 3.2），球员和对手以各洞的结果（胜、负、平）相互竞争；常规比杆赛中（参见规则 3.3），所有球员以总杆数相互竞争。总杆数指的是球员在其所有轮次中完成各洞的杆数（包括击球次数和罚杆）之和。大多数规则同时适用于这两种赛制，但是也有一些规则仅适用于其中的一种。

（2）其他比杆赛赛制。规则 21 阐述了其他一些使用不同计分方法的比杆赛赛制（定分式比赛、封顶赛和标准杆比赛/波基比赛）。规则 1 ~20 仍适用于这些赛制，但是规则 21 对此进行了适度调整。

3.1b　球员参赛的方式：个人或伙伴

高尔夫球比赛中，球员要么独自参赛，要么结成伙伴作为一方参赛。尽管规则 1 ~20 和规则 25 主要阐述的是个人赛，但它们同时也适用于下列比赛：

（1）涉及伙伴的比赛（四人二球赛和四球赛），但规则 22 和规则 23 对其进行了适度调整。

（2）团体赛，但规则 24 对其进行了适度调整。

3.1c　球员计分的方式：总杆成绩和净杆成绩

（1）无差点比赛。在无差点比赛中，球员在一个球洞或一轮比赛中的总杆成绩指的是其杆数的总和（包括击球次数和罚杆），球员的差点不计入成绩。

（2）差点比赛。在差点比赛中，球员在一个球洞或一轮比赛中的净杆成绩指的是按照其差点杆数校正后的总杆成绩，这种方式可以使不同水平的球员一起公平地比赛。

## （二）规则 3.2　比洞赛

比洞赛因为以下原因而有一些特别的规则（尤其是在关于认可或认输和提供已打杆数的信息方面）：

（1）各个球洞都只是球员与其对手之间的对抗。

（2）球员和对手可以看到彼此的比赛。

（3）球员和对手可以保护自己的利益。

3.2a　一洞和一场比赛的结果

（1）赢一洞。在以下情况，球员在一洞获胜：

①用比对手更低的杆数（包括击球次数和罚杆）完成该洞。

②对手在该洞认输。

③对手受到一般性处罚（该洞负）。

如果对手的运动中球需要进洞才能在这个洞打平，那么当这个球已经基本不可能进洞时（例如这个球已经滚过球洞而且不会再滚回来），如果它被任何人故意变向或停止，该洞的结果即已确定，球员在该洞获胜（参见规则 11.2a 的例外）。

（2）平一洞。在以下情况，双方在一洞打平：

①球员和对手用相同的杆数（包括击球次数和罚杆）完成该洞。

②球员和对手同意双方在该洞打平（但是，只有双方至少有一人已经打了一杆开始该洞的比赛后才允许这样做）。

（3）赢一场。在以下情况，球员在一场比赛中获胜：

①领先对手的洞数多于尚未打的洞数。

②对手在该场比赛认输。

③对手被取消资格。

（4）延长平局。如果最后一洞过后比赛仍是平局：

①该场比赛将逐洞延长直至产生获胜者，参见规则 5.1（延长赛是同一轮比赛的延续，而非新一轮）。

②除非委员会另行规定，否则延长赛按该轮比赛各球洞的原有顺序进行。

但是竞赛规程可以规定比洞赛以平局结束，无须延长。

（5）确定最终结果。一场比赛的最终结果要按照委员会公布的方式被确定。委员会应当在竞赛规程中对此予以说明，例如当结果被记录在官方成绩板上或其他指定的地方后，或者当成绩被报告给委员会指定的人员后。

3.2b　认输/认可

（1）球员可以向对手认可下一杆、认输一洞或一场比赛。

①认可下一杆。对手打下一杆之前，球员任何时候都被允许这样做。球员作出认可后，对手被视作已经完成该洞，其成绩包括被认可的一杆，此后任何人均可移走这个球。当对手的球在上一杆击球后还在运动时作出的认可适用于对手的下一杆，除非这个球进洞（这种情况下的认可没有意义）。球员可以用变向或停止对手的运动中球的方式认可下一杆，但只有专门为了认可下一杆并且这个球已经基本不可能进洞时才可以这样做。

②认输一洞。球员完成一洞之前（参见规则6.5），包括开始该洞之前，任何时候都可以认输该洞。但是，球员和对手不得为了减少比洞赛洞数而约定在各洞互相认输。如果他们明知违规还这样做，将被取消资格。

③认输一场比赛。一场比赛的结果确定之前［参见规则3.2a（3）和（4）］，包括球员开始该场比赛之前，球员任何时候都可以认输该场比赛。

（2）认输/认可的方式：只有通过明确的交流才能作出认输/认可。

球员可以通过言语或行为作出认输/认可，但该言语或行为要明确表示他认可下一杆、认输一洞或一场比赛的意图（例如使用手势）。

对手如果出于合理的误解认为球员的言语或行为是认可下一杆、认输一洞或一场比赛并因此违规拿起自己的球，不受处罚，但是这个球必须被放置回初始位置（如果不知道该点，必须估计）（参见规则14.2）。

认输/认可是不可改变的，不得拒绝，也不得收回。

3.2c　在差点比洞赛中运用差点

（1）宣布差点。比洞赛开始前，球员和对手应互相告知自己的差点。如果球员在这场比洞赛开始前或进行中宣布了错误的差点，并且在对手打下一杆之前没有纠正此错误，处理方式如下：

①宣布的差点过高。如果影响到让或补让的杆数，该球员将被取消

资格，否则不受处罚。

②宣布的差点过低。该球员不受处罚，但必须用已宣布的过低的差点计算自己让或被让的杆数。

（2）运用差点杆数的球洞。

差点杆数按照球洞分配，净杆成绩较低者在该洞获胜。

如果延长平局，差点杆数仍然按照球洞进行分配，方式与该轮比赛一致（除非委员会规定了其他分配方式）。

每名球员都有责任知晓自己在哪些球洞具有让或被让的差点杆数，这取决于委员会规定的让杆分配指数分配方式（通常写在记分卡上）。如果球员在某个球洞没有使用或错误地运用了差点杆数，除非他及时对错误进行了纠正［参见规则 3.2d（3）］，否则该洞已被认同的结果有效。

3.2d　球员和对手的责任

（1）告诉对手自己已打杆数。一洞比赛期间的任何时候或完成这个洞后，对手都可以询问球员，以便了解其已经在该洞打的杆数（包括击球次数和罚杆）。这是为了允许对手决定如何打下一杆和该洞的剩余部分，或者确定刚完成的球洞的结果。

当被问及已打杆数时，或者虽未被问及但主动提供信息时，球员必须提供正确的已打杆数，若不回复对手的请求则被视作提供了错误的已打杆数。如果球员向对手提供错误的已打杆数，球员本人要受到一般性处罚（该洞负），除非该球员按照以下方式及时纠正了这个错误：

①若在一洞比赛期间提供错误的已打杆数，该球员必须在对手打另一杆或采取类似的行动（例如认可球员的下一杆或认输该洞）之前，提供正确的已打杆数。

②若在完成一洞后提供错误的已打杆数，该球员必须在如下时间提供正确的已打杆数：两名球员中任何一人击球以开始另一个球洞的比赛或采取类似的行动（例如认输下一个球洞或这一场比赛）之前；如果是该场比赛的最后一洞，则在确定最终比赛结果之前［参见规则 3.2a（5）］。

例外：对该洞结果没有影响时不受处罚。如果球员在完成一洞后提供了错误的已打杆数，但是并没有影响到对手对该洞胜负结果的理解，则他不受处罚。

（2）告诉对手自己所受处罚。当球员受到处罚后，必须在条件允许时尽快告诉对手自己所受的处罚，此时要考虑球员和对手之间的距离以及其他一些现实因素。有些情况下球员可能无法在对手打下一杆之前告知其自己所受的处罚。即使球员不知道所受的处罚，本规定同样适用

（因为球员应当认识到自己已经违反了规则）。

如果球员没有这样做，并且在对手打下一杆或采取类似行动（例如认可球员的下一杆或认输这个球洞）之前没有纠正错误，他将受到一般性处罚（该洞负）。

例外：对手已经知道球员的处罚时，不再对球员实施处罚。如果对手已经知道球员受到了处罚，例如看到球员明显正在进行罚杆补救，则球员不会因未告知对手这一点而受到处罚。

（3）了解本场比赛成绩。球员应该了解本场比赛的成绩，即他们中的某人是否领先一定的洞数（在该场比赛中“几洞领先”），还是比赛现在是双方打平的局面（也称作“平局”）。如果球员们误就错误的本场比赛成绩达成一致，他们可以在任何一名球员击球开始另一个洞的比赛之前纠正本场比赛的成绩。如果是最后一洞，可以在确定最终比赛结果之前予以纠正［参见规则 3. 2a（5）］。如果没有在上述时间内纠正，错误的比赛成绩将成为实际的比赛成绩。

例外：球员及时请求裁决。如果球员及时请求裁决（参见规则 20. 1b），并且发现对手提供了错误的已打杆数，或者没有告诉球员自己所受的处罚，则必须纠正错误的本场比赛成绩。

（4）保护自身的权利和利益。比洞赛中，球员应当按照规则保护他们自身的权利和利益。如果球员知道或认为对手违反了某条带有处罚的规则，该球员可以选择是否就此违规采取行动。但是，如果球员和对手约定不执行规则或某个他们明知适用的处罚，并且他们中的任何人已经开始本轮比赛，则双方都要按照规则 1. 3b 被取消资格。如果球员和对手就其中一人是否违规有不同意见，任何一人均可按照规则 20. 1b 请求裁决，以保护自身的权利和利益。

当一名裁判员被指派在整个一轮中执裁一场比洞赛时，该裁判员要负责对任何自己看到的或被告知的违规行为采取行动［参见规则 20. 1b（1）］。

### （三）规则 3. 3　比杆赛

比杆赛有一些独特的规则（尤其是在记分卡和击球进洞方面），这是因为在比杆赛中，每一名球员都在对抗比赛中其他所有球员，而且所有球员都需要按照规则受到平等对待。一轮比赛结束后，球员和记分员（记录球员成绩的人）必须证明球员各洞成绩的正确性，此后球员必须将记分卡提交给委员会。

3.3a　比杆赛的获胜者

用最低的总杆数（包括击球次数和罚杆）完成所有轮次的球员是获胜者。在差点比赛中，这指的是最低的总净杆数。

3.3b　比杆赛的记分

球员的成绩由记分员记录在球员的记分卡上（如图 4－2 所示）。记分员可以由委员会指定，也可以按照委员会认可的方式由球员选择。球员在整个一轮比赛中必须有同一个记分员，除非委员会事先或事后批准更换。

（1）记分员的责任：填写和证明记分卡上的各洞成绩。一轮比赛中，在结束各个球洞后，记分员应当与球员确认其在该洞的杆数（包括击球次数和罚杆），并将总杆成绩填入记分卡。一轮比赛结束后，记分员必须证明记分卡上各洞的成绩。如果球员有一个以上的记分员，每个记分员都必须证明自己担任记分员时所负责的球洞的成绩。如果其中一名记分员见证了球员所打的全部球洞，该记分员可以证明球员在所有洞的成绩。

记分员如果认为球员某洞的成绩是错误的，他可以拒绝证明该洞的成绩。这种情况下，委员会需要考虑可用的证据并就球员在该洞的成绩作出裁决。如果此时记分员仍然坚持拒绝证明球员的成绩，委员会可以证明该洞的成绩，或者接受其他见到球员在相关球洞行为的人的证明。如果身为球员的记分员故意证明某洞的错误成绩，该记分员应当按照规则 1.2a 被取消资格。

图 4－2　差点比杆赛中记分卡和填写职责划分

（2）球员的责任：证明各洞成绩并提交记分卡。一轮比赛过程中，球员应当掌握自己各洞的成绩。该轮比赛结束后，球员应当仔细检查记分员填写的各洞成绩，如有问题，及时向委员会提出；必须确保记分员证明了记分卡上各洞的成绩；不得更改记分员填入的各洞成绩，但得到记分员的同意或委员会的批准时除外（此时球员和记分员均无须就更改的成绩进行任何额外的证明）；必须证明记分卡上各洞的成绩并迅速将其提交给委员会，此后球员不得再更改这张记分卡。

球员如果违反规则 3.3b 的上述任何一条规定，将被取消资格。

例外：对因记分员未能履责而产生的违规不予处罚。如果委员会发现球员违反规则 3.3b（2）是由记分员未履行其职责所致（例如记分员带着球员的记分卡离开，或者没有证明记分卡就已离开），因为此事脱离了球员的控制，所以委员会将不对球员实施处罚。

（3）一洞的成绩错误。如果球员提交的记分卡上有任何球洞的成绩是错误的，按照以下方式处理：

①若提交的杆数高于实际杆数，所提交的该洞较高的杆数有效。

②若提交的杆数低于实际杆数或者没有提交杆数，该球员将被取消资格。

例外：未包括不知道的处罚。如果球员有一洞或几洞的杆数低于实际杆数是因为没有算上自己受到的一个或多个处罚，而且在提交记分卡之前他并不知道自己受到过这些处罚，则该球员不被取消资格；而如果在比赛结束之前发现这个错误，委员会将修改球员在相关球洞的成绩，在这些球洞的成绩里加上按照规则本应包括的罚杆。但是，这条例外不适用于如下任一情形：球员没有算上的处罚是取消资格；在提交记分卡之前，球员已被告知可能受到了处罚，或者球员已对自己是否受到处罚存有疑虑，但是没有向委员会提出此问题。

（4）在记分卡上展示差点和加算成绩不是球员的责任。规则不要求将球员的差点展示在记分卡上，也不要求球员加算其个人成绩。如果球员提交的记分卡上错误地展示或运用了差点，或者在加算成绩方面发生错误，他不受处罚。

一旦委员会在球员结束一轮比赛后接收了其提交的记分卡，由委员会负责加算球员的成绩，以及计算球员在比赛中的差点杆数并据此计算球员的净杆成绩。

3.3c　未击球进洞

一轮比赛中，球员必须在所有球洞都击球进洞。如果球员在任何一洞没有击球进洞，则该球员必须在击球开始另一个球洞的比赛之前纠正此错误。如果事情发生在该轮的最后一个球洞，则球员必须在提交记分卡前纠正此错误。如果没有在上述时限内纠正错误，该球员将被取消资格。

## 四、规则 4：球员的装备

目的：规则 4 阐述了球员在一轮比赛中可能使用的装备。高尔夫是一项富有挑战性的运动，成败应当取决于球员的判断、技术和能力，这是本项运动的原则，为此，球员必须使用合规的球杆和球；球员所使用的球杆数量被限定在 14 支（含 14 支）以内；规则对球员使用对其比赛提供人工协助的其他装备也作了限制。

### （一）规则 4.1　球杆

4.1a　允许用来击球的球杆

（1）使用合规的球杆。击球时，球员必须使用符合《装备规则》规定的球杆，它可以是一支全新的球杆，也可以是一支打球性能以任何方式被改变的球杆［关于一轮比赛中球杆被损坏的情况请参见规则 4.1a（2）］。但是，如果一支合规球杆的打球性能因正常使用过程中的磨损而改变，它仍是一支合规的球杆。一支球杆的打球性能指的是影响球杆击球效果或帮助瞄准的任何球杆部件、功能配置或特征，包括但不限于重量及其分布、着地角、杆面倾角、瞄准配置和允许使用的外部附加物。

（2）使用、修理或更换一轮比赛期间受损的球杆。如果合规球杆在一轮比赛期间或按照规则 5.7a 中止比赛期间遭到损坏，除非该损坏由滥用所致，否则球员可以对其进行修理或更换另外一支球杆。但是，无论损坏的性质和缘由是什么，受损的球杆在该轮比赛的剩余部分仍然被视作合规球杆（但比杆赛的附加赛属于新的一轮比赛，因而不包括在内）。

在该轮比赛的剩余部分，球员可以继续用这支受损的球杆击球，也可以修理该球杆或更换另外一支球杆［参见规则 4.1b（4）］，但由滥用所致的损坏情况除外。

如果球员用另外一支球杆替换了损坏的球杆，他必须按照规则 4.1c（1）的程序在下一杆击球前放弃受损的球杆。

“一轮比赛期间受损”指的是一轮比赛期间（包括按照规则 5.7a 中止比赛期间）球杆的任何部件、功能配置或特征因任何行为而被改变，无论该行为是由球员引起（例如用这支球杆击球或试挥，将其插入球包或从球包中取出，将其丢下或倚靠其上，或滥用球杆），还是由其他任何人、外部因素或自然力引起的。

但是，如果球员在一轮比赛期间故意改变一支球杆的打球性能，这支球杆就不属于“一轮比赛期间受损”，此时要按照规则 4.1a（3）处理。

（3）一轮比赛期间故意改变球杆的打球性能。球员不得使用其一轮比赛期间（包括按照规则 5.7a 中止比赛期间）通过以下方式之一故意改变过打球性能的球杆击球：

①使用可调节配置或动手改变球杆［但按照规则 4.1a（2）允许修理受损球杆的情况除外］。

②在杆头上施加任何物质（清洁球杆除外）以影响击球效果。

例外：如果在击球前已把可调节球杆恢复至原有位置或去除违规外部附加物，球员不受处罚且可以继续使用相关球杆击球。

对违反规则 4.1a 击球的处罚：取消资格。

球员如果只是携带了违规的或打球性能在一轮比赛期间被故意改变的球杆（但没有用其击球），则不按照本规则受到处罚。但是，这样的球杆仍然算在规则 4.1b（1）条款中的 14 支球杆之列。

4.1b　14 支球杆的限度；一轮比赛中共用、补充或更换球杆

（1）14 支球杆的限度。球员不得用超过 14 支球杆开始一轮比赛，或者在一轮比赛期间有超过 14 支球杆。该限制适用于所有由球员携带或为球员携带的球杆。但是，其中不包括一轮比赛开始时由球员携带或为球员携带的已被折断的球杆部件和独立的部件（例如杆头、杆身或者握把）。

如果球员用少于 14 支球杆开始一轮比赛，他可以在该轮比赛期间将球杆数量补充至最多 14 支［有关这样做的一些限制，参见规则 4.1b（4）］。球员已经持有补充的球杆并且用其中任何一支杆进行了下一杆击球后，视为球杆补充完毕。

当球员发现自己因有超过 14 支球杆而违反了本规则时，他必须在进行另一次击球前使用规则 4.1c（1）的程序放弃使用超量球杆。如果球员已经使用超过 14 支球杆开始了比赛，他可以选择放弃哪（些）支球杆；如果球员在一轮比赛期间补充了超量球杆，则必须放弃那（些）支补充的球杆。

球员开始一轮比赛后，如果他拾捡了其他球员落下的球杆，或者

有球杆在他不知情的情况下被误放入其球包内，出于应用 14 支球杆限度的目的，这支球杆不被视作该球员的球杆之一（但是他不得使用这支球杆）。

（2）不得共用球杆。球员使用的球杆仅限于其开始比赛时的球杆或上述第（1）款允许补充的那些球杆。球员不得使用正在球场上打球的其他任何人所使用的球杆击球（即使那个人属于另一组别或正在打另一个比赛），当球员发现自己因为用其他球员的球杆击球而违反了本规则时，他必须在进行另一次击球前，使用规则 4.1c（1）的程序放弃那支球杆。

在有伙伴参与的赛制中，个别情况下，如果伙伴两人的球杆加起来没有超过 14 支，允许伙伴之间共用球杆，参见规则 22.5 和 23.7。

（3）不得更换丢失的球杆。如果球员用 14 支球杆开始比赛，或者已将球杆数量补充到上限 14 支，但此后在该轮比赛期间或按照规则 5.7a 中止比赛期间丢失了 1 支球杆，他不得用其他球杆更换这支球杆。

（4）补充或更换球杆的限制。按照规则 4.1a（2）或者 4.1b（1）补充或更换球杆时，球员不得有以下行为之一：

①过度延误比赛（参见规则 5.6a）。

②补充或借用正在球场内打球的其他任何球员所携带的（包括他人为其所携带的）任何球杆，即使那名球员属于另一组别或正在打另一个比赛。

③用球员本人或正在球场内打球的其他任何球员所携带的（包括他人为其所携带的）部件组装球杆（即使那名球员属于另一组别或正在打另一个比赛）。

当球员发现自己因为在规则不允许的情况下补充或更换球杆而违反了本规则后，他必须在进行另一次击球前按照规则 4.1c（1）规定的程序放弃这支球杆。

如果球员使用一支在一轮比赛开始前［参见规则 4.1c（2）］或一轮比赛期间被放弃［参见规则 4.1c（1）］但仍然携带着的球杆进行了击球，他将根据规则 4.1c（1）被取消资格。

违反规则 4.1b 的处罚：如何实施处罚取决于球员何时发现自己的违规。若球员在一洞比赛期间发现违规，则在该球洞的比赛结束时实施处罚。比洞赛中，球员必须完成这个球洞，把这个球洞的结果算在该场比赛的成绩里，然后再实施处罚以调整该场比赛的成绩。若球员在两洞比赛之间发现违规，则在刚完成的球洞（而非下一个球洞）结束时实施处罚。

比洞赛的处罚：用扣除球洞的方式修改比赛成绩，最多扣除 2 洞。与该洞负的处罚不同，这是一种调整比赛状态的处罚。在正进行比赛的球洞或刚完成的球洞结束时，球员可以通过在发生违规的球洞各扣除 1 洞的方式修改该场比赛的成绩，但一轮比赛最多扣除 2 洞。例如，一名球员用 15 支球杆开始比赛，打到第三洞时才发现违规，此后他赢了这个洞并使自己在该场比赛中领先 3 洞。这种情况下将最多扣除该球员 2 洞，即他现在是 1 洞领先。

比杆赛的处罚：罚 2 杆，最多罚 4 杆。在发生违规的各个球洞，该球员都受到一般性处罚（罚 2 杆），但是该轮比赛中最多罚 4 杆（在发生违规的前两个洞各罚 2 杆）。

4.1c　放弃球杆的程序

（1）一轮比赛期间。当球员在一轮比赛期间发现自己违反了规则 4.1b 后，该球员必须在进行下一杆击球前采取行动，明确指出自己要放弃的各支球杆。球员可以选择以下方式做到这一点：

①在比洞赛中向对手、在比杆赛中向记分员或同组的另一位球员宣布此决定。

②采取其他明确的措施（例如把这支球杆反着放进球包、将其放在球车的地板上，或者把这支球杆交给另一个人）。

球员不得在该轮比赛的剩余部分用已经放弃的球杆击球。如果放弃的球杆属于另一名球员，那名球员可以继续使用这支球杆。

违反规则 4.1c（1）的处罚：取消资格。

（2）一轮比赛之前。如果球员在即将开始一轮比赛前发现自己意外地有超过 14 支球杆，他应当尽量不携带超量球杆。但是，作为一个不受处罚的选项，该球员可以使用 4.1c（1）款规定的程序，在开始这轮比赛之前放弃超量球杆，并且该球员可以在该轮比赛期间留有（但不得使用）这些超量球杆，它们不计入 14 支球杆之列。

如果球员故意带着超过 14 支的球杆到达第一洞发球区，并且没有留下超量球杆就开始该轮的比赛，则不得使用这个选项，此时规则 4.1b（1）适用。

### （二）规则 4.2　球

4.2a　一轮比赛中允许使用的球

（1）必须使用合规的球。球员击打每一杆时，都必须使用符合

《装备规则》规定的球。球员可以从任何人处获得合规球，包括球场上的其他球员。

（2）不得使用被故意改变性能的球。如果一个球的性能特征通过摩擦、加热或施加任何物质（擦拭球除外）等手段被故意改变，球员不得击打这个球。

违反规则 4.2a 击球的处罚：取消资格。

4.2b　一洞比赛过程中球碎裂成片

如果球员的球在击球后碎裂成片，球员不受处罚，此次击球不计入成绩。球员必须在该次击球的地方打另一个球（参见规则 14.6）。

违反规则 4.2b 从错误的地方打球的处罚：按照规则 14.7a 受到一般性处罚。

4.2c　一洞比赛过程中球被切开或破裂

（1）拿起球查看是否被切开或破裂。球员如果有合理理由认为他的球在正进行比赛的球洞中被切开或破裂，可以拿起这个球查看，但是必须首先标记球的位置，而且不得擦拭这个球（球在推杆果岭上时除外）（参见规则 14.1）。如果球员没有合理的理由就拿起球（推杆果岭上除外，因为球员可以按照规则 13.1b 拿起球），且拿起球之前没有标记球的地点，或者在不允许擦拭球的时候擦拭了这个球，该球员将被罚 1 杆。

（2）可以替换另一个球的条件。只有在可以清楚看到初始球被切开或破裂，并且该损坏发生于正在进行比赛的球洞的情况下，球员方可替换另一个球。但是，如果球上只是有划痕或擦痕，或只是涂漆损坏或褪色，球员不得替换另一个球。

如果初始球被切开或破裂，球员必须把另一个球或者初始球放置回初始位置；如果初始球没有被切开或破裂，球员必须把它放置回初始位置（参见规则 14.2）。

如果球员击打了错误替换的球，他将根据规则 6.3b 被罚 1 杆；若违反规则 4.2c 从错误的地方打球，则将按照规则 14.7a 受到一般性处罚。

本规则里没有任何规定禁止球员按照其他任何规则替换另一个球或在两洞比赛之间更换用球。

### （三）规则 4.3　装备的使用

规则 4.3 适用于球员可能在一轮比赛中使用的所有类型的装备，但是有关使用合规的球杆和球的规定除外，它们由规则 4. 1 和 4. 2 处理，不包括在本规则内。

本规则仅关注使用装备的方式，它并不限制球员在一轮比赛中可以携带的装备。

4. 3a 允许的和禁止的装备使用方式

球员可以在一轮比赛中使用装备帮助自己打球，但不得通过以下方式制造潜在利益：使用那些人为消除或减少构成高尔夫运动挑战性所必需的技术或判断的装备（球杆和球除外）；击球时用异常的方式使用装备（包括球杆和球），“异常的方式”指的是与本意有实质性不同的使用方式，而且一般被认为不属于高尔夫比赛的一部分。

有些规则对球员使用球杆、球或其他装备的行为进行了限制［如放置球杆或其他物品以帮助自己校准，参见规则 10. 2b（3）］，本规则不影响执行任何这样的规则条款。

以下是按照本规则规定，一轮比赛期间常见的允许和禁止的装备使用方式：

（1）有关距离和方向的信息。

①允许的方式：获取距离或方向方面的信息（例如使用测距仪或指南针）。

②禁止的方式：测量高度变化；解释距离或方向信息（例如使用设备，根据球员的球所在位置获取打球线或球杆选择方面的建议）；使用校准设备（参见《装备规则》中的定义）来帮助瞄球摆线。

（2）有关风和其他天气状况的信息。

①允许的方式：获取通过天气预报即可获知的任何类型的天气信息（包括风速），或测量球场的温度和湿度。

②禁止的方式：测量球场的风速，或使用人工物体获取其他与风有关的信息（例如使用粉末、手帕或丝带评估风向）。

（3）一轮比赛之前或之中收集的信息。

①允许的方式：使用一轮比赛之前收集的信息（例如以前轮次的比赛信息、挥杆要点或球杆方面的建议等）；记录本轮的比赛或生理信息（以备这一轮比赛后使用，例如球杆打出的距离、比赛统计数据或心率等）。

②禁止的方式：加工或解释本轮的比赛信息（例如基于当前轮次距离的球杆建议），或使用本轮比赛期间记录的任何生理信息。

（4）音频和视频。

①允许的方式：收听音频或观看视频，但内容与正在进行的比赛无关（如新闻报道或背景音乐）。但是，这样做时必须顾及其他人（参见规则1.2）。

②禁止的方式：收听音乐或其他音频，以消除干扰或帮助控制挥杆节奏；观看本场比赛的视频，以帮助球员在该轮比赛中选择球杆、击球或决定一轮中打球的方式。但是，球员可以观看球场上为观众播放的视频，例如观看显示成绩和比赛画面的大屏幕。

（5）手套和握杆材料。

①允许的方式：使用符合《装备规则》规定的普通手套；使用松脂、粉末和其他保湿剂或干燥剂；在握柄上缠绕毛巾或手帕。

②禁止的方式：使用不符合《装备规则》规定的手套；使用对手的位置或握杆压力提供过度帮助的其他装备。

（6）拉伸设备和训练或挥杆辅助器材。

①允许的方式：使用任何装备进行一般性拉伸（但试挥杆除外），无论该装备的设计是出于拉伸、打高尔夫时使用（例如把校准杆横在双肩上）的目的，还是出于其他与高尔夫无关的目的（例如橡胶棒或一根管子）。

②禁止的方式：使用任何类型的高尔夫训练或挥杆辅助器材（例如校准杆、加重杆头或加重圈）或违规球杆，这些器材因在球员准备击球或击球时提供了帮助（例如帮助调整挥杆平面、握杆、瞄准、球位或身姿等），故而制造了潜在利益。

4.3b　出于医学原因使用的装备

（1）医学例外。满足以下条件时，球员使用装备以帮助应对某种医学状况不违反规则4.3：

①该球员出于医学原因而使用该装备。

②委员会认为，球员使用该装备不会获得对其他球员不公平的优势。

（2）绷带或类似覆盖物。球员可以出于医学原因使用黏性绷带或类似的覆盖物（例如防止受伤或帮助治疗现有伤病），但是该绷带或覆盖物不得被过度使用，或者帮助球员的程度超出必要的医学原因（例如，它不得固定某个关节以帮助球员挥杆）。

如果球员对于绷带或类似覆盖物使用的部位或方式存有疑问，应当向委员会请求裁决。

违反规则 4.3 的处罚：首次违规，一般性处罚。如果违规发生在两个球洞的比赛之间，处罚施加于下一洞。第二次违规，取消资格。即使违规的性质与导致首次处罚的违规完全不同，也要执行本处罚。本处罚只有在第一次违规之后发生了介入事件时才适用［参见规则 1.3c（4）］。

## 第二节 一轮和一洞的比赛（规则 5～6）

### 一、规则 5：一轮比赛

目的：规则 5 阐述了一轮比赛进行的方式，例如在一轮比赛之前或之中球员可以在球场上练习的时间和地点、一轮比赛何时开始和结束、中止或恢复比赛时需要做什么等。球员应当准时开始各轮比赛，在各洞比赛期间连续、快速打球，直至该轮比赛结束。轮到某位球员打球时，建议他完成该次击球的时间不超过 40 秒，通常还应更快一些。

#### （一）规则 5.1 “一轮”的含义

“一轮”指的是按照委员会规定的顺序所打的 18 个或更少数目的球洞。

如果一轮比赛以平局结束，并且比赛需要继续进行直至产生获胜者，则：

（1）比洞赛逐次延长一洞。这是同一轮比赛的延续，而非新的一轮。

（2）比杆赛打附加赛，这是新的一轮比赛。

球员的一轮比赛开始后，在其结束之前，该球员都在打他的这一轮比赛（参见规则 5.3），但比赛按照规则 5.7a 被中止时除外。当某条规则提及“一轮比赛期间”采取的行动时，不包括比赛按照规则 5.7a 被中止的时段，除非该规则另有规定。

### （二）规则 5.2　一轮比赛之前或两轮比赛之间在球场内练习

出于应用本规则的目的，“在球场内练习”指的是打球，或者通过滚动球或擦抹表面的方式测试任何球洞的推杆果岭表面。对一轮比赛之前或两轮比赛之间在球场内练习的限制，仅适用于球员自己，不适用于球员的球童。

5.2a　比洞赛

比洞赛中，在一轮比赛之前或两轮比赛之间，球员可以在球场内练习。

5.2b　比杆赛

在比杆赛的首日，球员不得于一轮比赛之前在球场上练习，但是可以在其第一个发球区上或附近练习推杆或短切，也可以在任何练习区域练习，还可以在刚完成的球洞的推杆果岭上或附近练习，即便他一天内会再次打这个洞（参见规则 5.5b）。但是，完成其当日最后一轮比赛后，球员可以在球场内练习。

如果球员违反本规则进行了一次击球，他将在自己的第一个球洞受到一般性处罚。他如果再次违反本规则进行击球，将被取消资格。

### （三）规则 5.3　开始和结束一轮比赛

5.3a　一轮比赛开始的时间

当球员击球以开始其第一个球洞的比赛后，他的这一轮比赛即开始（参见规则 6.1a）。球员必须在其出发时间开始比赛，不得提前。这意味着球员必须在委员会设定的出发时间和出发地点做好打球准备。需要注意的是，委员会规定的出发时间被视作精确时间（例如，上午 9 点指的是上午 9：00，而非 9：01 之前的任何时间）。

如果出发时间因任何原因被推迟（例如天气、其他组别慢打或需要等待裁判员判决等），只要球员在其所在组别能够出发的时候到场并做好打球准备，就没有违反本规则。

违反规则 5.3a 的处罚：取消资格。但以下三种情况例外：

例外 1：球员抵达出发地点并做好打球准备，迟到时间不超过 5 分钟，则他在第一洞受到一般性处罚。

例外2：球员提前不到5分钟开始比赛，则他在第一洞受到一般性处罚。

例外3：委员会判定有特殊情况致使球员没能准时开始比赛，球员不违反本规则，不受处罚。

5.3b　一轮比赛结束的时间

以下情况下，球员的一轮比赛结束：

（1）比洞赛中，当该场比赛的结果按照规则3.2a（3）或（4）的规定决定后。

（2）比杆赛中，当该球员在最后一洞击球进洞（包括根据规则6.1或14.7b等纠正错误）后。

在其他比杆赛赛制以及四球赛中一轮比赛开始和结束的时间，参见规则21.1e、21.2e、21.3e和23.3b。

### （四）规则5.4　按组别比赛

5.4a　比洞赛

一轮比赛期间，球员和对手必须在同一个组别内打各个球洞。

5.4b　比杆赛

一轮比赛期间，球员必须在委员会规定的组别内打球，除非委员会事先或事后批准改变分组。

违反规则5.4的处罚：取消资格。

### （五）规则5.5　一轮比赛中或中止比赛期间练习

5.5a　一洞比赛期间禁止练习击球

一洞比赛期间，球员不得在球场上或球场外进行任何击球练习。以下情况不属于练习击球：无意击打球的试挥；球员纯粹出于礼貌把球打回练习区域或打向另一名球员；一个球洞的结果已经决定后，球员继续完成该洞的击球。

5.5b　一洞完成之后对练习击球的限制

在完成一洞之后，且在开始另一个球洞的击球前，球员不得练习击球。

例外：球员可以在刚完成的球洞的推杆果岭和任何练习果岭（参见规则13.1e），以及下一洞的发球区或其附近练习推击或短切。但是，上述练习击球不得在沙坑内进行，也不得过度延误比赛（参见规则5.6a）。

5.5c　暂停比赛或以其他方式中止比赛期间的练习

按照规则5.7a暂停比赛或以其他方式中止比赛期间，球员不得练习击球，但以下情况除外：

（1）按照规则5.5b允许的方式练习。

（2）在球场以外的任何地方练习。

（3）在委员会允许的球场上的任何地方练习。

如果双方球员约定中止了一场比洞赛并且不在同一天恢复该场比赛，在该场比赛恢复之前，双方球员可以不受限制地在这个球场内练习。

违反规则5.5的处罚：一般性处罚。如果违规发生在两洞比赛之间，处罚施加于下一个球洞。

**（六）规则5.6　过度延误；快速打球**

5.6a　过度延误比赛

无论在一洞比赛过程中，还是在两洞比赛之间，球员均不得过度延误比赛。规则允许球员可以出于某些原因有短暂的延误，例如寻求裁判员或委员会的帮助、受伤或生病，或有其他合理的理由。

违反规则5.6a的处罚：首次违规，罚1杆；第二次违规，一般性处罚；第三次违规，取消资格。

如果球员在两洞之间过度延误比赛，处罚将施加于下一个球洞。

对残疾球员应用规则5.6a，参见规则25.6a的相关规定。

5.6b　快速打球

一轮高尔夫含有快速、按时完成比赛的意思。每一名球员都应认识到，自己的打球速度可能影响到其他球员（包括本组和后续组别的球员在内）用多长时间完成一轮比赛。规则提倡球员让更快的组别先行通过。

（1）打球速度的建议。球员应该快速、按时完成一轮比赛，这包括用于每一次准备击球和击球的时间、两次击球之间的移动时间，以及完成一洞后移动到下一个发球区的时间。

球员应该提前为下一杆击球进行准备，轮到其打球时，立即准备打球。轮到球员打球时，建议球员在其可以（或应当可以）不受妨碍或干扰地打球后40秒内击球，通常还应打得更快，规则也提倡球员这样做。

（2）不按顺序打球以加快打球速度。根据不同的赛制，有时候球员可以不按顺序打球以加快打球速度：

①比洞赛中，为了节省时间，球员们可以同意让其中一人不按顺序打球（参见规则6.4a的例外）。

②比杆赛中，球员们可以以安全和负责任的方式使用“快打高尔夫”［参见规则6.4b（2）］。

（3）委员会的打球速度政策。为了鼓励和执行快速打球，委员会应当在当地规则中制定打球速度方面的政策。这项政策可以规定完成一轮、一洞或几洞，以及一次击球的最长时间，还可以对不遵守该政策的行为制定处罚措施。

### （七）规则5.7　中止比赛；恢复比赛

5.7a　球员可以或必须中止比赛的场合

一轮比赛期间，球员不得中止比赛，但以下场合除外：

（1）委员会暂停比赛。如果委员会暂停比赛，所有球员必须中止比赛（参见规则5.7b）。

（2）比洞赛中双方约定中止比赛。比洞赛中，球员们可以出于任何原因约定中止比赛，除非这样做将延误整体赛事。如果球员之间约定中止比赛，但此后其中一人想要恢复比赛，则之前的约定中止，另一名球员必须恢复比赛。

（3）球员因雷电中止比赛。如果球员有合理的理由认为存在雷电危险，他可以中止比赛，但必须尽快向委员会报告。

离开球场本身并不构成中止比赛。球员延误比赛的情形由规则5.6a而非本条款规则判定。如果球员出于本规则不允许的任何原因中止比赛，或者在被要求向委员会报告时没有这样做，他将被取消资格。

5.7b　委员会暂停比赛时球员必须要做的事项

委员会暂停比赛分为两种类型，对球员必须中止比赛的时间有不同的规定。

（1）立即暂停（例如危险即将来临）。如果委员会宣布暂停比赛，球员在委员会恢复比赛之前不得再次击球。委员会应该使用清晰的方式告诉球员立即暂停比赛。

（2）常见暂停（例如因为天黑或球场无法使用）。如果委员会出于常见原因暂停比赛，下一步如何做取决于各组球员所处的位置：

①在两洞比赛之间：如果一组中的所有球员都处在两洞比赛之间，他们必须中止比赛，而且在委员会恢复比赛之前不得开始另一个球洞的击球。

②在一洞比赛过程中：如果一组中有任何球员已经开始一洞的比赛，这些球员可以选择中止比赛或完成该洞。

规则允许球员们用短暂的时间（通常不超过 2 分钟）决定是中止比赛还是完成该洞。如果球员们继续该洞的比赛，他们可以完成该洞，也可以在完成该洞之前中止比赛。一旦球员们完成了该洞，或者在此之前中止了比赛，在委员会按照规则 5.7c 恢复比赛之前，他们不得再次击球。如果球员之间无法就此达成一致，则视情况处理：在比洞赛中，如果对手中止比赛，球员也必须中止比赛；在委员会恢复比赛前，两名球员都不得再次击球；如果球员不中止比赛，他将受到一般性处罚（该洞负）。在比杆赛中，无论本组其他球员如何决定，一组中的任何球员均可以选择中止比赛或继续该洞的比赛；但是，只有球员的记分员留在现场记录其成绩，他才可继续比赛。

违反规则 5.7b 的处罚：取消资格。

例外：委员会如果认为不中止比赛的理由正当，则不予处罚；如果委员会判定当时的状况下球员有充分理由不中止比赛，则他不违反本规则，也不受处罚。

5.7c　恢复比赛时球员必须要做的事项

（1）恢复比赛的地点。球员必须在之前中止一洞比赛的地方恢复比赛。如果中止比赛的地方在两洞之间，球员必须在下一个发球区恢复比赛。即使恢复比赛的时间是之后的一天，也要按上述规定执行。如果球员从其中止比赛的地点以外的地方恢复比赛，参见规则 6.1b 和 14.7。

（2）恢复比赛的时间。球员必须在委员会规定的恢复比赛的时间抵达上述第（1）款规定的地点并做好打球准备，而且必须在该规定的时间恢复比赛（不得提前）。

如果球员出于任何原因（例如前组球员需要先打球并走出射程）不得不推迟恢复比赛，只要他在本组可以恢复比赛的时候到场并做好打球准备，就不违反本规则。

违反规则 5.7c（2）的处罚：取消资格。因未按时恢复比赛而取消资格的例外：规则 5.3a 的例外 1、2 和 3，以及规则 5.7b 的例外也适用于此处。

5.7d　中止比赛时拿起球；恢复比赛时放置球回原位和替换球

（1）中止比赛时或恢复比赛前拿起球。按照本规则中止一洞的比赛时，球员可以标记自己的球的位置并拿起这个球（参见规则 14.1）。

在恢复比赛前或恢复比赛时，按照以下方式处理：

①若中止比赛时球员的球已被拿起，球员必须把初始球或另一个球放置回初始位置（如果不知道该点，必须估计）（参见规则 14. 2）。

②若中止比赛时球员的球未被拿起，球员可以在现有位置打这个球，也可以标记这个球的位置，拿起它（参见规则 14. 1），然后把它或另一个球放置回初始位置（参见规则 14. 2）。

在以上任意一种情况下，如果球位因球员拿起这个球被改变，球员必须按照规则 14. 2d 的规定，将这个球或另一个球放置回原位；如果球位在球被拿起后、放置回原位之前被改变，规则 14. 2d 不适用，此时必须把初始球或另一个球放置回初始位置（如果不知道该点，必须估计）（参见规则 14. 2）；但是，如果在此期间球位或其他击球环境遭到破坏，则规则 8. 1d 适用。

（2）比赛中止期间球或球标被移动的处理方式。如果球员的球或球标在比赛恢复前以任何方式被移动（包括被自然力移动），他必须按照以下两种方式之一处理：

①把初始球或另一个球放置回初始位置（如果不知道该点，必须估计）（参见规则 14. 2）。

②放置一个球标以标记初始位置，此后把初始球或另一个球放置回该位置（参见规则 14. 1 和 14. 2）。

如果球员的击球环境在比赛中止期间恶化，参见规则 8. 1d。

违反规则 5. 7d 从错误的地方打球的处罚：按照规则 14. 7a 受到一般性处罚。

## 二、规则 6：一洞比赛

目的：规则 6 阐述了一洞比赛的进行方式，例如从发球区开球以开始一洞比赛的特定规则、整个一洞比赛中使用同一个球的规定（允许替换球的场合除外）、打球的顺序（与比杆赛相比，这一点在比洞赛中更为重要），以及完成一洞比赛的方式等。

### （一）规则 6. 1　开始一洞的比赛

#### 6. 1a　一洞比赛开始的时间

当球员为开始一洞比赛而击球后，他即已开始了这个球洞的比赛。即使该次击球是在发球区之外进行的（参见规则 6. 1b），或者该次击球按照某条规则被取消，该洞的比赛也已开始。

6.1b 必须在发球区内打球

开始各球洞的比赛时，球员必须按照规则 6.2b 从发球区内的任何地方打一个球。

如果球员开始一洞比赛时从发球区之外（包括从相同或不同球洞为其他开球位置而摆放的错误的发球区标志处）打了一个球，则按照以下方式处理：

（1）在比洞赛，球员不受处罚，但是对手可以取消这次击球：

①对手必须在任何一名球员打另一杆之前迅速作出取消的决定。对手取消这次击球后，不能撤回该决定。

②如果对手取消这次击球，球员必须在发球区之内打另一个球，而且现在仍然轮到他打球。

③如果对手不取消这次击球，则此次击球有效，这个球进入比赛状态，此后必须在现有位置继续打球。

（2）在比杆赛，球员受到一般性处罚（罚 2 杆），且必须纠正错误，从发球区内打一个球：

①从发球区之外打的那个球不在比赛状态。

②从发球区之外打的那一杆，以及纠正该错误之前打的任何杆数（包括击球次数和单纯因打那个球而受到的罚杆），均不计入成绩。

③如果球员在击球开始另一个球洞的比赛之前没有纠正此错误，或者当事情发生在该轮比赛的最后一个球洞，且他没有在提交记分卡之前纠正此错误时，他将被取消资格。

## （二）规则 6.2 从发球区打球

6.2a 发球区规则适用的场合

在任何时候，当球员被要求或被允许从发球区打一个球时，规则 6.2b 里有关发球区的规则即适用，这包括以下情况：

（1）球员正在开始一洞的比赛（参见规则 6.1）。

（2）球员按照某条规则将要再次从发球区打球（参见规则 14.6）。

（3）击球后或者补救后，球员的球在发球区进入比赛状态。

本规则仅适用于球员开始其要比赛的球洞时必须从其中打球的发球区，不适用于球场上其他任何的开球位置（无论是否在同一个球洞）。

6.2b 发球区规则

（1）球位于发球区内的条件：当球有任何一部分触及发球区的任何一部分，或者位于发球区任何一部分的上空，这个球即在发球区内

（如图 4－3 所示）。球员可以站在发球区外击打发球区内的球。

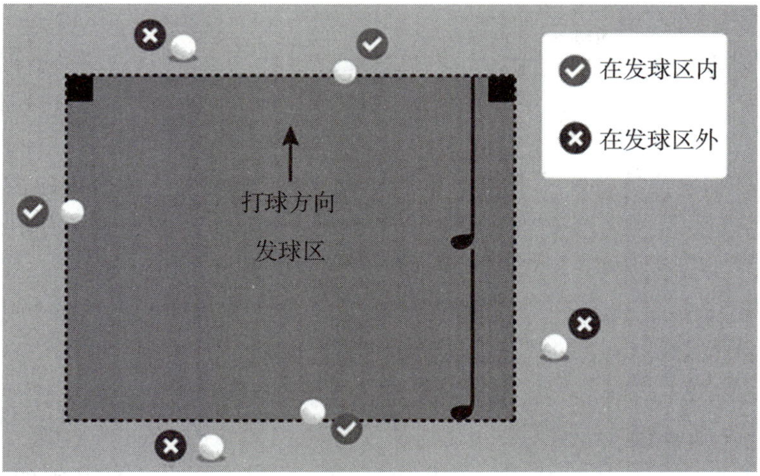


**图 4－3　球何时位于发球区内**

注：虚线标定了发球区的外部边沿（参见发球区的定义）。

（2）可以架球，也可以从地上打球。球员必须从插在地面内或放在地面上的球座或地面打球。出于应用本规则的目的，地面包括堆放在一起以便将球座或球置于其上的沙子或其他自然物质。球员不得击打置于违规球座上的球，也不得击打以本规则不允许的方式架起来的球。

违反规则 6.2b（2）的处罚：首次违规，一般性处罚；第二次违规，取消资格。

（3）可以改善发球区内的某些环境。击球前，球员可以在发球区内采取以下行为以改善击球环境［参见规则 8.1b（8）］：

①改变发球区内的地面状况（例如用球杆或脚制造凹陷）。

②移动、弯曲或折断在发球区内的地面内连接着的或生长着的草、杂草和其他自然物体。

③移走或按压发球区内的沙子和泥土。

④移除发球区内的露水、霜和水。

但是，如果球员违反规则 8.1a，采取其他任何行为改善击球环境，他将受到一般性处罚。

（4）从发球区打球时，对移动发球区标志或处理缺失发球区标志的限制：

①发球区标志的位置由委员会设定，以此决定各发球区的准确位置。对于从某个发球区打球的所有球员而言，发球区标志应当处于同样的位置。

②从发球区内击球前，如果球员通过移动该发球区的任何一个发球区标志而改善击球环境，他将因为违反规则 8.1a（1）受到一般性处罚。

③如果球员发现一个或全部两个发球区标志缺失，他应该向委员会寻求帮助。但如果委员会不能在合理时间内到场，球员应该使用其合理判断［参见规则 1.3b（2）］来估计发球区标志所在的位置。

在其他所有情况下，这些发球区标志被视作常规的可移动妨碍物，可以根据规则 15.2 的规定被移走。

（5）击球前球未处于比赛状态。无论球被架起还是置于地面，球员开始一洞比赛或按照某条规则从发球区内再次打球时，在他击球之前，这个球不在比赛状态，并且击球前，球员可以免罚拿起或移动这个球。

在球员击球前，如果架起的球从球座掉落，或者被球员从球座上碰落，球员可以在发球区内的任何地方重新架球，不受处罚。但是，如果当球正在掉落时或者掉落后球员击打了这个球，虽然球员不受处罚，但本次击球有效，这个球进入比赛状态。

（6）比赛中球位于发球区内。如果球员的比赛中球在击球后位于发球区内（例如没有击中架起来的球），或者补救后位于发球区内，他可以免罚拿起或移动这个球（参见规则 9.4b 的例外 1），并且按照上述第（2）款的规定，在发球区内的任何地方，从球座或地面打这个球或另一个球，包括在现有位置继续打这个球。

违反规则 6.2b（6）从错误的地方打球的处罚：按照规则 14.7a 受到一般性处罚。

### （三）规则 6.3　一洞比赛中使用的球

一洞比赛是从发球区开始连续击球，将球打上推杆果岭并打进球洞内的过程。从发球区开球后，通常球员应击打同一个球直至完成该洞。如果球员击打了错球，或者在规则不允许替换的情况下击打了替换球，他将受到处罚。

6.3a　用从发球区打的球击球进洞

从发球区开始一洞比赛时，球员可以打任何一个合规的球，并且可以在两洞比赛之间换球。球员必须用从发球区打的球击球进洞，但以下情况除外：这个球遗失或静止在界外；球员替换了另一个球（无论规则是否允许这样做）。

球员应当在要打的球上做一个识别标记（参见规则7.2）。

6.3b　一洞比赛期间替换另一个球

（1）允许和不允许球员替换另一个球的场合。有些规则允许球员替换另一个球作为其比赛中球，以更换他在一洞比赛期间使用的球，但另一些规则却不允许这样做：

①按照某条规则进行补救时，包括抛或放置一个球时（例如球没有停在补救区内，或者在推杆果岭上补救），球员可以使用初始球或另一个球（参见规则14.3a）。

②从上一杆击球的地点再次打球时，球员可以使用初始球或另一个球（参见规则14.6）。

③把一个球放置回某个位置时，规则不允许球员替换球，他必须使用初始球，不过也有一些例外（参见规则14.2a）。

（2）替换球成为比赛中球。当球员替换另一个球作为其比赛中球时（参见规则14.4），初始球不再处于比赛状态，即使它静止在球场内亦如此。即使球员有以下行为之一，仍不能改变上述结果：

①虽然规则不允许，但球员仍然用另一个球替换了初始球（无论球员自己是否意识到他当时正在替换另一个球）。

②放置回（原位）、抛或放置替换球时，球员使用了错误的方式，将球放置或抛在了错误的地方，或者使用了不适用的程序。

有关如何在击打替换球之前纠正错误，参见规则14.5。如果没有找到球员的初始球，而后球员把另一个球投入比赛状态以进行一杆加距离的补救（参见规则17.1d、18.1、18.2b和19.2a），或者当有人知道或几乎肯定这个球发生了什么的情况下按照某条适用规则允许的方式把另一个球投入比赛状态之后（参见规则6.3c、9.6、11.2c、15.2b、16.1e和17.1c），该球员必须用这个替换球继续比赛；即使球员在3分钟找球时间截止之前在球场内发现了初始球，也不得击打［参见规则18.2a（1）］。

（3）击打错误替换的球。如果球员击打了错误替换的球，他将被罚1杆，此后必须用错误替换的球完成该洞。

6.3c　错球

（1）击打错球。球员不得击打错球。

例外：球员如果击打了正在罚杆区的水中或临时积水中运动的错球，不受处罚。但是，这次击球无效，并且该球员必须按照规则纠正错误，从初始位置击打正确的球，或者按照规则进行补救。

违反规则6.3c（1）打错球的处罚如下：

比洞赛中，球员受到一般性处罚（该洞负）。如果一洞比赛过程中球员和对手互相打了对方的球，首先击打错球的人受到一般性处罚（该洞负）。但是，如果不知道谁首先打了错球，双方都不受处罚，必须用互换后的球完成该洞。

比杆赛中，球员受到一般性处罚（罚2杆）并且必须纠正错误，在初始球的现有位置继续打球，或者按照规则进行补救。球员击打错球的那一杆，以及纠正该错误之前打的其他杆数（包括击球次数和单纯因为打那个球而受到的额外罚杆），均不计入成绩。如果球员在击球开始另一个球洞之前没有纠正错误，或者当事情发生在本轮最后一个球洞，且他在提交其记分卡之前没有纠正错误时，将被取消资格。

（2）球员的球被其他人作为错球击打后的处理方式。如果有人知道或几乎肯定球员的球已被另一名球员作为错球击打，该球员必须把初始球或另一个球放置回其初始位置（如果不知道该点，必须估计）（参见规则14.2）。

无论是否发现初始球，上述规定均适用。

6.3d　球员可以在同一时间打多个球的场合

球员仅在以下情况可以在同一时间打多个球：

（1）打暂定球（按照规则18.3c规定，此后这个球要么成为比赛中球，要么被放弃）。

（2）比杆赛中，为了纠正从错误的地方打球可能导致的严重违规（参见规则14.7b），或者当不清楚正确的处置程序时［参见规则20.1c（3）］，打两个球。

### （四）规则6.4　一洞比赛期间的打球顺序

规则6.4阐述了整个一洞比赛期间的打球顺序。发球区的打球顺序取决于谁拥有优先权，此后的打球顺序依据谁的球距离球洞最远而定。

比洞赛中，打球顺序十分重要。如果球员不按顺序打球，对手可以取消这次击球，让该球员重打。比杆赛中，球员不会因不按顺序打球而受到处罚。规则允许和提倡球员“快打高尔夫”，也就是以安全和负责任的方式不按顺序打球。

6.4a 比洞赛

（1）打球顺序。球员和对手必须按以下规定的顺序打球：

①在第一个球洞，优先权由委员会规定的抽签顺序决定。如果没有抽签，则可以用协商或随机的方式（例如抛硬币）决定。

②开始其他所有球洞时，一洞获胜的球员在下一个发球区拥有优先权。如果双方在这个球洞打平，则在上一个发球区有优先权的球员继续拥有此权利。如果球员及时提出了裁决请求（参见规则 20.1b），但委员会尚未就此作出判定，而且裁决可能影响到谁在下一个球洞拥有优先权，则优先权通过协商或随机的方式决定。

③两名球员都开始一洞后，谁的球距离球洞更远，谁就先打。如果两球至球洞的距离相同，或者不知道相应的距离，则用协商或随机的方式决定先打哪一个球。

（2）对手可以取消球员不按顺序的击球。轮到对手打球时，如果球员打了球，不受罚，但是对手可以取消这次击球。

①对手必须在任何一名球员进行下一杆击球之前迅速作出取消的决定。对手取消击球后，他不能收回这个决定。

②如果对手取消这次击球，球员必须在轮到自己打球时，再从之前这次击球的地点打一个球（参见规则 14.6）。

③如果对手不取消这次击球，则这次击球有效，此球处于比赛状态，此后必须在现有位置继续打球。

例外：协商不按顺序打球以节省时间。为了节省时间，球员可以邀请对手不按顺序打球，或者同意对手不按顺序打球的请求。如果此后对手不按顺序打了球，球员即放弃了取消这次击球的权利。

四球赛中的打球顺序，参见规则 23.6。

6.4b 比杆赛

（1）正常的打球顺序：

①开始第一个球洞时，第一个发球区上的优先权由委员会规定的抽签顺序决定。如果没有抽签，则可以用协商或随机的方式（例如抛硬币）决定。

②开始其他所有球洞时，一组球员中，一洞总杆成绩最低的球员在下一个发球区拥有优先权，总杆成绩第二低的球员应该下一个打球，以此类推；如果两名或多名球员在一洞的总杆成绩相同，他们应按照上一个发球区相同的顺序打球；优先权由总杆成绩决定，即使在差点比赛中亦如此。

③所有球员都开始一洞后，谁的球距离球洞最远，谁就先打；如果两个或多个球至球洞的距离相同，或者不知道相应的距离，则用协商或随机的方式决定先打哪一个球。

如果球员不按顺序打球，不受罚；但如果有两名或多名球员协商不按顺序打球以便为他们中的某人牟利，并且此后他们中的任何人不按顺序打了球，则每个参与协商的人都要受到一般性处罚（罚2杆）。

（2）以安全和负责任的方式不按顺序打球（“快打高尔夫”）。规则允许并提倡球员以安全和负责任的方式不按顺序打球，例如以下场合：

①两名或多名球员为方便或节省时间而同意这样做。

②球员的球停在距球洞很近的地方，并且他想要击球进洞。

③虽然按照上述第（1）款规则规定的正常打球顺序轮到另一名球员击球，但如果此前已有某名球员做好准备并可以打球时，只要不按顺序打球的球员不会危及、干扰或妨碍其他任何球员，他就可以先行打球。

但是，如果按照上述第（1）款规则规定，轮到其打球的球员已经做好准备可以打球，而且指出自己想要先打，一般而言其他球员应当等候其先打。

球员不应为获得对其他球员的优势而不按顺序打球。

6.4c　当球员从发球区打暂定球或另一个球时

这种情况下的打球顺序是，在球员从发球区打暂定球或另一个球之前，本组其他所有球员都已完成在该洞的第一次击球。如果有多于一名球员从发球区打暂定球或另一个球，其打球顺序与之前的顺序相同。

关于不按顺序打暂定球或另一个球的规定，参见规则6.4a（2）和6.4b。

6.4d　当球员进行补救或从发球区以外的任何地方打暂定球时

这两种情况下规则6.4a（1）和6.4b（1）里的打球顺序如下：

（1）从现有位置以外的其他地方打球进行补救：

①当球员发现规则要求他进行一杆加距离的补救时，球员的打球顺序由其上一杆击球的地点决定。

②当球员可以选择在现有位置打球或补救时，球员的打球顺序由初始球所在的位置决定（如果不知道该点，必须估计）（参见规则14.2）。即使球员早已决定进行一杆加距离的补救或从初始球所在位置以外的地方打球（例如初始球在罚杆区内或者将按照不可打之球处理），本规定仍然适用。

（2）打暂定球。此时的打球顺序是，球员打了上一杆后，在其他任何人打球之前立刻打暂定球，但以下情况除外：

①从发球区开始一洞的比赛时（参见规则 6. 4c）。

②当球员等着决定自己是否要打一个暂定球时（这种情况下，一旦球员决定打暂定球，他的打球顺序就将由其上一杆击球的地点决定）。

**（五）规则 6. 5　完成一洞比赛**

以下情况下，球员已完成一洞比赛：

（1）比洞赛中，球员击球进洞或其下一杆被认可，或者该洞的结果已经决定［例如对手已经认输该洞、对手在该洞的杆数低于球员可能达到的杆数，或者球员或对手受到一般性处罚（该洞负）］。

（2）比杆赛中，当球员按照规则 3. 3c 击球进洞后。

如果球员没有意识到自己已经完成一洞比赛并尝试用另一个球继续在该洞打球，球员后续的击球不会被视作练习；同时，该球员也不会因为打了另一个球（包括错球）而受到处罚。

参见规则 21. 1b（1）、21. 2b（1）、21. 3b（1）和 23. 3c（在其他比杆赛赛制或四球赛中球员何时完成一洞）。

## 第三节

## 打球（规则 7 ~ 11）

### 一、规则 7：寻找球：找到和辨认球

目的：规则 7 允许球员在每一杆击球后用合理的行为适度寻找自己的比赛中球。但球员仍须谨慎，因为如果其行为过分并导致下一杆的击球环境改善，将受到处罚。如果球在球员试图找到或辨认时被意外移动，球员不会受罚，但此后必须把这个球放置回初始位置。

## （一）规则 7.1　适度寻找球的方式

7.1a　球员可以采用合理的行为找到和辨认球

球员有责任在每次击球后找到自己的比赛中球。球员可以采用合理的行为适度寻找自己的球，以便找到并辨认它，例如移动沙子和水，移动或弯曲草、灌木、树枝以及其他生长着的或连接着的自然物体。如果以找到或辨认球为目的的合理行为导致这些物体被折断，可被允许，但仅限此情况。

如果球员适度找球时采用上述合理行为改善了击球环境，按照以下方式处理：

（1）如果改善击球环境因适度寻找而导致，他不会按照规则 8.1a 受到处罚。

（2）但是，如果球员的行为超出适度寻找球的合理范围并导致击球环境改善，他将因违反规则 8.1a 而受到一般性处罚。

在试图找到和辨认球时，球员可以按照规则 15.1 的规定移走散置障碍物，也可以按照规则 15.2 的规定移走可移动妨碍物。

7.1b　试图找到或辨认球时移动了影响球位的沙子的处理办法

球员必须在沙子中恢复初始球位，但如果之前球完全被沙子覆盖，恢复时可以露出这个球的一小部分。如果球员没有恢复初始球位就打了这个球，他将受到一般性处罚。

## （二）规则 7.2　辨认球的方式

可以用以下任何一种方式辨认球员的静止中球：

（1）球员或其他任何人看到有球静止在某环境中，并且有人知道它就是球员的球。

（2）看到球员在球上做的识别标记（参见规则 6.3a）。但是，如果在同一区域还发现另一个带有同样识别标记的完全相同的球，此方法不适用。

（3）在球员的球预期到达的区域找到一个球，它的品牌、型号、号码和状况都与球员所使用的球一致。但是，如果在同一区域还有另一个完全相同的球并且没有办法分辨出哪一个是球员的球，本方式不适用。

如果无法区分球员的暂定球和初始球，参见规则 18.3c（2）。

### （三）规则 7.3 拿起球辨认

如果一个球可能是球员的球，但无法在其现有位置辨认时，球员可以拿起这个球（包括转动该球）进行辨认，但这样做时必须首先标记球的位置，并且不得将球擦拭至超出辨认所需的程度（在推杆果岭上除外）（参见规则 14.1）。

如果被拿起的球是球员的球或另外一名球员的球，必须将其放置回初始位置（参见规则 14.2）。如果球员在没有必要辨认球时按照本规则拿起自己的球（在推杆果岭上除外，此外球员可以按照规则 13.1b 拿起球），且拿起球之前没有标记球的位置，或在不允许擦拭球时擦拭了球，他将被罚 1 杆。

违反规则 7.3 从错误的地方打球的处罚：按照规则 14.7a 受到一般性处罚。

### （四）规则 7.4 试图找到或辨认球时意外移动了球

在试图找到或辨认球员的球时，如果球员本人、对手或其他任何人意外移动了这个球，他们不受处罚。但是，如果球员在开始寻找球之前导致该球移动，他将按照规则 9.4b 被罚 1 杆。在本规则中，“意外”包括任何人采取合理的行为找球时球被移动的情况（这些行为可能导致球的移动以显示其所在位置，例如用脚扫过长草，或者摇晃树木）。

上述情况下，球员必须把这个球放置回初始位置（如果不知道该点，必须估计）（参见规则 14.2）。这样做时，如果球之前位于任何不可移动妨碍物、基本组成物、界外标志，或者生长着的或连接着的自然物体之上、之下或与其倚靠，那么把这个球放置回初始位置时也必须将其放置在这些物体之上、之下或与其倚靠的位置（参见规则 14.2c）。如果球之前被沙子覆盖，则必须恢复初始球位并且必须把这个球放置回该球位［参见规则 14.2d（1）］。但是，这样做时球员可以露出球的一小部分。

同时参见规则 15.1a（把球放置回原位前故意移走某些散置障碍物的限制）。

违反规则 7.4 的处罚：一般性处罚。

## 二、规则 8：在球场的现有状况下打球

目的：规则 8 阐述了高尔夫球运动的一项核心原则——在球场的现

有状况下打球。当球员的球静止后，他通常必须接受影响其击球的环境，并且在打球前不得改善这些环境。然而，即便会改善击球环境，球员仍可以采用某些合理的行为，而且某些情况下，有些环境可以在被改善或破坏后得到恢复，从而使球员避免受罚。

**（一）规则 8.1　球员改善击球环境的行为**

为了支持“在球场的现有状况下打球”的原则，本规则限制球员（在球场内或球场外的任何地方）为下一杆击球而改善任何一种受保护的击球环境，具体包括：

（1）球员的静止中球所在的球位。

（2）球员的预计站位区域。

（3）球员的预计挥杆区域。

（4）球员的打球线。

（5）球员要抛或放置一个球的补救区。

本规则对于发生在一轮比赛期间和按照规则 5.7a 中止比赛期间的行为均适用。

本规则不适用于以下两种情况：在规则 15 允许的范围内移走散置障碍物或可移动妨碍物；规则 11 阐述的当球员的球处于运动中时实施的行为。

8.1a　规则不允许的行为

除规则 8.1b、c 和 d 中允许的有限几种方式外，球员不得通过以下任何行为改善击球环境：

（1）移动、弯曲或折断下列任何物体：

①生长着的或连接着的自然物体。

②不可移动妨碍物、基本组成物或界外标志。

③从某发球区击球时该发球区的发球区标志。

（2）将一个散置障碍物或可移动妨碍物移动到某特定位置（例如以此来制造站位或改善打球线）。

（3）通过下列方式改变地表状况：

①将铲起的草皮放回到打痕里。

②移走或向下按压已被放回原处的铲起的草皮或已放置好的其他切割草皮。

③制造或消除洞穴、凹痕以及不平整的表面。

（4）移走或向下按压沙子或松散的泥土。

（5）移走露水、霜或水。

违反规则 8. 1a 的处罚：一般性处罚。

8. 1b　规则允许的行为

在准备击球或击球时，球员可以采用以下任何行为，即使这样做改善了击球环境，他也不受处罚：

（1）适度寻找自己的球时，采用合理的行为找到和辨认球（参见规则 7. 1a）。

（2）采用合理的行为移走散置障碍物（参见规则 15. 1）和可移动妨碍物（参见规则 15. 2）。

（3）按照规则 14. 1 和 14. 2，采用合理的行为标记球的位置、拿起这个球和将它放置回原位。

（4）把球杆紧靠球前或球后，轻放在地上。“把球杆轻放在地上”指的是允许球杆自身的重量由地面或其上方的草、泥土、沙子或其他物质承托。但这样做时不允许在地面上向下按压球杆，或者当球在沙坑内时触碰紧靠球前或球后的沙子［参见规则 12. 2b（1）］。

（5）进行站位时稳固地放置双脚，包括在合理的范围内把双脚陷入沙子或松散的泥土中。

（6）合理站位时，采用合理的行为走近球并进行站位。但这样做时，球员不享有正常站位或挥杆的权利，并且必须用对周边环境影响最小的行为方式来处理其所处的特定情形。

（7）击球，或者为击球而上杆并且随后完成了此次击球。但是，当球在沙坑内时，规则 12. 2b（1）不允许球员在上杆时触碰沙坑内的沙子。

（8）在发球区内，在地面内插入或在地面上放置球座［参见规则 6. 2b（2）］；移动、弯曲或折断任何生长着的或连接着的自然物体［参见规则 6. 2b（3）］；改变地面状况，移走或向下按压沙子和泥土；移走露水、霜和水［参见规则 6. 2b（3）］。

（9）从沙坑内把球打到沙坑外后，为了保护球场而平整沙坑内的沙子［参见规则 12. 2b（3）］。

（10）在推杆果岭上，移走沙子和松散的泥土，以及修复损伤（参见规则 13. 1c）。

（11）移动自然物体以查看它是否散置。但是，如果发现该物体是生长着的或连接着的，必须保持其生长着的或连接着的状态并尽可能将其放回至初始位置。

8.1c 通过恢复因违反规则8.1a（1）或8.1a（2）而得到改善的环境来避免处罚

如果球员已经违反规则8.1a（1），移动、弯曲或折断了某个物体，或违反规则8.1a（2），将某个物体移动到一个特定位置，因而改善了击球环境，按照以下方式处理：如果在下一杆击球前球员使用以下第（1）款和第（2）款允许的方式恢复了原先的环境，消除了之前造成的改善，则他不受处罚。但是，如果球员采用规则8.1a（3）~（5）中涵盖的任何行为改善了击球环境，他无法通过恢复原先的环境避免受罚。

（1）如何恢复因移动、弯曲或折断某个物体而改善的环境。击球前，球员可以将原先的物体尽量恢复至初始位置，消除违规造成的改善，以此避免因违反规则8.1a（1）而受到处罚，例如：

①把已移走的界外标志（例如界桩）放回原位，或者把一个已被推到不同角度的界外标志移动回其初始位置。

②把已被移动的树枝、草或不可移动妨碍物放回到其初始位置。

但下述情形中球员无法避免处罚：造成的改善没有被消除（例如界外标志或树枝被严重弯曲或折断，以至于无法放回到初始位置）；在尝试恢复环境时使用原来物体以外的其他任何物体，例如使用不同的或附加的物体（例如，在移走界桩后留下的洞中插入一根不同的立桩，或者把一根被移动的树枝捆在某个位置），或者使用其他材料修复原来的物体（例如使用胶带修复被折断的界外标志或树枝）。

（2）如何恢复因将一个物体移动到某特定位置而改善的环境。击球前，球员可以移走之前被移动到某特定位置的物体，以此避免因违反规则8.1a（2）而受到处罚。

8.1d 恢复球静止后被破坏的环境

如果球员的球静止之后，击球环境遭到破坏，按照以下方式处理：

（1）允许恢复被破坏的环境的场合。如果击球环境被除球员以外的人或动物破坏，球员可以按照以下方式处理，不受规则8.1a的处罚：

①尽量恢复原有环境。

②当环境遭到破坏后，如果是为了恢复原有环境，或者有东西粘在球上时，可以标记球的位置，然后将球拿起、擦拭，再将它放置回其初始位置（参见规则14.1和14.2）。

③如果被破坏的环境无法轻易恢复，可以拿起球，然后将它放置回

最近的一个点（不能更靠近球洞），这个点须符合如下要求：一是有最相似的击球环境；二是在其初始位置一支球杆的长度范围内；三是和初始位置位于同一种球场区域。

例外：当球被拿起或移动时或此后，但在该球被放置回原位之前球位遭到破坏，这种情况包含在规则 14.2d 里。但是，如果球位在比赛中止期间且球已被拿起后遭到破坏，本规则仍然适用。

（2）不允许恢复被破坏的环境的场合。球员不得改善由以下因素造成破坏的击球环境［但规则 8.1c（1）、8.1c（2）和规则 13.1c 中允许的行为除外］：

①球员本人，包括球员的球童。

②在球员授权下采取行动的其他人（裁判员除外）。

③诸如风或水等自然力。

如果球员在不被允许的情况下改善了被破坏的击球环境，他将根据规则 8.1a 受到一般性处罚。

违反规则 8.1d 从错误的地方打球的处罚：按照规则 14.7a 受到一般性处罚。

### （二）规则 8.2　球员为影响自己的静止中球或后续击球而故意改变其他客观环境的行为

8.2a　规则 8.2 适用的场合

本规则仅包含球员为影响其静止中球或后续击球而故意改变其他客观环境的行为。本规则不适用于球员的以下行为：

（1）故意变向或停止自己的球，或者故意改变任何客观环境以影响（运动中的）球可能静止的位置（这些行为由规则 11.2 和 11.3 处理）。

（2）改变球员的击球环境（这些行为由规则 8.1a 处理）。

8.2b　被禁止的改变其他客观环境的行为

球员不得故意实施规则 8.1a 列举的任何行为（但规则 8.1b、c 或 d 允许的行为除外）以改变任何客观环境，从而影响在球员下一杆或再后来的击球后他的球有可能去到或静止的地方，以及如果球员的静止中球在击球之前发生移动，它有可能去到或静止的地方（例如，当球停在一个陡坡上，球员担心它可能会滚进树丛）。

例外：维护球场的行为。如果球员改变上述其他任何客观环境的行为是为了维护球场（例如平整沙坑内的脚印或把铲起的草皮放回打痕里），他不会因违反本规则而受到处罚。

违反规则 8.2 的处罚：一般性处罚。

### （三）规则 8.3　球员为影响另一名球员的静止中球或后续击球而故意改变客观环境的行为

8.3a　规则 8.3 适用的场合

本规则仅适用于球员故意改变客观环境以影响另一名球员的静止中球或其将要进行的击球行为；不适用于球员故意变向或停止另一名球员的运动中球，或故意改变任何客观环境以影响该球可能静止的位置的行为（这些行为由规则 11.2 和 11.3 处理）。

8.3b　被禁止的改变其他客观环境的行为

球员不得出于以下目的故意实施规则 8.1a 列举的任何行为（但规则 8.1b、c 或 d 中允许的行为除外）：

（1）改善或破坏另一名球员的击球环境。

（2）改变其他任何客观环境，从而影响另一名球员下一杆或再后来的击球后球有可能去到或静止的地方，以及如果另一名球员的静止中球在击球之前移动，它有可能去到或静止的地方。

例外：维护球场目的行为。如果球员改变上述其他任何客观环境的行为是为了维护球场（例如平整沙坑内的脚印或把铲起的草皮放回打痕里），他不会因违反本规则受到处罚。

违反规则 8.3 的处罚：一般性处罚。

## 三、规则 9：在球的现有位置打球；静止中球被拿起或移动

目的：规则 9 阐述了高尔夫球运动的一项核心原则——在球的现有位置打球。

（1）如果球员的球静止后被诸如风或水等自然力移动，通常球员必须从新的地点打球。

（2）如果静止中球在击球前被任何人或任何外部因素拿起或移动，该球必须被放置回其初始位置。

（3）球员位于任何静止中球附近时，都应小心谨慎。通常情况下，如果球员导致自己的球或对手的球发生移动，他将受到处罚（推杆果岭上除外）。

规则 9 适用于静止在球场内的比赛中球。而且，本规则既适用于一轮比赛期间，也适用于按照规则 5.7a 中止比赛期间。

### （一）规则 9.1 在球的现有位置打球

9.1a 从球静止的位置打球

球员必须在现有位置击打其静止在球场内的球，但规则要求或允许球员从球场内的另一个地方打一个球，或者拿起一个球，然后将它放置回其初始位置的情况除外。

9.1b 球在上杆或击球过程中发生移动的处理方式

如果球员的静止中球在其已开始击球后，或者为了击球已开始上杆后发生移动，并且此后球员继续挥杆完成了这次击球，按照以下方式处理：

（1）无论什么原因导致球移动，球员都不得把这个球放置回原位。

（2）球员必须从这次击球后球静止的位置继续打球。

（3）如果球的移动由球员导致，参见规则 9.4b 以确定是否需要处罚。

违反规则 9.1 从错误的地方打球的处罚：按照规则 14.7a 受到一般性处罚。

### （二）规则 9.2 判定球是否移动以及移动的原因

9.2a 判定球是否移动

只有在有人知道或几乎肯定球员的静止中球已发生移动的情况下，该静止中球才能被视作移动。如果球员的球只是有可能移动了，但既没人知道也不能肯定，则按照该球没有移动进行处理，球员必须在这个球的现有位置继续打球。

9.2b 判定导致球移动的原因

当球员的静止中球移动后，必须判定导致球移动的原因。这将决定球员是将此球放置回原位还是在其现有位置打球，以及是否涉及处罚。

（1）当一个静止中球在球员击球前发生移动时，规则只承认以下四种可能的原因：

①诸如风或水等自然力（参见规则 9.3）。

②球员的行为，包括球员的球童的行为（参见规则 9.4）。

③比洞赛中的对手的行为，包括对手的球童的行为（参见规则 9.5）。

④外部因素，包括比杆赛中的其他任何球员（参见规则 9.6）。

（2）判定导致球移动的原因时使用“有人知道或几乎肯定”的

标准：

①只有在有人知道或几乎肯定是球员、对手或某种外部因素导致了球的移动时，才能判定球因上述原因发生移动。

②如果既没人知道也不能肯定上述因素中至少有一种是球移动的原因，球的移动将被视作由自然力导致。

运用这个标准时，必须考虑所有可以合理获得的信息，这指的是所有球员已知的，或者经过适当努力并且无须过度延误比赛即可获得的信息。

### （三）规则9.3　球被自然力移动

如果自然力（例如风或水）导致球员的静止中球移动，球员不受处罚，但是他必须从此球新的位置打球。以下两种情况例外：

例外1：如果推杆果岭上的球之前已被拿起并放置回原位，但此后发生移动，则球员必须将它放置回原位（参见规则13.1d）。如果球员之前已经在推杆果岭上拿起自己的球并将它放置回原位，但此后这个球发生移动，则他必须把这个球放置回初始位置（如果不知道该点，必须估计）（参见规则14.2），无论导致球移动的原因是什么（包括自然力），本规定均适用。

例外2：如果静止中球在被抛、放置或放置回原位之后移动至另一种球场区域或出界，球员必须将其放置回原位。如果球员通过抛球、放置球或放置球回原位的方式将初始球或另一个球投入比赛状态，此后自然力导致这个静止中球发生移动并静止在另一种球场区域或界外，这个球必须被放置回其初始位置（如果不知道该点，必须估计）（参见规则14.2）。但是，关于推杆果岭上被放置回原位的球，参见例外1。

违反规则9.3从错误的地方打球的处罚：按照规则14.7a受到一般性处罚。

### （四）规则9.4　球被球员拿起或移动

本规则仅适用于有人知道或几乎肯定球员（包括其球童）拿起自己的球，或者球员或其球童的行为导致球移动的情况。

9.4a　被拿起或被移动的球必须被放置回原位的情况

如果球员拿起自己的静止中球或者导致它移动，这个球必须被放置回初始位置（如果不知道该点，必须估计）（参见规则14.2），但以下情况除外：

（1）球员按照某条规则拿起这个球进行补救，或者把这个球放置回不同的位置（参见规则 14.2d 和 14.2e）。

（2）球员已经开始击球，或者为了击球已经开始上杆后，球才发生移动，并且此后球员继续挥杆完成了这次击球（参见规则 9.1b）。

9.4b 拿起或故意触碰球，或者导致球移动的处罚

如果球员拿起或故意触碰其静止中球，或者导致它移动，该球员将被罚 1 杆。但有以下五种例外情况：

例外 1：规则允许球员拿起或移动球。当球员按照某条满足以下条件之一的规则拿起球或导致它移动时，他不受处罚：

（1）该规则允许球员拿起这个球并随后将它放置回初始位置。

（2）该规则要求球员把被移动的球放置回初始位置。

（3）该规则要求或允许球员再次抛或放置一个球，或者从不同的位置打一个球。

例外 2：球员在试图找到或辨认球时意外移动球。球员如果在试图找到或辨认球的过程中意外导致这个球移动，不受处罚（参见规则 7.4）。

例外 3：球员在推杆果岭上意外移动球。球员如果在推杆果岭上（无论以何种方式）意外导致这个球移动，不受处罚（参见规则 13.1d）。

例外 4：球员在除推杆果岭以外的任何地方执行规则时意外移动球。球员如果在除推杆果岭以外的任何地方采取以下合理行为时意外导致球移动，不受处罚：

（1）当规则允许时，标记球的位置，拿起球或把球放置回原位（参见规则 14.1 和 14.2）。

（2）移走可移动妨碍物（参见规则 15.2）。

（3）当规则允许时，恢复被破坏的环境（参见规则 8.1d）。

（4）按照某一规则进行补救，包括确定是否可以按照某条规则获得补救（例如挥动球杆查看是否受到某状况的妨碍），或者确定在哪里采取补救（例如确定最近完整补救点）。

（5）按照某条规则进行测量（例如按照规则 6.4 决定打球顺序）。

例外 5：球倚靠球员或装备静止后发生移动。如果球员的球因击球（参见规则 11.1）或抛球［参见规则 14.3c（1）］而倚靠球员或其装备静止，此后球员因走动或移走其装备导致该球发生移动，不受处罚。

违反规则 9.4 从错误的地方打球的处罚：按照规则 14.7a 受到一般

性处罚。

如果球员本应按照规则 9.4 的要求把被移动的球放置回原位，但他没有这样做并且从错误的地方打了球，仅按照规则 14.7a 受到一般性处罚［参见规则 1.3c（4）的例外］。

### （五）规则 9.5　比洞赛中球被对手拿起或移动

本规则仅适用于有人知道或几乎肯定对手（包括对手的球童）拿起球员的静止中球或导致它移动的场合。如果对手错误击打了球员的球，按照规则 6.3c（1）而非本规则处理。

9.5a　被拿起或被移动的球必须被放置回原位的场合

如果对手拿起或移动了球员的静止中球，该球必须被放置回初始位置（如果不知道该点，必须估计）（参见规则 14.2），但以下情况除外：

（1）对手认可球员下一杆击球，或者认输某洞或整场比赛时（参见规则 3.2b）。

（2）球员打算运用某条规则进行补救，或者把球放置回一个不同的位置时，对手应球员的要求拿起或移动了这个球。

9.5b　拿起或故意触碰球，或者导致球移动的处罚

如果对手拿起或故意触碰球员的静止中球，或者导致它移动，对手将被罚 1 杆。但是有以下几种例外情况：

例外 1：规则允许对手拿起球员的球。对手在下列情况拿起球员的球时，不受处罚：

（1）认可球员的下一杆击球，或认输某洞或整场比赛。

（2）应球员的要求。

例外 2：在推杆果岭上错误地标记并拿起球员的球。对手如果把球员在推杆果岭上的球误认为是自己的球，因而标记了球的位置并将它拿起，不受处罚。

例外 3：与球员拿起球或导致球移动相同的例外情况。对手如果在采取规则 9.4b 中的例外 2、3、4 或 5 所涵盖的任何行为时意外导致球移动，不受处罚。

违反规则 9.5 从错误的地方打球的处罚：按照规则 14.7a 受到一般性处罚。

### （六）规则 9.6　球被外部因素拿起或移动

如果有人知道或几乎肯定某外部因素（包括比杆赛中的其他球员或

者另外一个球）拿起或移动了球员的静止中球，球员不受处罚，但是这个球必须被放置回初始位置（如果不知道该点，必须估计）（参见规则14.2）。

无论球员的球是否已被找到，本规则都同样适用。但是，如果既没人知道也不能肯定这个球被某外部因素拿起或移动，并且这个球遗失了，球员必须按照规则18.2进行一杆加距离的补救。如果另一名球员错误击打了球员的球，按照规则6.3c（2）而非本规则进行处理。

违反规则9.6从错误的地方打球的处罚：按照规则14.7a受到一般性处罚。

#### （七）规则9.7　球标被拿起或移动

本规则阐述了如果一个球标正用于标记一个被拿起的球的位置，但在球被放置回原位之前，这个球标被拿起或移动了的处理办法。

9.7a　球或球标必须被放置回原位

如果有人知道或几乎肯定球员的球被放置回原位之前，他的球标被拿起或以任何形式（包括被自然力）移动了，该球员必须按照以下两种方式之一进行处理：把这个球放置回初始位置（如果不知道该点，必须估计）（参见规则14.2）；放置一个球标以标记初始位置。

9.7b　拿起球标或导致它移动的处罚

当球员的球已被拿起但尚未放置回原位时，如果球员或其比洞赛的对手拿起了球员的球标或导致其移动，该球员或对手要被罚1杆。

例外：规则9.4b和9.5b中的例外适用于拿起球标或导致它移动的情况。球员或对手拿起球员的球或意外导致它移动而不受处罚的所有情形，同样适用于他们拿起或意外移动了球员的球标的情况。

违反规则9.7从错误的地方打球的处罚：按照规则14.7a受到一般性处罚。

### 四、规则10：准备击球与击球；助言与帮助；球童

目的：规则10阐述了如何准备及进行击球，包括球员可以从其他人（包括球童）那里获得的助言和其他形式的帮助。其根本原则在于高尔夫球是一项技能类运动，打球者必须独立应对挑战。

#### （一）规则10.1　击球

规则10.1阐述了击球的方式以及在此过程中被禁止的几种行为。

击球是指用一支球杆的杆头正确击打一个球。其根本的挑战是在不固定球杆的基础上，通过自由挥动来引导和控制整支球杆的运动。

10.1a　正确击球

击球时，球员必须用球杆杆头的任何部位正确击打这个球，使球杆与球之间仅有瞬间接触，并且不得采用推带、拨扫或舀的动作。如果球员的球杆意外击到球多次，只算作一次击球，他不受处罚。

10.1b　固定球杆

击球时，球员不得通过以下两种方式之一固定球杆（如图4-4所示）：

（1）用球杆或握杆手抵住身体的任何部分直接予以固定（但是球员可以用球杆或握杆手抵住手或前臂）。

（2）用前臂抵住身体的任何部分，使握杆手作为一个稳定点以便另一只手围绕该点挥动球杆，通过使用这样一个支点间接予以固定。

如果球员的球杆、握杆手或前臂在击球过程中仅触其身体或衣服，但并没有用来抵住身体，则他不违反本规则。

本规则中，“前臂”指的是手臂肘关节以下的部位，包括手腕。

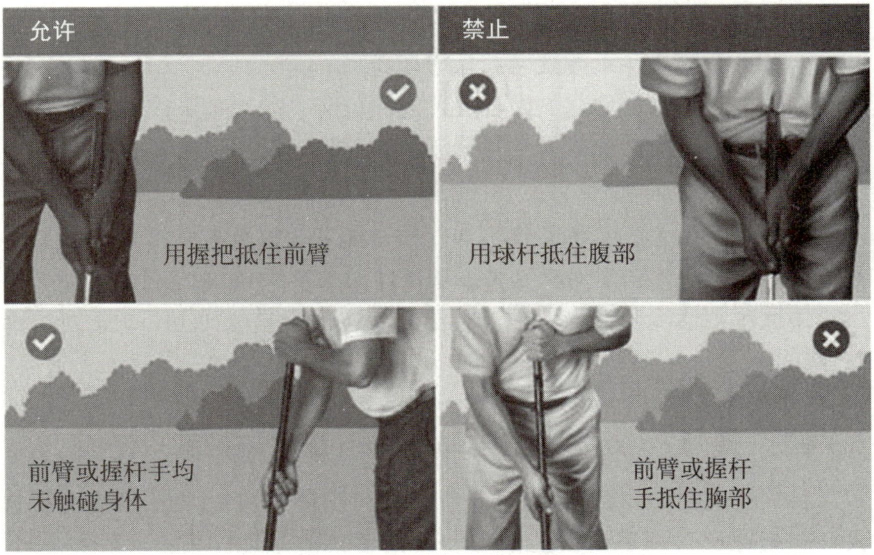


图4-4　固定球杆

10.1c　跨立或者站在打球线上击球

球员不得采用以下站位方式击球：故意将双脚置于打球线或该线在

球后方的延长线的两侧，或者故意用任何一只脚触碰打球线或该线在球后方的延长线。仅就本规则而言，打球线不包括其向两侧适当延伸的范围。

例外：如果采用这样的站位出于无意，或是为了避开另一位球员的打球线，球员不受处罚。

10. 1d　击打正在运动的球

球员不得击打正在运动的球。如果一个比赛中球尚未静止在某个位置，它即正在运动；如果一个已经静止的球正在摇晃，但是仍停在或又回到其初始位置，它将被视作处于静止状态而非正在运动的球。但在以下三种例外情形中球员不受处罚：

例外1：球员为了击球而开始上杆后球才开始移动。这种情况下对正在运动的球进行击球按照规则9. 1b而非本规则进行处理。

例外2：球从球座上掉落。击打从球座上掉落的球按照规则6. 2b（5）而非本规则进行处理。

例外3：球正在水中运动。当球正在临时积水中或罚杆区内的水中运动时，球员可以击打这个正在运动的球，不受处罚；或者球员也可以按照规则16. 1或17进行补救并拿起这个正在运动的球。

无论哪种情况，球员均不得为了让风或水流将球移动到一个更好的地方而过度延误比赛（参见规则5. 6a）。

违反规则10. 1击球的处罚：一般性处罚。

比杆赛中，违反本规则的击球算作1杆，然后球员再被罚2杆。

### （二）规则10. 2　助言与其他帮助

为自己的比赛制定策略与战术是对球员的一项根本挑战。因此，规则对球员在一轮比赛过程中可以获得的助言和其他形式的帮助进行了限制。

10. 2a　助言

一轮比赛中，球员不得有以下任何行为：

（1）向正在球场内比赛的任何人提供助言。

（2）向除自己的球童以外的任何人征询助言。

（3）触碰另一名球员的装备以了解一些信息，而这些信息如果是由那名球员提供或球员向其征询而得的话将构成助言（例如触碰另一名球员的球杆或球包以查看他正在使用哪一支球杆）。

上述规则不适用于一轮比赛开始前，或按照规则5. 7a暂停比赛期间，以及两轮比赛之间。

违反规则 10.2a 的处罚：一般性处罚。无论在比洞赛还是比杆赛，处罚均按以下方式实施：若球员在两人中的任何一人正在该洞比赛时征询或提供助言，他在其正进行比赛的球洞或刚结束的球洞受到一般性处罚；若球员在两人均在两洞比赛之间时征询或提供助言，他在下一个球洞受到一般性处罚。

在涉及伙伴的赛制里，球员可以向自己的伙伴或伙伴的球童提供或征询助言，具体内容参见规则 22、23 和 24。

10.2b　其他帮助

（1）从球童处得到打球线或其他有关方向的信息。当球员的球童在打球线或其他有关方向的信息方面给予球员帮助时，该球童将受到以下限制：

①球童不得通过放置物品提供此类帮助（而且，即使在击球前将该物体移走，球员也不能免受处罚）。

②球员正在击球时，球童不得站在某个位置让球员朝此方向打球，或者以其他方式提供此类帮助（例如在地面上指示某个点）。

不被规则 10.2b（4）允许时，球童不得站在受限区域内。但是，本规则并不禁止球童站在球洞旁边照管旗杆。

（2）从除球童以外的任何人员处得到打球线或其他有关方向的信息。除自己的球童外，球员不得从任何人员处获得打球线或其他有关方向信息方面的帮助，但以下情况除外：

①此人可以提供关于某个物体的公开信息（例如指出某棵指示了盲洞球道中线的树）。

②除球员的球位于推杆果岭上的情况外，此人可以站在某个位置，以使球员朝此方向打球，但必须在球员击球前离开。

但是，本规则并不禁止任何人员站在球洞旁边照管旗杆。

（3）不得放置物品帮助瞄准、站位或挥杆。球员不得放置物品帮助自己瞄准或为击球而进行站位（例如在地上放置一支球杆来指示应该瞄准的方向或放置双脚的位置）。“放置物品”指的是该物品已触及地面，并且球员当时没有在触碰它。如果球员违反本规则，他不能通过击球前将该物品移走而免于处罚。本规则也适用于出于类似目的而采取的行为，例如球员在沙子或露水中做标记以帮助自己挥杆。本规则不适用于用来标记球所在位置的球标，或放置在某个位置的球。不过，符合《装备规则》中“校准设备”定义的球标按照规则 4.3 处理。

（4）球员击球前球童的受限区域。当球员开始为击球而进行站位时（这意味着他至少已有一只脚位于站位的位置），直至该次击球完成，规则对于球员的球童有意站在打球线在球后方的延长线上或附近（即受限区域）的时间和原因作出以下限制：

①瞄准。球童不得站在受限区域内帮助球员瞄准。如果球童一言不发地离开，但是借此向球员传递已正确瞄准预定目标的信号，这也算作此类帮助的一种。但是，如果球员在击球前退出该次站位，并且球童在球员重新为击球而开始站位前从受限区域离开，则他不受处罚。

②瞄准之外的帮助。如果球童在瞄准之外的其他具体事情上帮助球员（例如检查球员的球杆在上杆时是否会打到附近的树），他可以站在受限区域内，但必须在击球前离开，并且这样（站在受限区域）的行为不属于球员的常规击球程序。

如果球童无意间站在受限区域内，球员不受处罚。本规则不禁止球员让其球童以外的人站在受限区域内，帮助自己追踪球的飞行路线。

（5）肢体协助、消除干扰和对自然因素的防护。球员在以下情况中不得击球：

①他正在从自己的球童或其他任何人那里得到肢体协助。

②他的球童、其他任何人或物品被有意安置在某处，以便消除干扰，或提供对阳光、雨、风或其他自然因素的防护。

本规则不禁止球员在击球时自己采取措施对自然因素予以防护（例如穿着具有防护功能的衣物或者自己打伞），或要求之前并非由球员有意安置在某处的其他任何人留在该处或离开（例如当观众在球员的球上投下阴影时）。

违反规则 10.2b 的处罚：一般性处罚。

### （三）规则 10.3　球童

一轮比赛中，球员可以让一名球童携带他的球杆并提供助言和其他帮助，但规则对于球童可以做的事项也有一些限制。一轮比赛中，球员要对球童的行为负责。如果球童违反规则，球员将受到处罚。

10.3a　球童可以在一轮比赛中帮助球员

（1）球员在同一时间只能有一名球童。在一轮比赛中，球员可以让一名球童来携带、运送和管理自己的球杆，提供助言，并以规则允许的其他方式帮助自己，但要受到以下限制：

①在任何同一时间，球员都不得有一名以上的球童。

②球员可以在一轮比赛中更换球童，但不得仅为了从新的球童那里得到助言而临时进行更换。

无论球员是否使用了球童，其他任何随同球员一起步行或乘车的人，或者为球员携带其他物品（例如雨衣、雨伞、食物和饮料等）的人，均不是球员的球童，除非这个人被球员选中作为其球童，或者同时也携带、运送或管理了球员的球杆。

（2）两名或多名球员可以共用一个球童。如果共用球童的某个行为涉及规则问题，并且需要决定该行为是为了哪名球员所做时，按照以下方式处理：

①如果球童的行为是按照其中一名共用者的特定指示所做的，该行为即为了这位球员所做。

②如果共用者中没有人作出特定指示，则共用者中谁的球与所涉及的状况有关，该行为即为了谁所做。

③如果共用者中没有人对球童的行为作出特定指示，且共用者的球都与所涉及的状况无关，所有共用该球童的球员均要受到处罚。

违反规则 10. 3a 的处罚：在各个同一时间受到多个球童帮助的球洞，该球员均受到一般性处罚；如果违规发生在或持续到两个球洞的比赛之间，球员将在下一洞受到一般性处罚。

10. 3b　球童可以做的事项

以下是规则允许和不允许球童做的事项：

（1）总是允许的行为。规则允许时，球童总是可以采取以下行为：

①携带、运送和管理球员的球杆及其他装备（包括驾驶球车或拉球包车）。

②寻找球员的球（参见规则 7. 1）。

③在击球前提供信息、助言及其他帮助（参见规则 10. 2a 和 10. 2b）。

④平整沙坑或采取其他行为维护球场［参见规则 8. 2 的例外、8. 3 的例外以及规则 12. 2b（2）和（3）］。

⑤在推杆果岭上移除沙子和松散的泥土，以及修理损伤（参见规则 13. 1c）。

⑥移走或照管旗杆（参见规则 13. 2b）。

⑦当可以合理推断出球员将按照某条规则进行补救时（例如通过行为或言语），拿起球员的球（参见规则 14. 1b）。

⑧在推杆果岭上标记球员的球的位置，以及拿起这个球并把它放置

回原位（参见规则 14. 1b 的例外和 14. 2b）。

⑨擦拭球员的球（参见规则 14. 1c）。

⑩移走散置障碍物及可移动妨碍物（参见规则 15. 1 和 15. 2）。

（2）只有得到球员授权后才被允许的行为。只有规则允许球员做并且只有得到球员授权后，球童才可以去做以下行为（此类授权必须“一次一授”，不得对整轮比赛进行通用性授权）：

①恢复在球员的球静止后遭到破坏的环境（参见规则 8. 1d）。

②当球员的球位于推杆果岭以外的其他任何地方时，按照某条要求把拿起的球放置回原位的规则，拿起球员的球（参见规则 14. 1b）。

（3）不允许的行为。规则不允许球童为球员做以下事情：

①认可对手下一杆，或者向对手认输一洞或该场比赛，抑或与对手在比洞赛成绩上达成一致（参见规则 3. 2）。

②把一个球放置回原位，除非这个球之前被该球童拿起或移动过（参见规则 14. 2b）。

③在进行补救时抛球或放置球（参见规则 14. 3）。

④决定按照某条规则进行补救（例如按照规则 19 认定一个球不可打，或者按照规则 16. 1 或 17 从异常球场状况或罚杆区进行补救）。球童可以建议球员这样做，但必须由球员自己作出决定。

10. 3c　球员对球童的行为和违规负责

在一轮比赛期间以及按照规则 5. 7a 中止比赛期间（但不包括一轮比赛之前或之后），球员都要对其球童的行为负责。如果球童的行为违反了某条规则，或者其行为由球员来做将会违反某条规则，该球员将按照那一条规则受到处罚。当规则的应用取决于球员是否知道某些情况的时候，球员掌握的情况包括其球童知道的任何情况。

## 五、规则 11：运动中球意外撞到人、动物或物体；故意影响运动中球的行为

目的：规则 11 阐述了当球员的运动中球撞到了人、动物、装备或球场上的其他物体时该如何处理。如果这种情况是意外发生的，不予处罚。但是，不管利弊如何，球员通常都必须接受其结果，此后要在球静止的位置继续打球。此外，规则 11 还限制球员故意采取行动以影响任何运动中球可能静止的位置。

对正在运动的比赛中球（无论是击球还是其他原因造成的运动），

本规则在任何时候都适用，除非一个球被抛在补救区内且尚未静止，该状况按照规则 14.3 处理。

## （一）规则 11.1　运动中球意外撞到人或外部因素

11.1a　不处罚任何球员

如果球员的运动中球意外地撞到任何人或外部因素，不处罚任何球员，即使球撞到球员本人、对手或其他任何球员，或者上述任何球员的球童或装备，本规定同样适用。

例外：比杆赛中在推杆果岭上所打的球。如果球员的运动中球撞到另一个静止在推杆果岭上的球，并且此次击球之前这两个球都位于推杆果岭之上，该球员将受到一般性处罚（罚 2 杆）。

11.1b　规定的打球地点

（1）如果球员从推杆果岭之外的任何地方所打的球在运动中意外撞到任何人（包括球员本人）或外部因素（包括装备），他通常必须在现有位置打这个球。但是，如果该球静止在任何人、动物或移动的外部因素之上，球员不得在现有位置打这个球，他必须按照以下方式进行补救：

①当球所静止在的任何人、动物或移动的外部因素位于推杆果岭之外的任何地方时，球员必须将初始球或另一个球抛在符合下列要求的补救区内（参见规则 14.3）：参考点是一个估计点，位于这个球最初静止在人、动物或移动的外部因素之上的位置的正下方。从参考点开始测量的补救区范围为一支球杆长度，但补救区必须与参考点位于同一种球场区域内，而且不得比参考点更靠近球洞。

②当球所静止在的任何人、动物或移动的外部因素位于推杆果岭上时，球员必须按照规则 14.2b（2）和 14.2e 中放置一个球回原位的程序，将初始球或另一个球放置在一个估计点，该点位于这个球最初静止在人、动物或移动的外部因素之上的位置的正下方。

违反规则 11.1b（1）在错误的地方打球的处罚：按照规则 14.7a 受到一般性处罚。

（2）如果球员从推杆果岭上所打的球在运动中意外撞到球员本人或外部因素（包括装备），他通常必须在现有位置打这个球。但是，如果有人知道或可以肯定该运动中球撞到以下任何人员或物体之一，该球员必须在之前的击球地点重新击打初始球或另一个球（参见规则 14.6）：

①除球员本人或正在照管旗杆的人［此情况按照规则 13.2b（2）处理而非本规则］外的任何人。

②除此次击球所用的球杆、球标、静止中球（关于比杆赛中是否实施处罚，参见规则 11.1a）、旗杆［此情况由规则 13.2b（2）处理而非本规则］外的可移动妨碍物。

③除被定义为散置障碍物（例如昆虫）之外的动物。

如果球员在错误的地方重新打了球，他将按照规则 14.7a 受到一般性处罚。如果球员没有重新击球，他将受到一般性处罚，并且此次击球予以计算。但是，这种情况的前提是球员并没有从错误的地方打球。

### （二）规则 11.2　运动中球被人故意变向或停止

11.2a　规则 11.2 适用的场合

本规则仅在有人知道或几乎肯定球员的运动中球被人故意变向或停止时才适用，它包括以下情形：

（1）有人故意触碰了运动中球。

（2）球员故意把任何装备或其他物体（但球标或另一个在此球被击打或通过其他方式进入运动状态之前就已经静止的球除外）或任何人（例如该球员的球童）放置或留在某特定位置，以使运动中球撞到这些装备、物体或人，从而导致该运动中球变向或停止。

例外：比洞赛中当球基本不可能进洞时被球员故意变向或被停止。如果对手的运动中球在基本不可能进洞时被球员故意变向或停止，且其采取此行为是因为要认可下一杆或认输，或者是因为此球需要进洞才能在这个洞打平，则按照规则 3.2a（1）或 3.2b（1）而非本规则进行处理。

如果球员合理地认为一个球或球标可能会帮助或妨碍打球，他有权在击球前让人拿起这个球或球标，关于这部分内容，参见规则 15.3。

11.2b　对球员施加处罚的场合

（1）如果球员故意变向或停止任何运动中球，他将受到一般性处罚。

（2）无论被变向或停止的是球员自己的球、对手击打的球，还是比杆赛中其他球员击打的球，上述规定均适用。

例外：正在水中运动的球。球员如果在按照规则 16.1 或 17 进行补救时拿起正在临时积水中或罚杆区内的水中运动的自己的球，不受处罚（参见规则 10.1d 的例外 3）。

11.2c　球被故意变向或停止后的规定击球地点

如果有人知道或几乎肯定球员的运动中球被人故意变向或停止（无论此球是否已被找到），球员不得在球的现有位置继续打球，而必须按照以下方式进行补救：

（1）对于从推杆果岭之外的其他任何地方击打的球，球员必须估计这个球在不被变向或停止时本应静止的位置，然后据此进行补救：

①当球本应该静止在球场上除推杆果岭之外的其他任何地方时，球员必须将初始球或另一个球抛在符合下列要求的补救区内（参见规则14.3）：参考点是估计的球本应该静止的点。从参考点开始测量的补救区的范围为一支球杆长度，但补救区必须与参考点在同一种球场区域内，而且不得比参考点更靠近球洞。

例外：如果估计的球本应静止的位置在罚杆区内，球员不需要按照本规则进行补救。球员也可以根据估计的球本应最后穿越罚杆区边沿的位置，按照规则17.1d直接从罚杆区进行补救。

②当球本应静止在推杆果岭上时，球员必须使用规则14.2b（2）和14.2e中放置球回原位的程序，将初始球或另一个球放置在估计的球本应该静止的位置。

③当球本应该静止在界外时，球员必须按照规则18.2，使用一杆加距离的补救方式进行处理。

违反规则11.2c（1）从错误的地方打球的处罚：按照规则14.7a受到一般性处罚。

（2）对于从推杆果岭上击打的球，球员必须在之前的击球地点重新击打初始球或另一个球（参见规则14.6）。如果球员在错误的地方重新打了球，他将按照规则14.7a受到一般性处罚。如果球员没有重新击球，他将受到一般性处罚，并且此次击球予以计算。但是，这种情况的前提是球员并没有从错误的地方打球。

**（三）规则11.3　故意移走物体或改变环境以影响运动中球**

当一个球（无论是球员自己的球还是另一名球员的球）正在运动时，球员不得故意采取以下任何行为影响该球可能静止的位置：

（1）采用规则8.1a中列举的任何行为（例如将铲起的草皮放置回原处或向下按压草皮翘起的部分）以改变客观环境。

（2）拿起或移走散置障碍物（参见规则15.1a的例外2）或可移动妨碍物（参见规则15.2a的例外2）。

即便没有最终影响到球静止的位置，故意采取上述行为的球员也违反了本规则。

例外：移动旗杆、静止在推杆果岭上的球和球员的装备。本规则并不禁止球员拿起或移动以下任何物体：已被拔走的旗杆、静止在推杆果岭上的球（关于是否实施处罚，参见规则 9.4、9.5 和 14.1）、属于任何球员的装备（但静止在推杆果岭以外任何地方的球，以及球场内任何地方的球标除外）。

当球正在运动时从球洞中拔走旗杆（包括照管旗杆）的行为按照规则 13.2 而非本规则处理。

违反规则 11.3 实施被禁行为的处罚：一般性处罚。

## 第四节

## 关于沙坑和推杆果岭的特定规则（规则12～13）

### 一、规则 12：沙坑

目的：规则 12 是一条专门阐释沙坑的规则。沙坑是一些经过特别整理的区域，其目的是考验球员从沙子里击球的能力。为确保球员能面对这样的挑战，当球位于沙坑内时，规则对球员击球前触碰沙子和可以进行补救的地点设置了一些限制。

#### （一）规则 12.1　球位于沙坑内的条件

当球的任何一部分符合以下条件之一时，此球即位于沙坑内（如图 4－5 所示）：

（1）触及沙坑边沿以内地面上的沙子。

（2）位于沙坑边沿内并且静止在通常会有沙子覆盖的地面上（例如沙子已被风吹走或被水冲刷走的地面），或散置障碍物、可移动妨碍物、异常球场状况或基本组成物之内或之上，且这些物体或状况触及沙坑内的沙子或位于通常会有沙子覆盖的地面上。

如果一个球位于沙坑边沿以内的土地、草或其他生长着的或连接着的自然物体之上，但没有触及任何沙子，那么这个球不在此沙坑内。

如果球有一部分同时位于沙坑和另外一个球场区域内，参见规则 2. 2c。

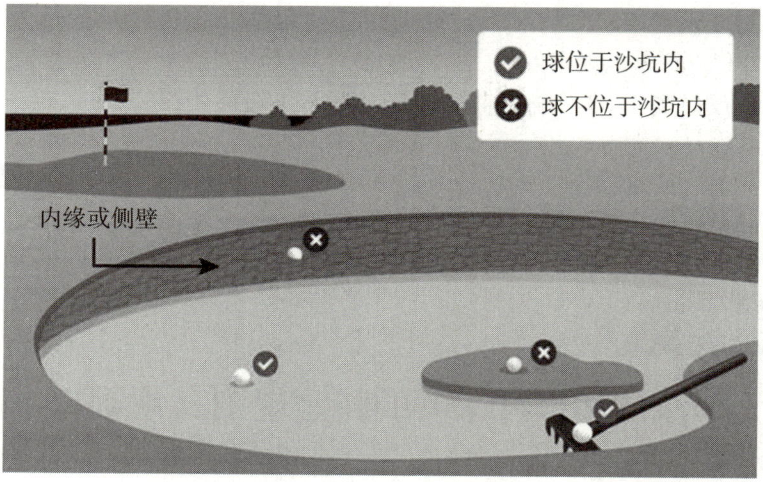


**图 4 – 5　球位于沙坑内的情形**

### （二）规则 12. 2　击打沙坑内的球

本规则同时适用于一轮比赛期间和按照规则 5. 7a 中止比赛期间。

12. 2a　*移走散置障碍物和可移动妨碍物*

在击打沙坑内的球之前，球员可以按照规则 15. 1 移走散置障碍物和规则 15. 2 移走可移动妨碍物。这包括在此过程中发生的任何合理的触碰或移动沙坑内沙子的行为。

12. 2b　*对在沙坑内触碰沙子的限制*

（1）触碰沙子招致处罚的场合。在击打沙坑内的球之前，球员不得有以下行为：

①用手、球杆、沙耙或其他物体故意触碰这个沙坑内的沙子，以测试这些沙子的状况，为下一杆击球获取信息。

②在下列地方或场合用球杆触碰这个沙坑里的沙子：在紧靠球前或

球后的区域（按照规则 7. 1a 在适度寻找球时，或者按照规则 12. 2a 在移走散置障碍物或可移动妨碍物时除外）；试挥时；为击球而上杆时。

（2）触碰沙子不会招致处罚的场合。除了上述第（1）款中包含的内容外，本规则并不禁止球员用其他任何方式触碰沙坑内的沙子，包括：

①为了试挥或击球，将双脚陷入沙子里进行站位。

②为了维护球场而平整沙坑。

③将球杆、装备或其他物体放在沙坑内（无论通过扔还是放置的方式）。

④测量、标记位置、拿起球、放置球回原位或按照规则采取其他行为。

⑤休息、保持平衡或防止摔倒时倚靠球杆。

⑥出于沮丧或愤怒而击打沙子。

但是，如果球员触碰沙子的行为改善了击球环境，他将因违反规则 8. 1a 而受到一般性处罚（关于对改善或破坏其他影响打球的客观环境的限制，同时参见规则 8. 2 和 8. 3）。

（3）把球打出沙坑后不再受到限制。从沙坑内击球并且将球打出沙坑后，或者球员已经或试图在该沙坑外进行补救后，球员可以有以下行为：

①触碰沙坑中的沙子，且不会受到规则 12. 2b（1）的处罚。

②平整沙坑中的沙子以维护球场，且不会受到规则 8. 1a 的处罚。

即使球静止在沙坑之外并且存在下列情况之一，上述条款仍然适用：规则要求或允许球员采用一杆加距离的补救方式在这个沙坑内抛一个球；沙坑内的沙子位于球员在沙坑外打的下一杆击球的打球线上。

但是，如果在沙坑内打的球又回到这个沙坑内，或者球员在此沙坑内抛球进行补救，抑或球员决定不在沙坑外进行补救，则规则 12. 2b（1）和规则 8. 1a 的限制条款将再次适用于这个沙坑内的比赛中球。

违反规则 12. 2 的处罚：一般性处罚。

### （三）规则 12. 3　对沙坑内的球进行补救的特别规则

球位于沙坑内时，一些特别的补救规则可能适用于异常球场状况构成的妨碍（参见规则 16. 1c）、危险动物情景构成的妨碍（参见规则 16. 2）、不可打之球（参见规则 19. 3）。

## 二、规则 13：推杆果岭

目的：规则 13 是一条专门阐释推杆果岭的规则。推杆果岭经过了特别整理，可以使球员沿着地面击球，而且每一个推杆果岭上都有为该球洞设立的旗杆。因此，推杆果岭有一些不同于其他球场区域的特别规则。

### （一）规则 13.1　在推杆果岭上允许或要求的行为

本规则允许球员在推杆果岭上做一些在其他地方通常不可以做的事情，例如在推杆果岭上标记、拿起、擦拭球并把球放置回原位，修理损伤，移除沙子和松散的泥土等。球员在推杆果岭上意外导致球和球标移动，不会受到处罚。

13.1a　球位于推杆果岭上的条件

当球的任何一部分满足以下条件之一时，该球即位于推杆果岭之上：

（1）触及推杆果岭。

（2）位于任何物体（例如散置障碍物或妨碍物）之内或之上，并在推杆果岭边沿之内。如果球有一部分既位于推杆果岭之上，又位于另外一种球场区域之内，参见规则 2.2c。

13.1b　在推杆果岭上标记、拿起和擦拭球

位于推杆果岭上的球可以被拿起并擦拭（参见规则 14.1）。拿起球之前，球员必须标记这个球的位置（参见规则 14.1），此后必须把这个球放置回初始位置（参见规则 14.2）。

13.1c　推杆果岭上允许的改善

在一轮比赛期间和按照规则 5.7a 中止比赛期间，无论球位于推杆果岭之上还是之外，球员都可以在推杆果岭上采取以下两种行为：

（1）移除沙子和松散的泥土。球员可以移除推杆果岭上的沙子和松散的泥土，不受处罚。

（2）修理损伤。球员可以采取合理行为修理推杆果岭上的损伤，使其恢复至尽量接近原先的状况，不受处罚，但这样做有如下限制：

①他只能使用手、脚或身体的其他部位，或者使用正常的球痕修理工具、球座、球杆或类似的正常装备进行修理。

②不得过度延误比赛（参见规则 5.6a）。

但是，如果球员的行为超出了将推杆果岭恢复至其原来的状况所需要的合理限度（例如向球洞方向制造出一条通道或使用了不被允许的物品），改善了推杆果岭的状况，他将因违反规则 8.1a 受到一般性处罚。

“推杆果岭上的损伤”指的是由任何人（包括球员本人）或外部因素造成的任何损伤，例如：球痕、鞋造成的损伤（例如鞋钉印），以及由装备或旗杆造成的划痕或凹痕；旧洞埋迹，修补草皮、切割草皮的接

缝，以及由草坪维护工具或车辆造成的划痕或凹痕；动物的足迹或蹄印；陷入地面的物体（例如石头、橡果、冰雹或球座），以及由这些物体造成的凹痕。

但“推杆果岭上的损伤”不包括由以下因素造成的损伤或状况：为维护推杆果岭整体状况而采取的正常作业（例如透气孔和垂切时造成的沟槽）；灌溉、雨水或其他自然力；自然的表面缺陷（例如杂草、裸地、病害或参差不齐的果岭草域）；球洞的自然磨损。

13.1d　球或球标在推杆果岭上移动

对于球或球标在推杆果岭上的移动，有两条特定的规则：

（1）意外导致球移动不受处罚。球员、对手或比杆赛中的另一名球员如果意外地移动了位于推杆果岭上的球员的球或球标，不受处罚。球员必须按照以下方式之一处理：

①把这个球放置回其初始位置（如果不知道该点，必须估计）（参见规则 14.2）。

②放置一个球标以标记这个球的初始位置。

例外：如果球在球员上杆或击球期间开始移动，并且此后球员完成了这次击球，他必须在现有位置继续打这个球（参见规则 9.1b）。

如果球员或对手故意拿起球员在推杆果岭上的球或球标，参见规则 9.4 或 9.5 以查看是否涉及处罚。

（2）将被自然力移动的球放置回原位的场合。在推杆果岭上，如果自然力导致球员的球移动，球员从哪里打下一杆取决于该球之前是否已在推杆果岭上被拿起并放置回原位（参见规则 14.1）：

①若球之前已被拿起并放置回原位，球员必须把这个球放置回其移动前的位置（如果不知道该点，必须估计）（参见规则 14.2）。即使该球是被自然力所移动，而非被球员本人、对手或外部因素所移动，本规定仍然适用（参见规则 9.3 的例外）。

②若球之前未被拿起并放置回原位，球员必须在新的位置打这个球（参见规则 9.3）。

违反规则 13.1d 从错误的地方打球的处罚：按照规则 14.7a 受到一般性处罚。

13.1e　禁止故意测试果岭

在一轮比赛期间和按照规则 5.7a 中止比赛期间，球员不得故意采取擦抹果岭表面、滚动球等方式来测试推杆果岭或错误果岭。

例外：在两洞比赛之间，球员可以在刚完成之洞的推杆果岭上或任何一个练习果岭上擦抹表面或滚动球（参见规则 5.5b）。

违反规则 13.1e 测试推杆果岭或错误果岭的处罚：一般性处罚。

13.1f　必须从错误果岭进行补救

（1）被错误果岭妨碍的含义。符合以下条件之一时，即构成本规则所述的妨碍：

①球员的球有任何一部分触及错误果岭，或者位于任何物体（例如散置障碍物或妨碍物）之内或之上并且在错误果岭的边沿之内。

②错误果岭客观上妨碍了球员的预计站位区域或预计挥杆区域。

（2）必须进行补救（如图 4－6 所示）。如果被错误果岭妨碍，球员不得在现有位置打球，而必须进行免罚补救，将初始球或另一个球抛在符合以下条件的补救区内（参见规则 14.3）：参考点是与初始球之前的静止位置同属一种球场区域的最近完整补救点。从参考点开始测量的补救区范围为一支球杆长度，但补救区必须与参考点处于同一种球场区域，不得比参考点更靠近球洞，并且必须完全摆脱错误果岭造成的所有妨碍。

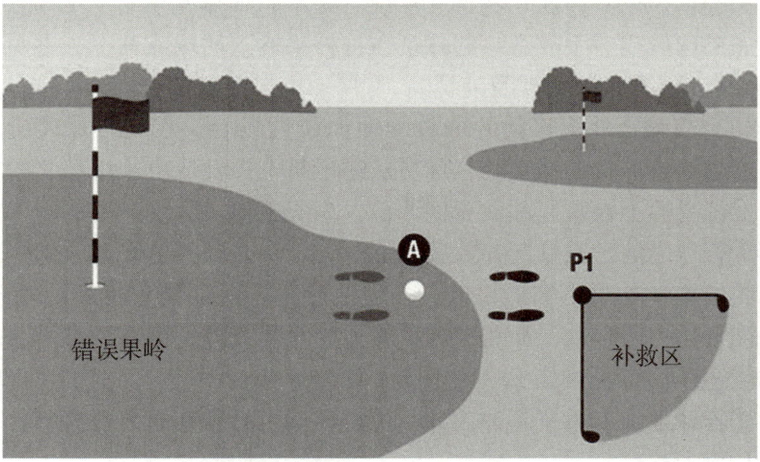


**图 4－6　对错误果岭采取免罚杆的补救**

注：本图假定球员为右手球员。球 A 位于错误果岭上，P1 为球 A 的最近完整补救点，与初始球之前的静止位置同属一种球场区域（在本图中，为普通区）。补救区范围为从参考点 P1 开始测量的一支球杆的长度，不得比参考点更靠近球洞，并和参考点处于同一种球场区域。

（3）明显不合理时不得补救。如果只是因为球员在当时的场景下选择了明显不合理的球杆、站位、挥杆方式或者打球方向才使错误果岭构成妨碍，他不得按照规则 13. 1f 进行补救。

违反规则 13. 1 从错误的地方打球的处罚：按照规则 14. 7a 受到一般性处罚。

### （二）规则 13. 2　旗杆

本规则阐述了球员在处理旗杆相关问题时的选项。球员可以把旗杆留在洞内，也可以让人将其拔走（包括让人照管旗杆并在击球后将它拔走），但他必须在击球前作出决定。如果运动中球撞到旗杆，球员一般不受处罚。

本规则适用于从球场内任何地方打出的球，不管是在推杆果岭之上还是之外。

13. 2a　将旗杆留在洞内

（1）球员可以将旗杆留在洞内。球员可以在旗杆还留在洞内时击球，以使运动中球有可能撞到旗杆。球员必须在击球之前作出此决定，他可以采用以下两种方式之一：

①使旗杆留在球洞内保持原样，或者将它移动到球洞中心位置并留在那里。

②将被拔走的旗杆放回球洞内。

在上述任一情形中，球员不得故意将旗杆移至球洞中心以外的位置以图获取利益。如果球员这样做了，并且此后运动中球撞到了旗杆，他将受到一般性处罚。

（2）球撞到留在洞内的旗杆时，球员不受处罚。如果球员在旗杆留在球洞内时击球，此后这个运动中球撞到了旗杆，他将不受处罚［上述第（1）款规定的情况除外］，但此后必须在这个球的现有位置继续打球。

（3）当球正在运动时对球员移动或拔走洞内的旗杆的限制。当球员将旗杆留在球洞内进行击球时，球员和其球童不得故意移动或拔走旗杆以影响球员的运动中球可能静止的位置（例如避免让球撞到旗杆）。如果这样做了，球员将受到一般性处罚。但是，球员如果出于其他任何原因让人将球洞内的旗杆移动或拔走（例如他合理地认为运动中球在静止之前不会撞到旗杆），将不受处罚。

（4）在球员决定将旗杆留在洞内后对其他球员移动或拔走旗杆的限制。如果球员已将旗杆留在球洞内，并且没有授权任何人照管旗杆

［参见规则 13.2b（1）］，其他球员不得故意移动或拔走旗杆以影响这名球员的运动中球可能会静止的位置。如果其他球员或其球童在球员击球前或击球过程中这样做了，而且此后球员没有意识到这一点就进行了击球，或者其他球员或其球童在球员击球后当球还在运动时这样做了，其他球员将受到一般性处罚。

但是，其他球员或其球童如果出于其他任何原因移动或拔走旗杆，将不受处罚。例如他们合理地认为球员的运动中球在静止之前不会撞到旗杆，或者他们没有意识到球员将要打球或球员的球正在运动。

13.2b　从球洞中移走旗杆

（1）球员可以让人从球洞内拔走旗杆。球员可以让人把球洞内的旗杆拔走后再击球，以使自己的运动中球不撞到球洞内的旗杆。球员必须在击球之前作出此决定，他可以采用以下两种方式之一：

①打球前让人把旗杆从球洞内拔走。

②授权某人照管旗杆，这意味着他须在球员击球前或击球过程中持握旗杆，将其插在球洞内、悬于球洞上方或放在球洞旁边，以此向球员示意球洞的位置，而后在球员击球过程中或击球后拔走旗杆。

在以下情况，球员被视作已经授权他人照管旗杆：击球时，球员的球童正持握旗杆，将其插在球洞内、悬于球洞上方或放在球洞旁边，或者正站在球洞旁边，即使球员当时并没有意识到球童正在这么做；球员要求其他任何人照管旗杆，并且那个人也按其要求做了；球员看到其他任何人正持握旗杆，将其插在球洞内、悬于球洞上方或放在球洞旁边，或者正站在球洞旁边，但是球员没有要求此人离开或将旗杆留在球洞内就进行了击球。

（2）球撞到旗杆或旗杆照管者的处理办法。如果球员的运动中球撞到球员已经按照上述第（1）款的规定决定拔走的旗杆，或者撞到了旗杆照管者（或这个人持握的任何物体），如何处理取决于该行为是意外的还是故意的：

①如果球员的运动中球意外撞到旗杆、拔走旗杆的人或旗杆照管者（或这个人持握的任何物体），球员不受处罚，必须在此球的现有位置继续打球。

②如果旗杆照管者故意使球员的运动中球变向或停止，则规则 11.2c 适用，按照如下方式处理：球员不得在现有位置打球，而必须按照规则 11.2c 进行补救。如果故意使球变向或停止的人是某名球员或其球童，这名球员将因违反规则 11.2 而受到一般性处罚。

出于应用本规则的目的，“故意使球变向或停止”的含义与规则 11.2a 中所指的相同，并且包括球员的运动中球撞到以下物体或人员的情况：为了使这个球变向或停止而故意放置或留在地上某个特定位置的被拔走的旗杆；照管者故意不从球洞内拔走或不从球的行进路线上移开的被照管的旗杆；故意不从球的行进路线上走开的照管或拔走旗杆的人（或此人持握的任何物体）。

例外：对故意移动旗杆以影响运动中球的限制（参见规则 11.3）。

13.2c　球倚靠洞内的旗杆静止

如果球员的球倚靠留在球洞内的旗杆静止，按照以下方式处理：

（1）如果球有任何一部分在球洞内且低于推杆果岭表面，即使该球整体还未在表面以下，它也被视作已进洞。

（2）如果球没有任何一部分在球洞内且低于推杆果岭表面，按照如下方式处理：如果这个球没有进洞，球员必须在现有位置继续打球；如果拔走旗杆后这个球移动了（无论是掉进球洞内还是离开球洞），球员不受处罚，必须把它放置回球洞边缘（参见规则 14.2）。

违反规则 13.2c 从错误的地方打球的处罚：按照规则 14.7a 受到一般性处罚。

比杆赛中，如果球员没能按照规则 3.3c 的规定击球进洞，他将被取消资格。

### （三）规则 13.3　球悬在洞边

13.3a　查看悬在洞边的球是否会掉入洞内的等待时间

如果球员的球有任何一部分悬在球洞边缘，按照以下方式处理：

（1）允许球员用合理的时间抵达球洞，此后再加上 10 秒钟的等待时间，用以查看球是否会掉入球洞内。

（2）如果球在等待时间之内掉入球洞内，该球员的上一杆被视作击球进洞。

（3）如果球没有在等待时间内掉入球洞内，则这个球被视作已经静止。如果此后这个球在击球前掉入球洞内，球员被视作用上一杆击球进洞，但要在其该洞的成绩上加 1 杆罚杆。

13.3b　悬在洞边的球在等待时间结束前被拿起或移动的处理办法

如果悬在球洞边的球在规则 13.3a 规定的等待时间结束之前被自然力之外的因素拿起或移动，该球将被视作之前已经静止，按照以下方式处理：

（1）球员必须将这个球放置回球洞边缘（参见规则 14.2）。

（2）规则 13. 3a 规定的等待时间不再适用于这个球（被放置回原位的球随后被自然力移动的处理办法参见规则 9. 3）。

在等待时间结束之前，如果比洞赛的对手或比杆赛的其他球员故意拿起或移动了球员悬在球洞边的球，按照以下方式处理：比洞赛中，球员的球被视作已在上一杆进洞，而且对手不因规则 11. 2b 受到处罚；比杆赛中，拿起或移动球的球员将受到一般性处罚（罚 2 杆），这个球必须被放置回球洞边缘（参见规则 14. 2）。

# 第五节

# 拿起球和将球重新投入比赛状态（规则 14）

## 规则 14：球的处理程序：标记、拿起和擦拭球；放置球回原位；在补救区内抛球；从错误的地方打球

目的：规则 14 阐述了球员标记静止中球所在的位置、拿起和擦拭该球的场合和方式，以及为了从正确的地方打球应如何将球投入比赛状态。球员把一个被拿起或移动的球放置回原位时，必须把它放置回其初始位置。进行免罚补救或罚杆补救时，球员必须把一个替换球或初始球抛在特定的补救区内。

打球之前，球员可以免罚纠正在上述处理程序中出现的错误。但是，如果从错误的地方打了球，球员将受到处罚。

### （一）规则 14. 1　标记、拿起和擦拭球

本规则适用于球员有意拿起静止中球的情况。拿起球的动作形式不限，包括用手捡起球、转运球或用其他方式有意使球从所在位置移动。

14. 1a　拿起要放置回原位的球之前必须标记其位置

球员按照某条规则拿起球之前，如果该规则要求把这个球放置回初

始位置，他就必须标记这个位置。“标记”指的是在紧贴这个球的后方或一侧放置一个球标，或者将球杆置于紧贴这个球的后方或一侧的地面上。

如果用球标标记位置，在把球放置回原位以后，球员必须在击球前拿走这个球标。

如果球员没有标记球的位置就拿起这个球、用错误的方式标记位置，或者当球标仍留在原处时就进行击球，他将被罚1杆。

当按照某条规则拿起球补救时，球员无须在拿起球之前标记它的位置。

14.1b 有权拿起球的人

仅球员本人或任何得到球员授权的人才有权按照规则拿起球员的球。需要注意的是，球员必须在每次拿起球之前“一次一授”，不得在整轮比赛中给予通用性的授权。

例外：在以下情况，球童可以不经授权就拿起球员的球：球员的球位于推杆果岭上；（通过行为或言语）可以合理判定球员将按照某条规则进行补救。

如果球童在规则不允许时拿起球员的球，该球员将被罚1杆（参见规则9.4）。

14.1c 擦拭球

从推杆果岭上拿起的球任何时候都可以被擦拭（参见规则13.1b）。在其他地方拿的球也可以被擦拭，但因以下情况拿起的球除外：

（1）查看球是否被切开或破裂［参见规则4.2c（1）］。

（2）辨认球，只有辨认所需时方可擦拭（参见规则7.3）。

（3）妨碍打球［参见规则15.3b（2）］。

（4）查看球所在状况是否允许补救。除非球员随后按照某条规则进行补救，否则不允许擦拭（参见规则16.4）。

球员如果在本规则不允许的情况下擦拭了自己的球，要被罚1杆。如果之前拿起了这个球，他必须把它放置回原位。

### （二）规则14.2 放置球回原位

14.2a 必须使用初始球

将一个球放置回原位时，球员必须使用初始球。

例外：在以下情况，球员被允许使用另一个球：

（1）在球员没有故意使初始球变得无法取回的前提下，初始球不能在几秒钟内被迅速取回。

（2）初始球被切开或破裂（参见规则4.2c）。

（3）被暂停的比赛恢复（参见规则5.7d）。

（4）初始球被另一名球员作为错球击打［参见规则6.3c（2）］。

14.2b　有权放置球回原位的人及放置球回原位的规定方式

（1）有权将球放置回原位的人。仅球员本人、任何拿起这个球或导致这个球移动的人可以按照规则将球员的球放置回原位。如果一个球由规则不允许的人放置回原位，并且球员击打了这个球，这名球员将被罚1杆。

（2）放置球回原位的规定方式。放置球回原位时，球员必须在规则要求的位置把这个球放下，然后松手使其停在该位置。如果一个球被以错误的方式放置回原位，但是被放置在了规定的位置，球员击打此球要被罚1杆。

14.2c　放置球回原位的位置

球员放置球回原位时，这个球必须被放置回初始位置（如果不知道该点，必须估计），但按照规则14.2d（2）和14.2e的规定将这个球放置回一个不同位置时，或者当球员要按照某条规则采取补救时除外。

如果球原先位于任何不可移动妨碍物、基本组成物、界外标志、生长着的或连接着的自然物体之上、之下或倚靠它们静止，因为球所在的“位置”包括它相对地面的垂直位置，也就是说，球员必须把这个球放置回它原来在上述物体之上、之下或倚靠它们时所在的初始位置。

如果由于拿起或移动球，抑或在将球放置回原位之前移走了任何散置障碍物，球员无须将它们放回原处。有关将一个被拿起或被移动的球放置回原位之前移走散置障碍物的限制，参见规则15.1a的例外1。

14.2d　初始球位被改变时放置球回原位

如果必须把一个被拿起或移动的球放置回原位，但其初始球位已被改变，球员必须用以下方式将它放置回原位：

（1）无论在沙坑内还是在球场的其他任何地方，如果球原先位于沙子中，球员将这个球放置回初始位置时（如果不知道该点，必须估计），必须尽可能恢复其初始球位。恢复球位时，如果球之前被沙子覆盖，球员可以露出这个球的一小部分。

如果球员从正确的地方打球但是因没有恢复球位而违反本规则，他将受到一般性处罚。

（2）如果球位于沙子以外的任何地方，球员放置球回原位时，必须将它放置在与初始位置最相似且距离最近之处，该处还要符合以下要求：

①在其初始位置一支球杆长度范围内（如果不知道该点，必须估计）。

②不得更靠近球洞。

③与初始位置位于同一种球场区域之内。

如果球员知道初始球位已被改变，但不知道初始球位原来的具体状况，他必须对此进行估计，并按照上述第（1）款或第（2）款的规定将这个球放置回原位。

例外：关于在比赛中止期间拿起球后初始球位被改变的情况，参见规则 5.7d。

14.2e 被放置回原位的球无法静止在初始位置的处理办法

如果球员试图把一个球放置回原位，但它无法静止在其初始位置，球员必须再试一次。如果球仍然无法静止在该点，则球员必须把它放置在最近的且能使其静止的位置，但根据球的初始位置所处区域的不同有以下限制：

（1）放置点不得更靠近球洞。

（2）如果初始位置位于普通区，最近的放置点必须在普通区内。

（3）如果初始位置位于沙坑或罚杆区，最近的放置点必须在同一个沙坑或同一个罚杆区内。

（4）如果初始位置位于推杆果岭上，最近的放置点必须在推杆果岭上或普通区内。

违反规则 14.2 从错误的地方打球的处罚：按照规则 14.7a 受到一般性处罚。

### （三）规则 14.3 在补救区内抛球

本规则适用于球员按照某条规则进行补救时必须抛球的场合，包括球员必须按照规则 14.3c（2）放置一个球以完成补救的情况。

如果球员在抛球前或抛球时改善了补救区，参见规则 8.1。

14.3a 可以使用初始球或另一个球

球员可以使用初始球或另一个球。也就是说，每次球员按照本规则抛球或放置球时，他都可以使用任意一个球。

14.3b 必须用正确的方式抛球

球员必须用正确的方式抛球，这意味着他必须符合以下第（1）、（2）和（3）款中的所有要求：

（1）必须由球员自己抛球。抛球只能由球员本人进行，无论是球员的球童还是其他任何人都无权抛球。

（2）球必须在膝盖高度落下且不得触及球员或装备。球员必须在膝盖高度的位置松手，以使这个球垂直落下，不得通过扔掷、翻转或其他任何动作影响该球可能的静止位置。在触地之前，该球不得触及球员任何身体部位或装备。另外，"膝盖高度"指的是球员站立时膝盖的高度，但是球员无须在抛球时采取站立姿势。

（3）必须将球抛在补救区内（或线上）。球必须被抛在补救区内。抛球时，球员可以站在补救区内，也可以站在补救区外。但是，当球员根据某规则采取向后连线补救时［参见规则 16.1c（2）、17.1d（2）、19.2b 和 19.3b）］，他必须将球抛在该规则允许的线上的某个位置，此后这个抛球点将形成补救区。

（4）用错误的方式抛球后的处理办法。如果球员违反上述第（1）、（2）或（3）款规定中的一项或多项，即用错误的方式抛球，该球员必须用正确的方式重新抛球，这样做时没有次数限制。用错误方式进行的抛球不计入规则 14.3c（2）要求的"两抛一放"（即两次抛球后必须放置球）中的抛球次数。

如果球员以错误方式抛球后没有重新抛球，而是在球当时静止的位置打了这个球，按照以下方式处理：如果从补救区内打了这个球，该球员被罚 1 杆（但他没有违反规则 14.7a 从错误的地方打球）。但是，如果从补救区外打了这个球，或者在规则要求抛球时却放置了球并打了这个球（无论从何处击球），球员将受到一般性处罚。

14.3c　*以正确方式所抛之球必须静止在补救区域内*

本规则仅适用于按照规则 14.3b 以正确方式抛球的场合（如图 4－7、图 4－8 所示）。

（1）以正确方式所抛之球静止在补救区内之后，球员即完成补救。该球必须静止在补救区内。球触地以后，在其静止之前触及任何人（包括球员本人）、装备或其他外部因素都不再产生影响。如果球静止在补救区内，球员即已完成本次补救，此后必须在球的现有位置打这个球；如果球静止在补救区外，球员必须执行规则 14.3c（2）中的程序。如果以正确方式所抛之球在静止之前意外撞到任何人（包括球员本人）、装备或其他外部因素，任何球员均不会受到处罚。

*例外：有关以正确方式所抛之球被人故意变向或停止的处理方式，参见规则 14.3d。*

（2）以正确方式所抛之球静止在补救区外的处理方式。如果该球静止在补救区外，球员必须以正确的方式再次抛一个球。如果这个球也静止在补救区外，该球员必须执行规则 14. 2b（2）和 14. 2e 中放置球回原位的程序，放置一个球以完成本次补救：

①球员必须在第二次抛球后球首次触及地面的点放置一个球。

②如果这个被放置的球没有静止在该点，球员必须在该点再次放置一个球。

③如果第二次放置的球也没有静止在该点，球员必须在最近的可以停球的位置放置一个球，但要受到规则 14. 2e 的限制。此时，球可能被放置在补救区外。

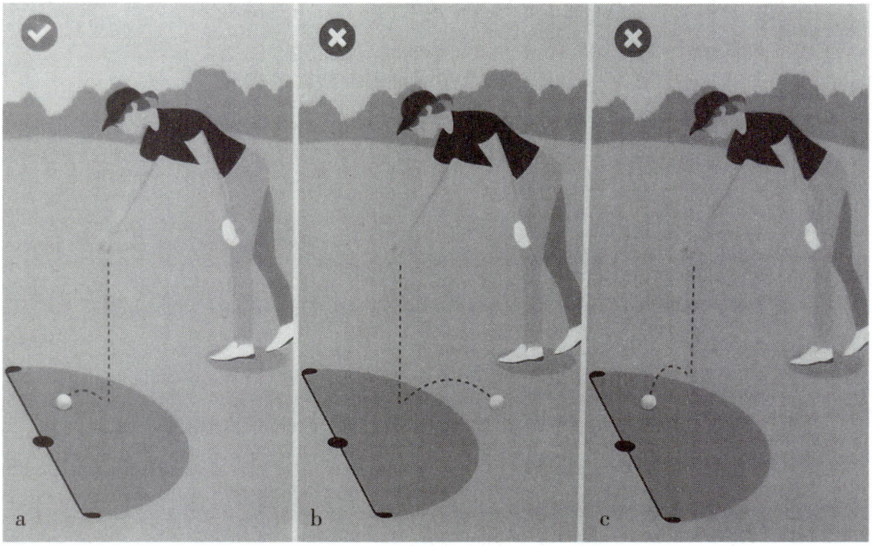


**图 4－7　球必须被抛在并静止在补救区内**

注：图 a 中球员按照规则 14. 3b 以正确方式所抛之球静止在补救区内，所以本次抛球已完成。

图 b 中球员按照规则 14. 3b 以正确方式抛了球，但是该球静止在补救区外，所以必须以正确方式第二次抛球。

图 c 中球员因为以错误方式将球抛在补救区外，所以必须以正确方式再次抛球。

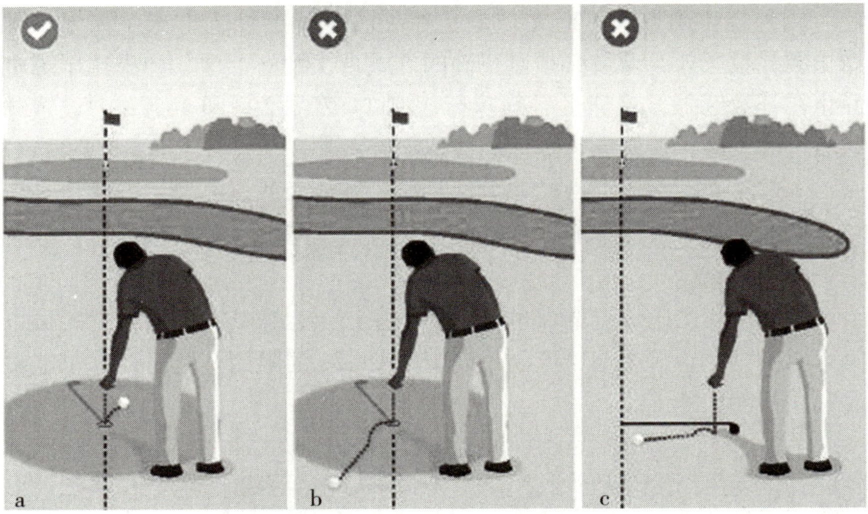


**图 4－8　球员采取向后连线补救时的抛球**

注：图 a 中球员在该连线上抛球时，球首先触及地面的点在任何方向的一支球杆长度范围内将形成一个补救区。球员根据规则 14. 3b 以正确方式所抛之球静止在补救区内，所以本次补救程序完成。

图 b 中球员根据规则 14. 3b 以正确方式抛了球，但是该球静止在补救区外，所以必须以正确方式第二次抛球。

图 c 中球并未被抛在该线上，即抛球方式错误，所以球员必须以正确方式再次抛球。

14. 3d　*以正确方式所抛之球被人故意变向或停止的处理方式*

出于应用本规则的目的，以下情况将被视作所抛之球被人故意变向或停止：

（1）有人故意触碰触地后仍在运动的球。

（2）有球员故意将装备、物体或任何人（包括球员本人及其球童）放置或留在某特定位置，以使运动中球撞到这些装备、物体或人，从而导致该球变向或停止。

无论发生在补救区内还是补救区外，在一个以正确方式所抛之球在静止前被任何人故意变向或停止后，球员必须执行规则 14. 3b 的程序重新抛一个球［也就是说，这次被故意变向或停止的抛球不计入规则 14. 3c（2）规定的“两抛一放”中的抛球次数］。

如果任何球员或其球童故意使这个球变向或停止，该球员将受到一般性处罚。

例外：当以正确方式所抛之球基本不可能静止在补救区内时，如果该球被人故意变向或停止（无论发生在补救区内还是补救区外），任何球员均不会受到处罚，并且所抛之球被视作已经静止在补救区外，本次抛球将计入规则 14.3c（2）规定的“两抛一放”中的抛球次数。

违反规则 14.3 从错误的地方打球或击打了本应被抛但被放置的球的处罚：按照规则 14.7a 受到一般性处罚。

### （四）规则 14.4　初始球脱离比赛状态后球员再次拥有比赛中球的方式

当球员的比赛中球从球场内被拿起、遗失或出界时，此球不再处于比赛状态。球员只能通过以下方式之一再次拥有一个比赛中球：

（1）球员从发球区内打初始球或另一个球。

（2）为使初始球或另一个球进入比赛状态而将其放置回原位、抛或放置在球场内。

如果球员带着使其进入比赛状态的目的以任何方式将一个球投入球场，该球即进入比赛状态，即使规则不允许用这个球替换初始球，或该球在错误的地方、以错误的方式或不适用的程序被放置回原位、抛或放置。一个球被放置回原位后，即使标记其所在位置的球标还未移走，这个球也已进入比赛状态。

### （五）规则 14.5　纠正替换球、放置球回原位、抛球或放置球过程中的错误

14.5a　球员可以在击球前纠正错误

如果球员在规则不允许时用另一个球替换了初始球，或者球员在放置回（原位）、抛或放置比赛中球时使用了错误的方式、将球放置或抛在了错误的地方，或者使用了不适用的程序，该球员可以免罚纠正错误。但是，球员只有在击打这个球之前才被允许这样做。

14.5b　纠正补救过程中的错误时，球员可以改用不同的规则或补救选项的情况

球员在纠正补救过程中出现的错误时是必须使用其原先的规则和补救选项，还是可以改用不同的规则或补救选项，这一点由该错误的性质决定，分为以下几种情况：

（1）球员按照适用的规则将球投入比赛状态，并且球被抛或放置在正确的地方，但是规则要求他再次抛球或放置球。纠正这种错误时，球员必须继续按照同一条规则中的同一个补救选项进行补救。例如，球

员使用侧面补救选项（规则 19.2c）对一个不可打之球进行补救，虽然球被抛在正确的补救区，但是球员抛球时使用了错误的方式（参见规则 14.3b），或者球静止在了补救区之外（参见规则 14.3c）。纠正上述错误时，球员必须继续按照规则 19.2 进行补救，而且必须使用同一个补救选项（即规则 19.2c 的侧面补救）。

（2）球员按照适用的规则将球投入比赛状态，但是将球抛或放置在错误的地方。纠正这种错误时，球员必须继续按照同一条规则进行补救，但是可以使用该规则中任一适用于他所处状况的补救选项。例如，球员使用侧面补救选项（规则 19.2c）对一个不可打之球进行补救，但错误地将球抛在规定的补救区外。纠正该错误时，球员必须继续按照规则 19.2 进行补救，但是他可以使用规则 19.2a、b 或 c 中的任一补救选项。

（3）球员按照不适用的规则将球投入比赛状态。纠正这种错误时，球员可以使用适用于其所处状况的任何规则。例如，球员错误地使用不可打之球的规则对其在罚杆区内的球进行补救（此时规则 19.1 并不适用），他必须纠正这个错误。该球员可以按照规则 9.4 将这个球放置回原位（如果它已被拿起），也可以按照规则 17 中任一适用于他所处状况的补救选项进行罚杆补救。

14.5c　错误发生后对初始球实施的相关行为不予处罚

当球员按照规则 14.5a 纠正错误时，任何在错误发生后实施的且仅与初始球相关的行为导致的处罚均不计入成绩，例如意外导致初始球移动（参见规则 9.4b），或者改善了初始球的击球环境（参见规则 8.1a）。但是，如果上述行为也涉及为纠正错误而投入比赛状态的球的处罚（例如这些行为同时改善了此时处于比赛状态的球的击球环境），则该处罚也要施加于这个此时处于比赛状态的球。

例外：故意使所抛之球变向或停止的处罚。在比杆赛中，如果球员因为故意使所抛之球变向或停止而受到规则 14.3d 的一般性处罚，他在按照规则 14.3b 中的程序再次抛球时仍无法避免之前规则 14.3d 的处罚。

### （六）规则 14.6　从上一杆击球的地点打下一杆

本规则适用于任何按照规则要求或允许球员从上一杆击球的地点进行下一杆的情况（例如进行一杆加距离补救时，或者因击球被取消或其他原因某次击球不计入成绩而需要重打时）（如图 4－9 所示）。球员将一个球投入比赛状态的方式取决于其上一杆击球所在的球场区域。以下任何情况下，球员都可以使用初始球或另一个球：

14.6a　上一杆击球地点在发球区内

球员必须按照规则 6.2b 从发球区之内的任何地方击打初始球或另一个球（并且可以架球）。

14.6b　上一杆击球地点在普通区、罚杆区或沙坑内

球员必须将初始球或另一个球抛在符合以下要求的补救区内（参见规则 14.3）：参考点为上一杆击球的地点（如果不知道该点，必须估计）（参见规则 14.2），从参考点开始测量的补救区范围为一支球杆长度，但补救区必须和参考点在同一个球场区域，而且不得比参考点更靠近球洞。

14.6c　上一杆击球地点在推杆果岭上

球员必须采用规则 14.2b（2）和 14.2e 放置球回原位的程序，将初始球或另一个球放置在上一杆击球的地点（如果不知道该点，必须估计）（参见规则 14.2）。

违反规则 14.6 从错误的地方打球的处罚：按照规则 14.7a 受到一般性处罚。

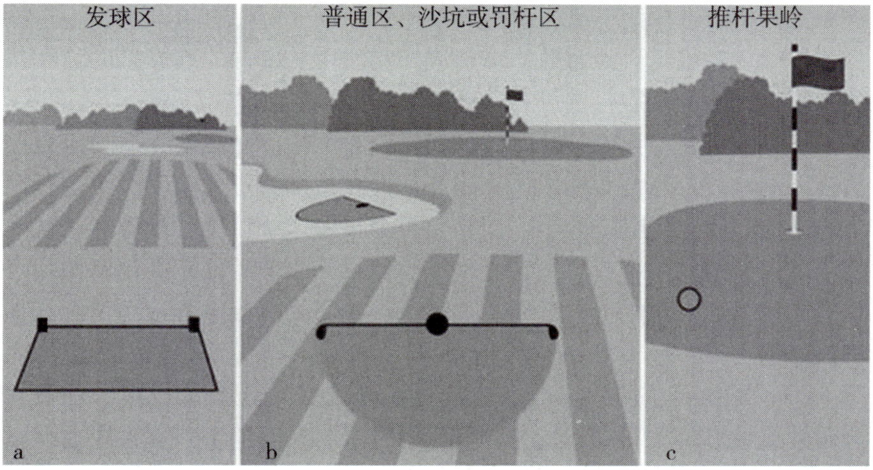


**图 4-9　从上一杆击球的地点打下一杆**

注：图 a 中上一杆击球地点在发球区内，球员必须在发球区内的任何地方击打一个球。

图 b 中上一杆击球地点在普通区、沙坑或罚杆区内，参考点即上一杆击球的地点。球员在该参考点一支球杆长度范围内抛球，但补救区必须和参考点在同一个球场区域中，而且不比参考点更靠近球洞。

图 c 中上一杆击球地点在推杆果岭上，球员必须把一个球放置在上一杆击球的地点。

## （七）规则 14.7　从错误的地方打球

14.7a　规定的打球地点

开始一洞的比赛后，球员必须在他的球静止的位置打每一杆，除非规则要求允许他从其他地方打球（参见规则 9.1）。球员不得从错误的地方击打他的比赛中球。

违反规则 14.7a 从错误的地方打球的处罚：一般性处罚。

14.7b　比杆赛中从错误的地方打球后完成该洞的方式

（1）球员必须决定，是用从错误的地方打的球完成该洞，还是从正确的地方打球以纠正错误。球员下一步的行动取决于这次违规是否严重。也就是说，从错误的地方打球是否让球员获得了重大利益。若违规不严重，球员必须用从错误的地方打的球完成该洞，无须纠正错误；若违规严重，球员必须纠正错误，按照规则用一个从正确的地方打的球完成该洞。如果球员在击球开始另一个球洞之前没有纠正错误，或者当错误发生在本轮最后一个球洞时没有在提交其记分卡之前纠正错误，他将被取消资格。

不确定违规是否严重时，球员应当同时用从错误的地方打的球和按照规则从正确的地方打的第二个球一起完成该洞。

（2）打了两个球的球员必须向委员会报告。如果球员不确定自己从错误的地方打球是否构成严重违规，并在试图纠正此错误时决定打两个球，他必须在提交记分卡之前向委员会报告这个情况。即便球员认为两个球的成绩相同，或者当球员决定了打第二个球后最终并没有用两个球完成该洞，本规定依然适用。如果球员不向委员会报告这个情况，他将被取消资格。

（3）球员打了两个球后，委员会将判定其在该洞的成绩。球员在该洞的成绩取决于委员会是否判定其从错误的地方打初始球构成严重违规：

①违规不严重时，从错误的地方打的球成绩有效，但球员将按照规则 14.7a 受到一般性处罚（即在该球现有成绩上增加 2 杆罚杆）；用另一个球打的所有杆数（包括击球的次数和仅因为打那个球而受到的罚杆）均不计入成绩。

②违规严重时，为了纠正从错误的地方打球而打的另一个球的成绩有效，但球员将按照规则 14.7a 受到一般性处罚（即在那个球现有成绩上增加 2 杆罚杆）。从错误的地方击打初始球的那一杆，以及随后对该

球打的所有杆数（包括击球的次数和仅因为打这个球而受到的罚杆）均不计入成绩。如果球员纠正错误时又从错误的地方打了球，在委员会判定这次违规不严重的情形下，球员将按照规则 14.7a 受到一般性处罚（再加 2 杆罚杆），即在该球现有成绩上增加总计 4 杆罚杆（从错误的地方打初始球罚 2 杆，从错误的地方打另一个球罚 2 杆）。若委员会判定此次打球违规严重，该球员将被取消资格。

# 第六节

## 免罚补救（规则 15～16）

### 一、规则 15：散置障碍物和可移动妨碍物（包括有助于或妨碍打球的球或球标）的补救

目的：规则 15 阐述了球员从散置障碍物和可移动妨碍物进行免罚补救的条件及方式。可以移动的自然和人工物体并非球场挑战性的一部分，因此当它们对打球构成妨碍时，规则通常允许球员移走这些物体。但是，在推杆果岭以外的地方，球员移动自己的球附近的散置障碍物时需要小心——如果因此导致球移动的话，球员将会受到处罚。

#### （一）规则 15.1　散置障碍物

15.1a　移走散置障碍物

球员可以以任何方式（例如用手脚、球杆或其他装备，从他人处获取帮助或折断部分散置障碍物）移走位于球场内或球场外的散置障碍物，不受处罚。但以下两种情形例外：

例外 1：在球必须被放置回原位的地方移走散置障碍物。在推杆果岭以外的任何地方将被拿起或移动的球放置回原位之前，球员须遵守如下规定：如果移走散置障碍物可能会导致球移动，球员不得故意移走该

散置障碍物。如果球员移走这个散置障碍物，他将被罚 1 杆，但是无须再将被移走的散置障碍物放回原处。

本例外既适用于一轮比赛过程中，也适用于按照规则 5. 7a 中止比赛期间，但不适用于球被拿起或移动前尚不存在的散置障碍物，亦不适用于因标记球所在位置拿起球或放置球回原位，或导致一个球移动而使散置障碍物被移走的情景。

例外 2：有关故意移走散置障碍物以影响运动中球的限制，参见规则 11. 3。

15. 1b　移走散置障碍物时球被移动

如果球员移走散置障碍物的行为导致自己的球移动，按照以下方式处理：

（1）球员必须将该球放置回初始位置（如果不知道该点，必须估计）（参见规则 14. 2）。

（2）如果被移动的球原本静止在推杆果岭（参见规则 13. 1d）和发球区［参见规则 6. 2b（6）］以外的任何地方，该球员将按照规则 9. 4b 被罚 1 杆，但规则 7. 4 或规则 9. 4b 的其他例外情形适用时除外。

违反规则 15. 1 从错误的地方打球的处罚：按照规则 14. 7a 受到一般性处罚。

## （二）规则 15. 2　可移动妨碍物

本规则阐述了允许从符合可移动妨碍物定义的人工物体进行免罚补救的情景。

本规则的补救不适用于不可移动妨碍物（规则 16. 1 为其提供了不同类型的免罚补救）、界外标志或基本组成物（不允许免罚补救）。

15. 2a　可移动妨碍物的补救

（1）移走可移动妨碍物。球员可以用任何方式移走位于球场内或球场外任何地方的可移动妨碍物，不受处罚，但以下两种情形例外：

例外 1：要在发球区内打球时，球员不得移动发球区标志［参见规则 6. 2b（4）和规则 8. 1a（1）］。

例外 2：有关故意移走可移动妨碍物以影响运动中球的限制，参见规则 11. 3。

如果球员的球在其移走可移动妨碍物的过程中发生移动，他不受处罚，但是必须把这个球放置回初始位置（如果不知道该点，必须估计，如图 4 – 10 所示）（参见规则 14. 2）。

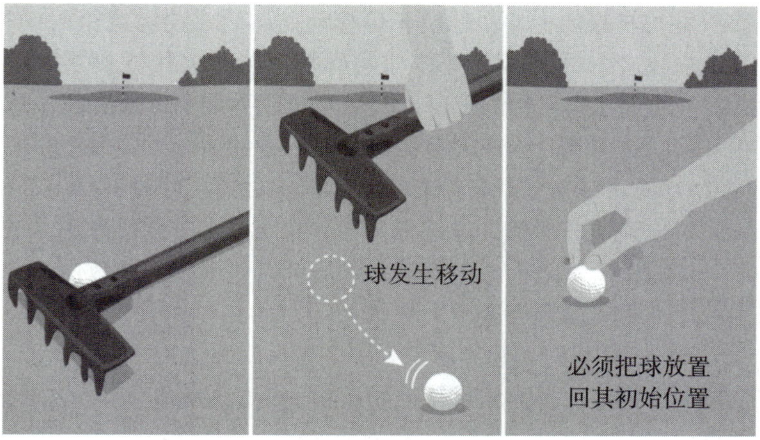


**图 4 – 10　球在可移动妨碍物被移走时发生移动**
**（球位于可移动妨碍物之内或之上时除外）**

（2）当球位于球场内除推杆果岭以外的任何地方的可移动妨碍物之内或之上的补救。球员可以进行免罚补救，拿起球，移走可移动妨碍物，然后在符合以下要求的补救区内抛初始球或另一个球（如图 4 – 11 所示，参见规则 14. 3）：参考点为该球静止在可移动妨碍物之内或之上的位置正下方的估计点。从参考点开始测量的补救区的范围为一支球杆长度，但补救区必须和参考点位于同一种球场区域，而且不得比参考点更靠近球洞。

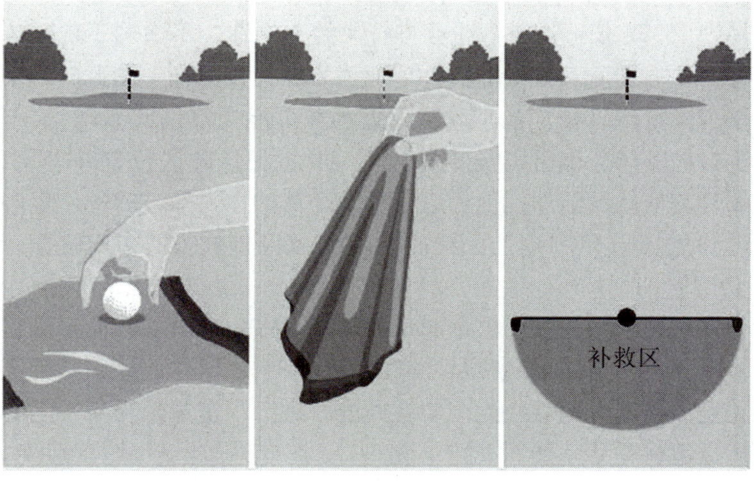


**图 4 – 11　球位于可移动妨碍物之内或之上**

（3）在推杆果岭上，当球位于可移动妨碍物之内或之上时的补救。球员可以拿起这个球并移走可移动妨碍物，然后使用规则 14.2b（2）和 14.2e 中放置球回原位的程序，把初始球或另一个球放置在该球原本静止在可移动妨碍物之内或之上的位置正下方的估计点。

15.2b　未找到在可移动妨碍物之内或之上的球时的补救

如果未找到球员的球，但是有人知道或几乎肯定该球静止在球场内的某个可移动妨碍物之内或之上时，球员可以使用以下补救选项，而无须采用一杆加距离的程序进行补救：

（1）球员可以按照规则 15.2a（2）或 15.2a（3）进行免罚补救，将这个球最后穿越球场内该可移动妨碍物边沿的位置正下方的估计点作为参考点。

（2）一旦球员照此程序补救，把另一个球投入比赛状态，初始球即脱离比赛状态，不得再打，即使在 3 分钟找球时间（参见规则 6.3b）截止前球员在球场内找到初始球，本规定依然适用。

但是，如果既没人知道也不能肯定初始球静止在可移动妨碍物之内或之上，并且该球遗失，球员必须按照规则 18.2 采用一杆加距离的程序进行补救。

违反规则 15.2 从错误的地方打球的处罚：按照规则 14.7a 受到一般性处罚。

### （三）规则 15.3　球或球标有助于或妨碍打球

15.3a　推杆果岭上的球有助于打球

规则 15.3a 仅适用于静止在推杆果岭上的球，不适用于位于球场内其他任何地方的球。如果球员合理地认为静止在推杆果岭上的球可能有助于任何人打球（例如位于球洞附近的球可能挡停别人的球），如果那是球员自己的球，他可以按照规则 13.1b 标记该球的位置并将它拿起；如果那是其他球员的球，他可以要求这个球的主人标记球的位置并将它拿起（参见规则 14.1）。这个被拿起的球必须被放置回初始位置（参见规则 14.2）。

仅在比杆赛中，被要求拿起球的球员可以先行击球，而不必将球拿起，但是如果两名或多名球员之间约定将一个球留在原处以帮助某名球员，并且那名球员随后在此球留在原处时进行了击球，则每一名参与约定的球员都将受到一般性处罚（罚 2 杆）。

15.3b　球场内任何地方的球妨碍打球

（1）被另一名球员的球妨碍的含义。当另一名球员的静止中球符合以下条件之一时，即构成本规则所述的妨碍：

①该球可能妨碍球员的预计站位区域或预计挥杆区域。

②该球位于或靠近球员的打球线，根据球员的击球意图，其运动中球很有可能会撞到该球。

③该球距离球员近到足以使其击球时分心。

（2）允许从妨碍的球进行补救的场合。如果球员合理地认为位于球场内任何地方的另一位球员的球可能妨碍自己打球，按照以下方式处理：

①他可以要求那位球员标记位置并拿起球（参见规则 14.1），但是不得擦拭（按照规则 13.1b 从推杆果岭上拿起球时除外），并且必须把这个球放置回原位（参见规则 14.2）。

②如果那位球员在拿起球之前没有标记位置，或在规则不允许时擦拭了被拿起的球，那位球员将被罚 1 杆。

③仅在比杆赛中，按照本规则被要求拿起球的球员可以先行击球，而不必将球拿起。

如果仅仅是球员本人觉得自己的球可能妨碍另一位球员打球，他不得按照本规则拿起自己的球。如果球员未被其他球员要求即擅自拿起自己的球（按照规则 13.1b 拿起位于推杆果岭上的球时除外），他将被罚 1 杆。

15.3c　球标有助于或妨碍打球

如果一个球标可能有助于或妨碍打球，球员可以按照以下方式处理：

（1）如果是球员自己的球标，他可以将这个球标移到一旁。

（2）如果是其他球员的球标，就像可以要求其他球员按照规则 15.3a 和 15.3b 拿起球一样，他也可以要求那名球员将球标移到一旁。

将球标移到旁边一个新的位置时，球员必须从其所在的初始位置开始测量（例如用一个或多个杆头的长度来测量）。

当把球标移回时，球员应当从球标被放置的新位置采用与刚才将球标移到一旁时的相反步骤逆向丈量。球员从一个妨碍的球所在位置进行丈量以便将它移开时，也应采取上述同样步骤。

违反规则 15.3 的处罚：一般性处罚。

如果球员有以下行为之一，此项处罚同样适用：球员已经意识到另一位球员试图按照本规则拿起或移走一个有助于打球的球或球标，或者已经要求其他人这么做之后，未等球或球标被拿起或移走就击打了球；当球员被要求拿起自己的球或球标时，他拒绝这样做，并且此后打球可能受到妨碍或得到帮助的那名球员击打了球。

违反规则 15.3 从错误的地方打球的处罚：按照规则 14.7a 受到一般性处罚。

## 二、规则 16：异常球场状况（含不可移动妨碍物）、危险动物情景及陷入地面的球的补救

目的：规则 16 阐述了遇到异常球场状况、危险动物情景的妨碍时，球员可以在另一个地方打球进行补救的条件和方式。由于这些状况不被视作球场挑战性的一部分，因此球员通常都可以获得免罚补救（球位于罚杆区内时除外）。一般情况下，球员补救的方式是根据最近完整补救点的位置将球抛在一个补救区内。本规则还阐述了球员的球在普通区内陷入自身的落痕时球员进行免罚补救的情形。

### （一）规则 16.1　异常球场状况（含不可移动妨碍物）

本规则阐述了允许对动物的洞穴、整修地、不可移动妨碍物或临时积水进行免罚补救的内容。本规则的补救不适用于可移动妨碍物（规则 15.2a 为其提供了不同类型的免罚补救）、界外标志或基本组成物（不允许免罚补救）。

16.1a　允许补救的条件

（1）异常球场状况妨碍的含义。当符合以下任一条件时，异常球场状况即构成妨碍：

①球员的球触及异常球场状况，或位于异常球场状况之内或之上。

②异常球场状况客观上妨碍了球员的预计站位区域或预计挥杆区域。

③仅当球位于推杆果岭上时，该推杆果岭之上或之外的异常球场状况介于打球线上。

如果异常球场状况距离过近而使球员分心，但并不满足上述任一条件，则它不构成本规则所述的妨碍。

（2）球位于球场内除罚杆区以外的任何地方均可补救。只有同时满足以下两个条件，规则 16.1 才允许球员从异常球场状况的妨碍中获得补救（如图 4－12 所示）：

①异常球场状况位于球场内（而非界外）。

②球位于球场内除罚杆区以外的任何地方（在罚杆区内只能按照规则 17 进行补救）。

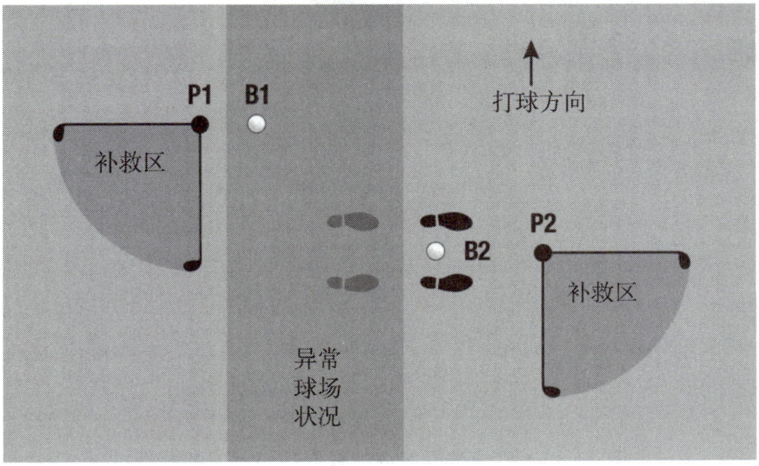


**图 4－12　允许对异常球场状况进行补救的情形**

注：该图假设球员是一名右手球员。当球触及或位于异常球场状况，包括不可移动妨碍物（例如 B1）之内或之上时，或该状况妨碍了球员的预计站位区域（例如 B2 ）或预计挥杆区域时，球员可以采取免罚补救。B1 状况的最近完整补救点位于紧邻异常球场状况的 P1 点。对于 B2，最近完整补救点位于 P2，由于站位必须脱离异常球场状况的妨碍，该点距离异常球场状况较远。

（3）击球明显不合理时不得补救。在以下情况，球员不得按照规则 16. 1 进行补救：

①其他不允许球员进行免罚补救的状况致使球员在现有位置打球明显不合理（例如球员因为球位于灌木丛中而无法击球）。

②只有球员在当时的场景下选择了不合理的球杆、站位方式、挥杆方式或打球方向时，异常球场状况才会构成妨碍。

16. 1b　球位于普通区内的补救

如果球员的球位于普通区内，并且受到了位于球场内的异常球场状况的妨碍，球员可以采取免罚补救，将初始球或另一个球抛在符合以下要求的补救区内（如图 4－13 所示，参见规则 14. 3）：

参考点为普通区内的最近完整补救点。从参考点开始测量的补救区范围为一支球杆长度，但补救区必须在普通区内，不得比参考点更靠近球洞，并且必须完全摆脱异常球场状况造成的妨碍。

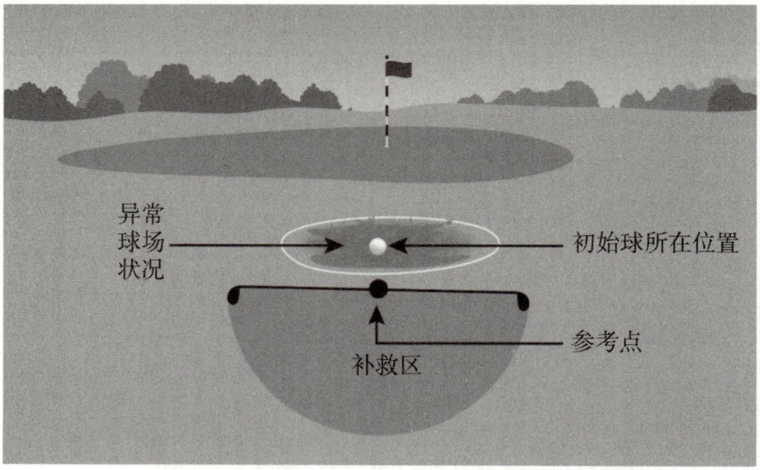


**图 4－13　位于普通区内的异常球场状况的补救**

16. 1c　球位于沙坑内的补救

如果球员的球位于沙坑内，并且受到了位于球场内的异常球场状况的妨碍，球员可以按照以下第（1）款进行免罚补救，也可以按照第（2）款进行罚杆补救（如图 4－14 所示）：

（1）免罚补救。从沙坑内打球。球员可以按照规则 16. 1b 采取免罚补救，但是必须符合以下要求：

①最近完整补救点和补救区都在这个沙坑内。

②如果沙坑内不存在这样的最近完整补救点，球员仍可以将沙坑内的最大可用补救点作为参考点进行补救。

（2）罚杆补救。从沙坑外打球（向后连线补救）。被罚 1 杆后，球员可以将初始球或另一个球（参见规则 14. 3）抛在该沙坑外，抛球点在球洞和初始球所在位置的连线上且位于初始球的后方（向后多远没有限制）。在该连线上抛球时，以球首先触及地面的点为中心，以一支球杆长度为半径将形成一个补救区，但该补救区不得比初始球所在位置更靠近球洞；该补救区可以位于除同一沙坑外的任何球场区域，但是必须与所抛之球首先触及地面的点位于同一种球场区域。

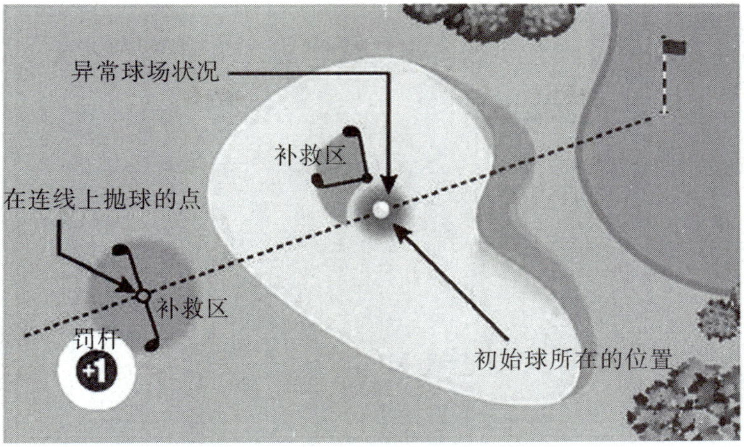


**图 4－14　位于沙坑内的异常球场状况的补救**

注：该图假设球员是一名右手球员。当位于沙坑内的异常球场状况构成妨碍时，球员可以根据规则 16.1b 在沙坑内采取免罚补救，也可以罚 1 杆后在沙坑外采取向后连线补救。

16.1d　球在推杆果岭上的补救

如果球员的球位于推杆果岭上，并且受到了位于球场内的异常球场状况的妨碍，球员可以进行免罚补救，使用规则 14.2b（2）和 14.2e 中放置球回原位的程序，将初始球或另一个球放置在最近完整补救点上（如图 4－15 所示）。

（1）最近完整补救点必须在推杆果岭上或普通区内。

（2）如果不存在这样的最近完整补救点，球员仍可以将最大可用补救点作为参考点进行免罚补救。最大可用补救点必须位于推杆果岭上或普通区内。

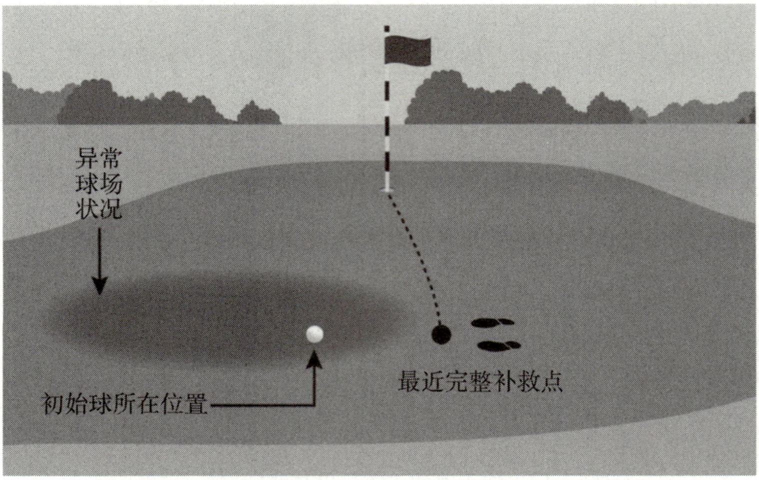


图 4－15　位于推杆果岭上的异常球场状况的免罚补救

16.1e　未找到在异常球场状况之内或之上的球时的补救

如果未找到球员的球，但是有人知道或几乎肯定该球静止在球场内的某个异常球场状况之内或之上，球员可以使用以下补救选项，无须采用一杆加距离的程序进行补救：

（1）球员可以按照规则 16.1b、c 或 d 进行补救，出于找到最近完整补救点的目的，他要将球最后穿越球场内该异常球场状况边沿的估计点作为参考点。

（2）一旦球员按照此程序补救，把另一个球投入比赛状态，初始球即脱离比赛状态，不得再打。即使在 3 分钟找球时间截止前球员在球场上找到初始球，本规定依然适用（参见规则 6.3b）。

但是，如果既没人知道也不能肯定初始球静止于异常球场状况之内或之上，并且该球遗失，则球员必须按照规则 18.2 采用一杆加距离的程序进行补救。

16.1f　必须对异常球场状况内的禁打区构成的妨碍进行补救

以下各情境中，球员不得在现有位置打球：

（1）球在球场内除罚杆区以外的地方且位于禁打区内时的补救。如果球员的球位于禁打区内，并且该禁打区位于普通区、沙坑或推杆果岭的异常球场状况之内或之上，按照以下方式处理：

①如果禁打区在普通区内，球员必须按照规则 16.1b 进行免罚补救。

②如果禁打区在沙坑内，球员必须按照规则 16.1c（1）或（2）进

行免罚补救或罚杆补救。

③如果禁打区在推杆果岭上，球员必须按照规则 16. 1d 进行免罚补救。

（2）球在球场内除罚杆区以外的地方且禁打区对预计站位区域或预计挥杆区域构成妨碍时的补救。如果球员的球位于普通区内、沙坑内或推杆果岭上且在某个禁打区之外，但是该禁打区（无论在异常球场状况内还是罚杆区内）妨碍了球员的预计站位区域或预计挥杆区域，必须按照以下两种方式之一处理：

①球员根据球所处区域（普通区、沙坑或推杆果岭），按照规则 16. 1b、c 或 d 的相关规定进行补救。

②球员按照规则 19 进行不可打之球的补救。

有关罚杆区内的球受到禁打区妨碍时的处理方式，参见规则 17. 1e。

违反规则 16. 1 从错误的地方打球的处罚：按照规则 14. 7a 受到一般性处罚。

### （二）规则 16. 2　危险动物情景

16. 2a　允许补救的条件

“危险动物情景”指的是如果球员在现有位置打球，位于球附近的危险动物（例如毒蛇、蜇人蜂、短吻鳄、火蚁或熊等）可能对球员造成严重人身伤害的情况。无论球位于球场内何处，球员都可以按照规则 16. 2b 对危险动物情景造成的妨碍进行补救。本规则不适用于球场内其他可能会给球员造成人身伤害的情况（例如仙人掌）。

16. 2b　危险动物情景的补救方式

如果球员遇到危险动物情景构成的妨碍，按照以下方式处理：

（1）如果球位于罚杆区以外的地方，根据球所处区域（普通区、沙坑或推杆果岭），球员可以按照规则 16. 1b、c 或 d 进行补救。

（2）如果球位于罚杆区内，球员可以进行免罚补救或罚杆补救：

①免罚补救：在罚杆区内打球。球员可以按照规则 16. 1b 进行免罚补救，但是最近完整补救点及补救区必须位于该罚杆区内。

②罚杆补救：在罚杆区外打球。球员可以按照规则 17. 1d 进行罚杆补救。在罚杆区外进行罚杆补救后，如果将要打球的地点仍存在危险动物情景的妨碍，球员可以按照上述第（1）款进一步补救，不再追加处罚。

（3）在以下情况中，当打球明显不合理时，球员不得按照规则 16. 2b 进行免罚补救：

①其他不允许球员进行免罚补救的状况致使球员在现有位置打球明显不合理（例如球员因为球位于灌木丛中而无法击球）。

②只有球员在当时的场景下选择了明显不合理的球杆、站位方式、挥杆方式或打球方向时，危险动物情景才会构成妨碍。

出于应用本规则的目的，上文中的最近完整补救点指的是不更靠近球洞且距球最近的可以摆脱危险动物情景妨碍的点。

违反规则 16.2 从错误的地方打球的处罚：按照规则 14.7a 受到一般性处罚。

### （三）规则 16.3　陷入地面的球

16.3a　允许补救的条件

（1）球必须在普通区陷入地面。只有当球在普通区内陷入地面时，球员才被允许按照规则 16.3b 进行补救（如图 4－16 所示）。除普通区外，如果球在其他任何地方陷入地面，本规则均不提供补救。但是，如果球在推杆果岭上陷入地面，球员可以标记球的位置、拿起并擦拭球、修理由该球的冲击造成的损伤，然后将球放置回其初始位置［参见规则 13.1c（2）］。

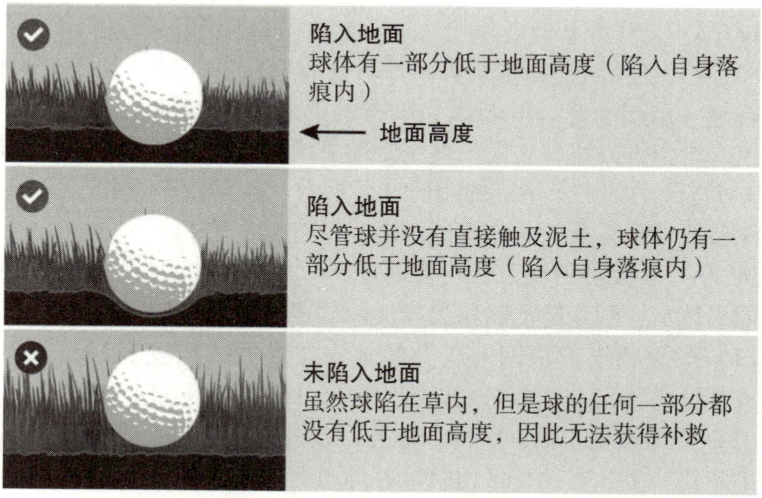


图 4－16　球是否陷入地面

例外：不允许对在普通区内陷入地面的球进行补救的情况：球陷入普通区内非短草区域的沙子里（“短草区域”是中文简称，指的是球场的普通区内草的高度修剪得与球道草相同或更短的地方）；其他不允许球员进行免罚补救的状况致使球员在现有位置打球明显不合理（例如球员因为球位于灌木丛中而无法击球）。

（2）确定球是否陷入地面。只有球位于球员上一杆击球所造成的落痕内，且球体有一部分低于地面高度，球员的球才被视为陷入地面。

如果球员无法肯定球所在位置是自身的落痕还是另一个球造成的落痕，只要从现有信息中可以合理推断这个球在自身的落痕内，球员即可认定该球陷入地面。如果球低于地面高度是球员上一杆击球以外的其他任何原因所致，那么这个球不能被视作陷入地面，例如球被某人踩入地面，或者球直接被打入地面并未在空中飞行，抑或球在球员按照某条规则抛球补救时被砸入地面。

16.3b　陷入地面的球的补救

当球员的球在普通区内陷入地面并且规则 16.3a 允许补救时，该球员可以进行免罚补救，将初始球或另一个球抛在符合以下要求的补救区内（如图 4－17 所示，参见规则 14.3）：参考点为位于普通区内紧挨球陷入地面所在位置后方的地点。从参考点开始测量的补救区的范围为一支球杆长度，但补救区必须在普通区内，并且不得比参考点更靠近球洞。

违反规则 16.3 从错误的地方打球的处罚：按照规则 14.7a 受到一般性处罚。

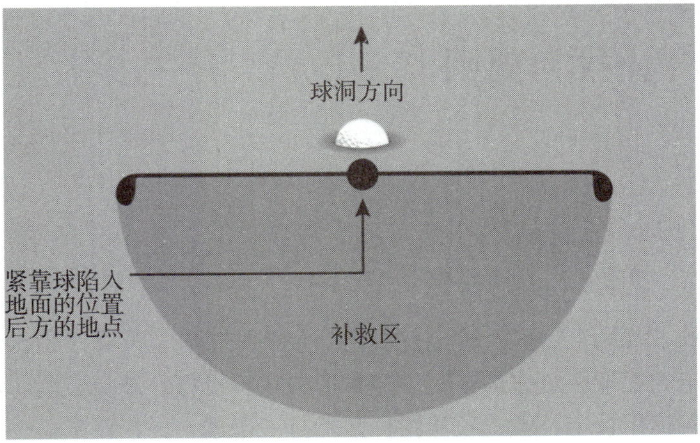


图 4－17　陷入地面的球的免罚补救

**（四）规则 16.4　拿起球查看其是否处于允许补救的状况**

如果球员合理地认为自己的球处于可以按照规则 15.2、16.1 或

16.3 进行免罚补救的状况，但是只有拿起球才能对此予以确认，他可以拿起这个球查看是否允许补救，但是球员必须事先标记这个球的位置，而且不得擦拭拿起来的球（在推杆果岭上除外）（参见规则 14.1）。如果球员没有合理的理由就拿起了球（在推杆果岭上除外，因为此时可以按照规则 13.1b 拿起球），他将被罚 1 杆。

如果规则允许补救，并且球员进行了补救，即使他在拿起球之前没有标记球的位置，或者擦拭了拿起来的球，也不受处罚。如果规则不允许补救，或者虽然规则允许但球员选择不补救，按照以下方式处理：如果球员拿起球之前没有标记其位置，或者在规则不允许的情况下擦拭了拿起来的球，他将被罚 1 杆，并且这个球必须被放置回初始位置（参见规则 14.2）。

违反规则 16.4 从错误的地方打球的处罚：按照规则 14.7a 受到一般性处罚。

# 第七节

# 罚杆补救（规则 17 ~ 19）

## 一、规则 17：罚杆区

目的：规则 17 是一条针对罚杆区的特别规则。罚杆区是水域或委员会标定的其他区域，球在其中经常遗失或不可打。球员接受 1 杆罚杆后，可以使用特定补救选项从罚杆区外打一个球。

### （一）规则 17.1　球位于罚杆区内的选项

罚杆区被界定为红色或黄色，其补救选项根据界定方式有所不同（参见规则 17.1d）。球员可以站在罚杆区内打罚杆区外的球，这包括从罚杆区进行补救之后的情形。

17.1a 球位于罚杆区内的条件

当球有任意一部分符合以下条件之一时，该球即位于罚杆区内：

（1）位于罚杆区边沿内的地面或其他任何物体（例如任何自然或人工物体）之上，或触及上述地面或物体。

（2）位于罚杆区的边沿或其他任何部分的上空。

如果球有一部分同时位于罚杆区和另一种球场区域，参见规则2.2c。

17.1b 球员可以在罚杆区内现有位置打球或进行罚杆补救

球员可以按照以下两种方式之一处理：

（1）按照球位于普通区时适用的规则在现有位置打这个球，不受处罚（也就是说并没有特别的规则限制球员在罚杆区内打球的方式）。

（2）按照规则17.1d或17.2进行罚杆补救，在这个罚杆区外打一个球。

例外：受到罚杆区内的禁打区的妨碍时必须补救（参见规则17.1e）。

17.1c 未找到在罚杆区内的球时的补救

如果未找到球员的球，但有人知道或几乎肯定这个球静止于罚杆区内，球员可以按照规则17.1d或17.2进行罚杆补救。一旦球员按照本方式补救，将一个球投入比赛状态，则初始球脱离比赛状态，不得再打。即使在3分钟找球时间截止前球员在球场内找到初始球，这一规定仍然适用（参见规则6.3b）。

但是，如果没人知道或不能肯定该球静止在罚杆区内，并且此球已经遗失，球员必须按照规则18.2进行一杆加距离的补救。

17.1d 球位于罚杆区内的补救

如果球员的球位于罚杆区内（包括虽然未找到球但有人知道或几乎肯定它在罚杆区内），他有以下三种补救选项，但都要被罚1杆：

（1）一杆加距离补救。球员可以从上一杆击球的地方打初始球或另一个球（参见规则14.6）。

（2）向后连线补救（如图4-18所示）。球员可以将初始球或另一个球抛在罚杆区外（参见规则14.3），抛球点在球洞和初始球最后穿越罚杆区边沿的估计点的连线上且位于该估计点的后方（向后多远没有限制）。在该连线上抛球时，以球首先触及地面的点为中心、以一支球杆长度为半径将形成一个补救区，但该补救区存在以下限制：不得比初始球最后穿越罚杆区边沿的估计点更靠近球洞；可以位于除同一罚杆区以外的任何球场区域，但是必须与所抛之球首先触及地面的点位于同一种球场区域。

图 4－18　黄色罚杆区内球的补救

（3）侧面补救（仅限红色罚杆区）。当球最后穿越的是红色罚杆区的边沿时，球员可以将初始球或另一个球抛在符合以下条件的侧面补救区内（如图 4－19 所示，参见规则 14. 3）：参考点是初始球最后穿越该红色罚杆区边沿的估计点。从参考点开始测量的补救区范围为两支球杆长度，但补救区不得比参考点更靠近球洞，并且可以位于除同一个罚杆区以外的任何球场区域中，但是如果参考点两支球杆长度范围内存在一种以上的球场区域，则球员在该补救区内抛球时球首先触及哪一种球场区域，该球就必须静止于该球场区域的补救区内。

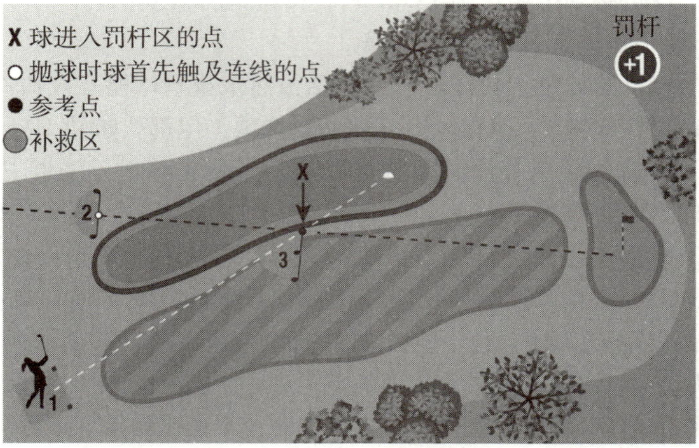


图 4－19　红色罚杆区内球的补救

17.1e　对罚杆区内的禁打区造成的妨碍进行补救

以下各情境中，球员不得在现有位置打球：

（1）球位于罚杆区内的禁打区。球员必须按照规则 17.1d 或 17.2 采取罚杆补救。如果球员按照本规则进行补救后仍受到禁打区的妨碍，他不得在现有位置打球，必须根据规则 16.1f（2）的规定进行进一步补救。

（2）球位于罚杆区内，球员预计站位区域或预计挥杆区域受到球场内的禁打区妨碍。如果球员的球位于罚杆区内且在某个禁打区之外，但是该禁打区（无论在异常球场状况内还是罚杆区内）妨碍了球员的预计站位区域或预计挥杆区域，他必须按照以下两种方式之一进行处理：

①按照规则 17.1d 或 17.2 在罚杆区外进行罚杆补救。

②进行免罚补救，将初始球或另一个球抛在罚杆区内的补救区之内（如果存在的话）（参见规则 14.3），但要符合以下条件：参考点是该禁打区的最近完整补救点。从参考点开始测量的补救区范围为一支球杆长度，但补救区必须位于球所在的罚杆区内，而且不得比参考点更靠近球洞。

（3）击球明显不合理时不得补救。在以下情况，球员不得按照上述第（2）款从禁打区获得免罚补救：

①其他不允许球员进行免罚补救的状况致使球员在现有位置打球明显不合理（例如球员因为球位于灌木丛中而无法击球）。

②只有当球员选用在当时的情景下明显不合理的球杆、站位方式、挥杆方式或打球方向时，禁打区才会构成妨碍。

有关球在罚杆区以外的地方受到禁打区妨碍的处理方式，参见规则 16.1f。

违反规则 17.1 从错误的地方打球的处罚：按照规则 14.7a 受到一般性处罚。

## （二）规则 17.2　从罚杆区内打球后的选项

17.2a　从罚杆区内打的球静止在同一个或另一个罚杆区内

如果从罚杆区内打的球静止在同一个或另一个罚杆区内，球员可以在此球的现有位置打球（参见规则 17.1b），也可以接受 1 杆罚杆，然后按照以下任一选项进行补救（如图 4－20 所示）：

（1）常规补救选项。球员可以按照规则 17.1d（1）进行一杆加距离补救，或者按照规则 17.1d（2）进行向后连线补救。如果在红色罚杆区，球员还可以按照 17.1d（3）采取侧面补救。执行规则 17.1d（2）或（3）时，用于确定补救区的估计点是初始球最后穿越其当前所在罚杆区边沿的点。如果球员进行一杆加距离补救，在罚杆区内抛了一个球（参见规则 14.6），此后又决定不在其静止的位置打这个所抛之球，他可以按照规则 17.1d（2）或（3）（仅限红色罚杆区），或规则 17.2a（2）在此罚杆区之外进一步补救。如果这样处理，他将再接受 1 杆罚杆，共计被罚 2 杆：其中 1 杆罚杆来自一杆加距离的补救，另外 1 杆罚杆来自罚杆区外的补救。

（2）额外补救选项。球员可以选择从其最近一次在罚杆区外击球的地点打初始球或另一个球（参见规则 14.6），而不必使用上述第（1）款中的其中一种常规补救选项（如图 4－21 所示）。

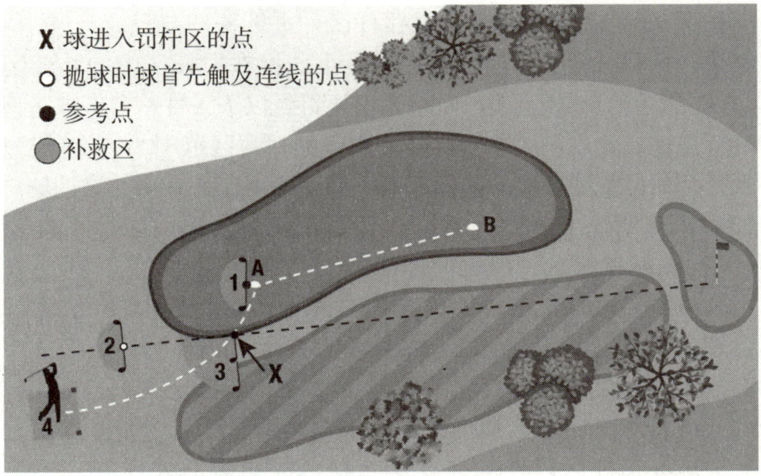


**图 4－20　从罚杆区内打的球静止在同一个罚杆区内**

注：球员从发球区把球打到罚杆区内的 A 点，此后又把球从 A 点打到 B 点。如果球员选择进行补救，有以下四个选项，每个选项都要被罚 1 杆：

（1）采取一杆加距离补救：在以上一杆击球的地点 A 点为参考点形成的补救区内打一个球，现在他要打的是第四杆。

（2）采取向后连线补救：在罚杆区外抛一个球，使得 X 点位于球洞与抛球点的连线之间，现在他要打的是第四杆。

（3）采取侧面补救（仅限于红色罚杆区）：补救的参考点是 X 点，球员必须在两支球杆长度范围内且不比 X 点更靠近球洞的补救区内抛一个球并击球，现在他要打的是第四杆。

（4）在发球区打一个球：发球区是其最近一次在罚杆区外击球的地点，他现在要打的是第四杆。

如果球员选择第一个选项后又决定不击打抛下的球，他可以根据 X 点采取向后连线补救或侧面补救，或再次从发球区打球，但要再接受 1 杆罚杆，共计被罚 2 杆，现在他要打的是第五杆。

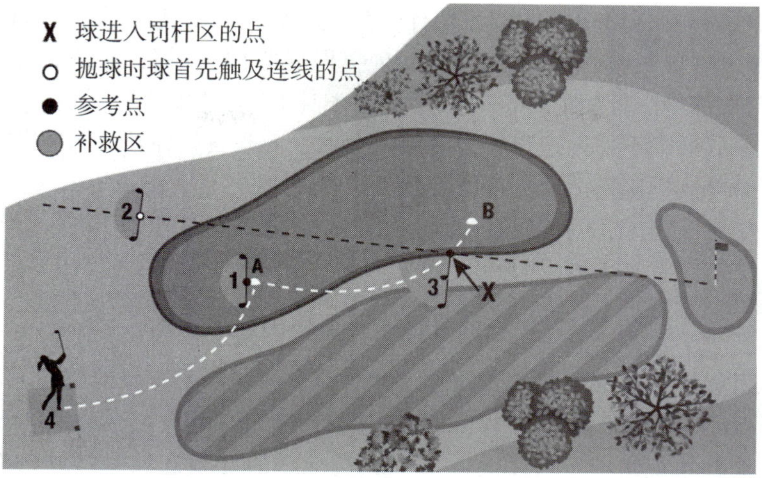


**图 4-21 从罚杆区内打的球离开罚杆区后再次进入同一个罚杆区内**

注：球员从发球区把球打到罚杆区内的 A 点，此后又把球从 A 点打到 B 点，在此过程中球离开罚杆区但是又从 X 点再次进入该罚杆区。如果球员选择采取补救，有以下四个选项，每个选项都要被罚 1 杆：

（1）采取一杆加距离补救：在以上一杆击球的地点 A 点为参考点形成的补救区内打一个球，现在他要打的是第四杆。

（2）采取向后连线补救：在罚杆区外抛一个球，使得 X 点（球最后穿越罚杆区边沿的点）位于球洞与抛球点的连线之间，现在他要打的是第四杆。

（3）采取侧面补救（仅限于红色罚杆区）：补救的参考点是 X 点，球员必须在两支球杆长度范围内且不比 X 点更靠近球洞的补救区内抛一个球并击球，现在他要打的是第四杆。

（4）在发球区打一个球：发球区是其最近一次在罚杆区外击球的地点，他现在要打的是第四杆。

如果球员选择第一个选项后又决定不击打抛下的球，他可以根据 X 点采取向后连线补救或侧面补救，或再次从发球区打球，但要再接受 1 杆罚杆，共计被罚 2 杆，现在他要打的是第五杆。

### 17.2b 从罚杆区内打出的球在罚杆区外遗失、出界或不可打

从罚杆区内打球后，球员有时会因为初始球发生以下两种情况之一而被要求或主动选择进行一杆加距离的补救：出界或在罚杆区外遗失（参见规则 18.2）；在罚杆区外不可打（参见规则 19.2a）。

如果该球员进行一杆加距离的补救，在罚杆区内抛了一个球（参见规则 14.6），此后又决定不在其静止的位置打这个所抛之球，他可以按照规则

17.1d（2）或（3）（仅限红色罚杆区），或规则17.2a（2）在此罚杆区之外进行进一步补救。如果这样处理，他将再接受1杆罚杆，共计被罚2杆：其中1杆来自一杆加距离的补救，另外1杆来自在罚杆区外的补救。

球员可以不用先在罚杆区内抛一个球，而是直接在罚杆区外如此补救，但仍然要接受总计2杆的罚杆。

违反规则17.2从错误的地方打球的处罚：按照规则14.7a受到一般性处罚。

### （三）规则17.3　球在罚杆区内不适用的补救规则

当球员的球位于罚杆区内时，针对异常球场状况构成的妨碍（参见规则16.1）、球陷入地面（参见规则16.3）、不可打之球（参见规则19）的补救规则均不适用。此时，球员唯一的补救选项是按照规则17进行罚杆补救。

但是，当危险动物情景妨碍球员击打罚杆区内的球时，该球员可以选择在罚杆区内免罚补救或在罚杆区外罚杆补救［参见规则16.2b（2）］。

## 二、规则18：一杆加距离补救；球遗失或出界；暂定球

目的：规则18阐述了按照一杆加距离的处罚程序进行补救的情况。当球在罚杆区外遗失或出界时，从发球区到球洞的规定打球过程被中断，球员必须从上一杆击球的地方再次打球以恢复这个过程。本规则还阐述了当比赛中球可能出界或在罚杆区外遗失时，球员为节省时间而打一个暂定球的方式和条件。

### （一）规则18.1　任何时候都允许按照一杆加距离的处罚程序进行补救

在任何时候，球员都可以进行一杆加距离的补救，即接受1杆罚杆并在上一杆击球的地点打初始球或另一个球（参见规则14.6）。不论球在球场内什么地方，即使有规则要求球员按照某特定方式进行补救或者从某特定位置打一个球，他也始终拥有一杆加距离的补救选项。一旦球员按照一杆加距离的处罚程序把另一个球投入比赛状态（参见规则14.4），初始球即脱离比赛状态，不得再打。即使在3分钟找球时间截止前球员在球场内找到初始球（参见规则6.3b），这一规定仍然适用。

但是，当球员因以下原因要在上一杆击球的地点打球时，上述规定不适用：宣布打一个暂定球（参见规则18.3b）；比杆赛中按照规则

14.7b 或 20.1c（3）打第二个球。

### （二）规则 18.2　球遗失或出界：必须进行一杆加距离补救

18.2a　球遗失或出界的条件

（1）球遗失的条件。如果球员或其球童开始找球后 3 分钟内没有找到这个球，该球即遗失。

如果在 3 分钟时限内找到一个球但不确定它是否球员的球，球员必须立即尝试去辨认该球（参见规则 7.2），即使 3 分钟找球时间已经结束，规则也允许他为此花一些合理的时间。如果球员当时不在找到球的地方，上述时间包括球员抵达球所在位置的合理时间。如果球员在这段合理的时间内没有辨认出自己的球，该球即遗失。

（2）球出界的条件。只有当一个静止中球整体位于界外线之外时，该球才算出界。当球有任何一部分符合以下条件之一时，该球即位于界内（如图 4－22 所示）：

①位于界外线内侧的地面或其他任何物体（例如任何自然或人工的物体）之上，或触及该地面或物体。

②位于界外线或球场其他任何部分的上空。

球员可以站在界外击打球场内的球。

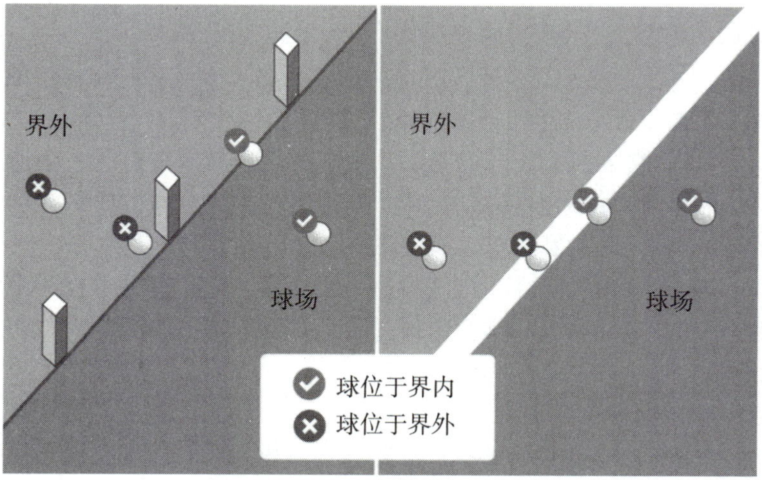


图 4－22　球出界的条件

18.2b　球遗失或出界的处理方式

如果一个球遗失或出界，球员必须进行一杆加距离的补救，即接受

1 杆罚杆并在上一杆击球的地点打初始球或另一个球（参见规则 14.6）。

例外：当有人知道或几乎肯定球所发生的状况时，球员可以根据其他规则替换另一个球。如果球员的球没被找到，但是有人知道或几乎肯定该球符合以下条件之一，球员即可以按照某条适用的规则替换另一个球，无须进行一杆加距离的补救：

（1）静止在球场内并被某外部因素移动（参见规则 9.6），或被另一名球员作为错球击打［参见规则 6.3c（2）］。

（2）静止在球场内的某可移动妨碍物（参见规则 15.2b）或某异常球场状况（参见规则 16.1e）之内或之上。

（3）位于罚杆区内（参见规则 17.1c）。

（4）被任何人故意变向或停止（参见规则 11.2c）。

违反规则 18.2 从错误的地方打球的处罚：按照规则 14.7a 受到一般性处罚。

## （三）规则 18.3　暂定球

### 18.3a　允许打暂定球的条件

如果球可能在罚杆区外遗失或出界，为了节省时间，球员可以暂时采取一杆加距离的处罚程序打另一个球（参见规则 14.6）。这包括以下情形：

（1）初始球尚未被找到并辨认出来，但也没有遗失。

（2）球可能遗失于罚杆区内，但也可能遗失于球场内的其他地方。

（3）球可能遗失于罚杆区内，但也可能出界。

如果球员带着打暂定球的意图从上一杆打球的地方打了一个球，但实际上当时规则并不允许打暂定球，则球员打的这个球按照一杆加距离的处罚程序成为其比赛中球（参见规则 18.1）。

如果暂定球也可能在罚杆区外遗失或出界，球员可以再打一个暂定球。后打的暂定球与前一个暂定球的关系等同于第一个暂定球与初始球的关系。

### 18.3b　宣布打暂定球

击球之前，球员必须宣布自己要打一个暂定球。球员只说自己要打另外一个球或再打一杆是不够的，必须使用“暂定”一词，或者用其他方式清楚表明自己在按照规则 18.3 暂时打这个球。如果球员没有这样做就在上一杆打球的地点打了一个球，即使其意图是要打一个暂定球，该球也要按照一杆加距离的处罚程序成为其比赛中球（参见规则

18.1)。但是，如果附近没人可以听到球员宣布打暂定球，他可以先打这个暂定球，然后在情况允许时再向人告知自己刚才的行为。

18.3c 击打暂定球直至其成为比赛中球或被放弃

（1）多次击打暂定球。只要球员打暂定球的地点距球洞的距离与初始球的估计位置距球洞的距离相同，或者较后者更远，球员就可以持续打暂定球而不丧失其暂定球的性质。即使多次击打暂定球，本条款依然适用。但是，当暂定球根据以下第（2）款成为比赛中球或根据以下第（3）款被放弃并因此成为错球后，其暂定球的性质即丧失。

（2）暂定球成为比赛中球的条件。发生以下两种情况之一后，暂定球按照一杆加距离的处罚程序成为球员的比赛中球：

①初始球在球场内除罚杆区以外的地方遗失或出界。初始球脱离比赛状态（即使3分钟找球时间截止后球员在球场内发现该球）并成为错球，不得再打（参见规则6.3c）。

②球员在比初始球的估计位置更靠近球洞的地点打了暂定球（如图4-23所示）。初始球脱离比赛状态（即使3分钟找球时间截止前球员在球场内发现该球，或者发现它比之前估计的位置更靠近球洞）并成为错球，不得再打（参见规则6.3c）。

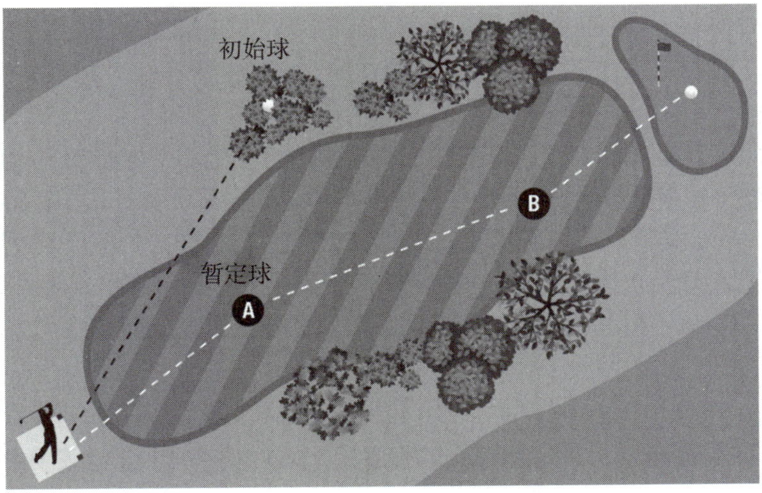


**图4-23 在比初始球的估计位置更靠近球洞的地点打了暂定球**

注：球员从发球区内打的初始球可能遗失于灌木丛中，所以他宣布并打了一个暂定球，暂定球静止在A点。因为A点距球洞的距离比初始球的估计位置距球洞的距离更远，所以球员可以在A点继续打暂定球而不丧失其暂定球的性质。球员在

A点击打暂定球后，暂定球静止在B点。由于B点距球洞的距离比初始球的估计位置距球洞的距离更近，所以如果球员在B点打了暂定球，该暂定球将按照一杆加距离的处罚程序成为比赛中球。

如果球员将暂定球打到与初始球大致一样的位置并且无法将二者区分开来，按照以下方式处理：如果只有其中一个球在球场内被找到，则该球被视作暂定球，现在它处于比赛状态；如果两个球都在球场内被找到，球员必须从中选择一个球作为暂定球。当被视作暂定球的球处于比赛状态时，另一个球即被视作不再处于比赛状态的初始球，不得再打。

例外：如果球员的球没被找到，但是有人知道或几乎肯定该球符合以下条件之一，球员可以根据适用的规则替换另一个球，或按照一杆加距离的处罚程序将暂定球视作比赛中球：静止在球场内并被某外部因素移动（参见规则9.6）；静止在球场内的某可移动妨碍物（参见规则15.2b）或某异常球场状况（参见规则16.1e）之内或之上；被任何人故意变向或停止（参见规则11.2c）。

（3）必须放弃暂定球的场合。当暂定球还未成为比赛中球时，如果发生以下两种情况之一，球员必须放弃这个暂定球：

①如果3分钟找球时间截止之前在球场的罚杆区外找到初始球，球员必须在现有位置继续打初始球。

②如果在罚杆区内找到初始球，或者有人知道或几乎肯定它在罚杆区内，球员必须在现有位置继续打初始球或按照规则17.1d采取罚杆补救。

无论上述哪种情况，球员均不得再次击打暂定球（它此时已经是一个错球）（参见规则6.3c），并且放弃该暂定球之前所有对其击打的杆数（包括击球次数和单纯因为打这个球而产生的任何罚杆）均不计入成绩。

如果球员更愿意用暂定球继续比赛，他可以要求其他人不去寻找自己的初始球，但其他人没有义务必须服从其要求。如果暂定球尚未成为比赛中球，有人找到一个可能是初始球的球，球员必须尽力去辨认这个球。如果球员不这样做，并且委员会认定这属于违反高尔夫球运动精神的严重不端行为，委员会可以按照规则1.2a取消该球员的比赛资格。

## 三、规则19：不可打之球

目的：规则19阐述了球员面对不可打之球时的若干补救方式。这条规则允许球员在球场内的任何地方（罚杆区除外）选择其中的一种方式脱离困境，但通常要接受1杆罚杆。

**（一）规则19.1　球员可在除罚杆区外的任何地方进行不可打之球的补救**

球员是唯一可以决定将自己的球视作不可打之球并按照规则19.2或19.3进行罚杆补救的人。除罚杆区以外，球员在球场内任何地方均可以采取不可打之球的补救。如果位于罚杆区内的球不可打，球员唯一的补救选项是按照规则17进行罚杆补救。

**（二）规则19.2　普通区内或推杆果岭上不可打之球的补救选项**

球员可以使用规则19.2a、b或c三个选项之一进行不可打之球的补救，但都要接受1杆罚杆。即使还未找到并辨认出初始球，球员也可以按照规则19.2a进行一杆加距离的补救；但是，如果要按照规则19.2b进行向后连线补救，或按照规则19.2c进行侧面补救，球员必须知道初始球的位置（如图4－24所示）。

19.2a　一杆加距离补救

球员可以从上一杆击球的地点打初始球或另一个球（参见规则14.6）。

19.2b　向后连线补救

球员可以将初始球或另一个球（参见规则14.3）抛在初始球所在位置的后方（向后多远没有限制），抛球点位于球洞和初始球所在位置的连线上。在该连线上抛球时，以球首先触及地面的点为中心，以一支球杆长度为半径将形成一个补救区，但该补救区不得比初始球所在位置更靠近球洞，它可以位于任何球场区域，但是必须与所抛之球首先触及地面的点位于同一种球场区域内。

19.2c　侧面补救

球员可以将初始球或另一个球抛在符合以下条件的侧面补救区内（参见规则14.3）：参考点是初始球所在的位置。但是，当球位于地面上空时（例如停在一棵树上），参考点是球正下方地面上的点。从参考点开始测量的补救区范围为两支球杆长度。补救区不得比参考点更靠近球洞，它可以位于任何球场区域，但是如果参考点两支球杆长度范围内存在一种以上球场区域，球员在该补救区内抛球时球首先触及哪一种球场区域，就必须静止于该球场区域的补救区内。

违反规则19.2从错误的地方打球的处罚：按照规则14.7a受到一般性处罚。

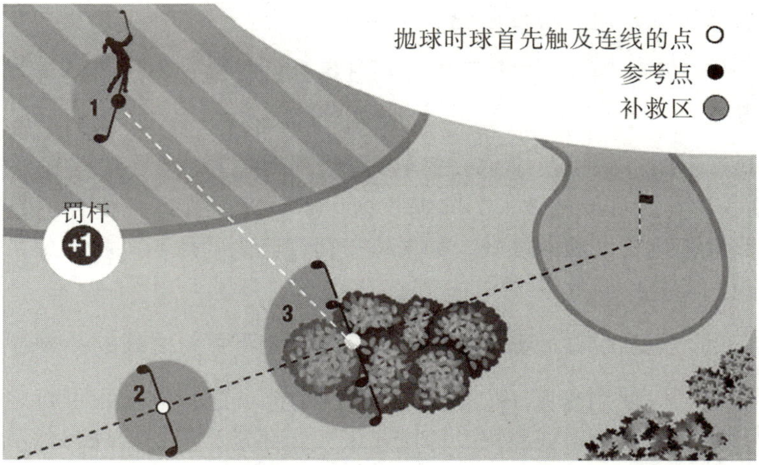


图 4－24　普通区内不可打之球的补救选项

## （三）规则 19.3　沙坑内不可打之球的补救选项

### 19.3a　常规补救选项（罚 1 杆）

当球员的球位于沙坑内时，球员接受 1 杆罚杆后，可以按照规则 19.2 规定的任一选项进行不可打之球的补救，但是如果球员选择向后连线补救（参见规则 19.2b）或侧面补救（参见规则 19.2c），他必须将球抛在并静止在该沙坑内（如图 4－25 所示）。

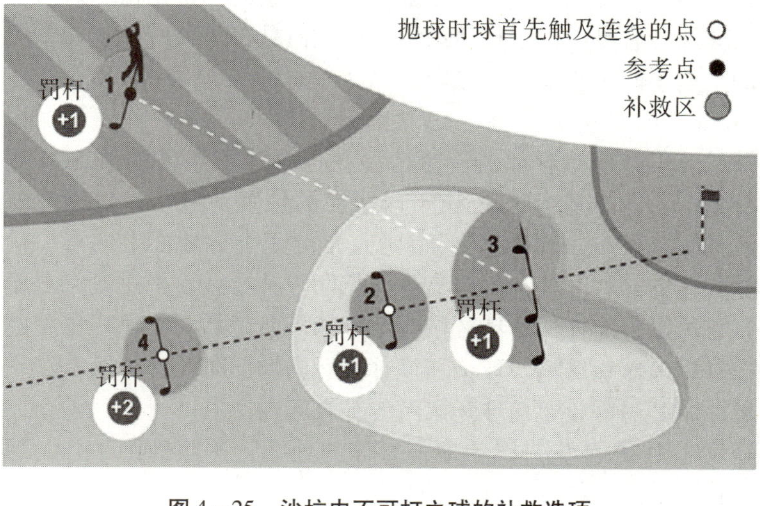


图 4－25　沙坑内不可打之球的补救选项

19.3b 额外补救选项（罚 2 杆）

当球位于沙坑内时，作为一个额外的补救选项，球员可以接受总计 2 杆的罚杆，按照规则 19.2b 在沙坑外进行向后连线补救。

违反规则 19.3 从错误的地方打球的处罚：按照规则 14.7a 受到一般性处罚。

## 第八节

## 应用规则出现争议时球员及委员会的处理程序（规则 20）

### 规则 20：解决一轮比赛中的规则问题；裁判员和委员会的裁决

目的：规则 20 阐述了球员在一轮比赛中遇到规则问题时应如何处理，包括保障球员事后获取裁决的权益而应遵循的程序（该程序在比洞赛和比杆赛中有所差异）。本规则还阐述了裁判员的角色——他们得到授权后可以判定事实问题并执行规则。所有球员都必须遵守裁判员或委员会的裁决。

**（一）规则 20.1　一轮比赛中解决规则问题**

20.1a　球员必须避免过度延误

球员在一轮比赛中寻求规则方面的帮助时，不得过度延误比赛：

（1）如果裁判员或委员会不能在合理时间内到场帮助解决规则问题，球员必须决定如何处理并继续比赛。

（2）比洞赛中，球员可以通过请求判决来保护自己的权利［参见规则 20.1b（2）］；比杆赛中，他可以通过打两个球的方式达到同样的目的［参见规则 20.1c（3）］。

20.1b　比洞赛中的规则问题

（1）通过约定解决问题。一轮比赛中，球员之间可以约定解决规则问题的方式。只要球员们的约定没有无视任何他们明知适用的规则或处罚［参见规则 1. 3b（1）］，其约定的结果就是最终结果，即使事后发现这个结果在规则上是错误的亦不可改变。但是，如果比赛中有指定的跟组裁判员，该裁判员必须及时就其注意到的任何问题作出裁决［参见规则 20. 1b（2）］，球员必须服从其裁决。在没有裁判员的情况下，如果球员之间不能达成一致，或者对如何应用规则存有疑问，任何一人均可按照规则 20. 1b（2）请求裁决。

（2）在最终比赛结果确定之前提出裁决请求。当球员想让裁判员或委员会来决定自己或对手该如何执行规则时，他可以提出裁决请求。如果裁判员或委员会不能在合理的时间内到场，球员提出裁决请求的方式是告知对手稍后裁判员或委员会到场时自己将寻求裁决。

如果球员在比赛结果最终确定之前提出裁决请求，按照以下方式处理：

①球员只有及时提出请求才会得到裁决，是否及时取决于球员在何时意识到导致规则问题的情况：如果球员在任何一人开始最后一洞比赛前意识到相关情况，则必须在任何一人击球开始另一洞比赛之前提出裁决请求；如果球员在该场比洞赛最后一洞正进行时或已结束后意识到相关情况，则必须在比赛结果最终确定［参见规则 3. 2a（5）］之前提出裁决请求。

②如果球员未能在上述时间提出请求，裁判员或委员会将不作裁决，即便当时规则的执行是错误的，所涉及球洞的结果仍维持不变。

如果球员就之前已完成的球洞提出裁决请求，只有当以下三个条件全部满足时委员会才会作出裁决：

①对手违反了规则 3. 2d（1）（提供错误的已打杆数）或规则 3. 2d（2）（未告诉球员所受处罚）。

②在任何一人击球以开始要比赛的球洞前，或者两洞比赛中在任何一人击球以开始刚完成的球洞之前，球员没有意识到该需要裁决的情况。

③意识到这些情况后，球员及时提出了裁决请求（如前文所述）。

（3）比赛结果最终确定后提出裁决请求。如果球员在比赛结果最终确定后提出裁决请求，只有当以下两点全部满足时，委员会才会进行裁决：球员在比赛结果最终确定之前没有意识到该裁决请求所基于的情况；对手违反了规则 3. 2d（1）（提供错误的已打杆数）或规则 3. 2d（2）（未告诉球员所受处罚），并且在比赛结果最终确定前就知道自己的上述行为违规。进行此种裁决没有时间限制。

（4）无权打两个球。比洞赛中，如果球员不确定正确的处理程序，不可以用两个球完成该洞。打两个球的处理程序只适用于比杆赛（参见规则 20.1c）。

20.1c　比杆赛中的规则问题

（1）球员无权通过约定解决规则问题。如果裁判员或委员会不能在合理时间内到场帮助解决某规则问题，规则鼓励球员之间互相帮助以执行规则，但是他们无权通过约定解决规则问题，他们达成的任何此种约定对任何球员、裁判员或委员会均无约束力。球员如有任何规则问题，应在提交记分卡之前向委员会提出。

（2）球员应保护比赛中的其他球员。为了保护其他所有参赛球员的利益，如果球员知道或认为另一名球员违反了或可能违反了规则，并且这名球员没有意识到或有意无视自己的违规，他应告知这名违规的球员、其记分员、裁判员或委员会。球员意识到问题后应立即行动（除非无法做到），并在涉事球员提交记分卡之前告知其相关情况。如果球员不这样做，而委员会又判定这是有悖于高尔夫球运动精神的严重不端行为，委员会可以根据规则 1.2a 取消该球员的比赛资格。

（3）不确定处理方式时打两个球。球员在一洞比赛中如果不确定正确的处理程序，可以按照以下方式用两个球完成该洞，不受处罚：

①不确定情况产生之后，球员必须在击球之前作出打两个球的决定。

②球员应该在规则允许的前提下决定自己要用哪一个球计算成绩，并在击球之前向其记分员或另一名球员宣布其选择。

③如果没有及时作出选择，球员首先打的球将被默认是其选择用来计算成绩的球。

④球员在提交记分卡之前必须向委员会报告相关事实情况，即使两个球的杆数相同也不例外。如果不这样做，该球员将被取消资格。

⑤如果球员在决定打第二个球之前进行了击球，本规则将完全不适用，此后以球员决定打第二个球之前已击打的那个球的杆数计算成绩。但是，球员不会因为打第二个球而受到处罚。

按照本规则打的第二个球不同于规则 18.3 中的暂定球。

（4）委员会决定一洞的成绩。当球员按照上述第（3）款打两个球时，委员会将按照以下方式决定其在该洞的成绩：

①如果被选择的球的处理程序符合规则，则以该球计算成绩，无论

它是由球员选择的还是默认的。

②如果被选择的球的处理程序不符合规则，而另一个球的处理程序符合规则，则以另一个球计算成绩。

③如果两个球的处理程序都不符合规则，则以被选择的球计算成绩（无论它是由球员选择的还是默认的），除非球员因从错误的地方打这个球构成严重违规，此时要以另一个球计算成绩。

④如果球员因为从错误的地方打这两个球而构成严重违规，该球员将被取消资格。

⑤不计入成绩的那个球的所有杆数（包括击球次数和单纯因为打这个球而产生的任何罚杆）均不计入球员在该洞的成绩。

“处理程序符合规则”指的是以下两种情况之一：一是球员在现有位置击打了初始球而且在此处打球符合规则；二是球员所击打的球是按照规则以正确的程序和正确的方式，并在正确的地方投入比赛状态的。

### （二）规则 20. 2　裁决

#### 20. 2a　裁判员的判决

裁判员是指由委员会指定的判定事实问题并执行规则的官员。裁判员在作出裁决之前可以寻求委员会的帮助。球员必须服从裁判员对事实或规则执行方式所作出的裁决。球员无权就裁判员的裁决向委员会上诉，但是在作出裁决后，裁判员可以向另一名裁判员征求第二意见，或者将裁决提交给委员会审查。但是，他并非必须这样做。

裁判员的裁决是最终的。因此，如果裁判员错误地允许球员违反了某条规则，该球员不会受到处罚。关于何时可以纠正裁判员或委员会的错判，参见规则 20. 2d。

#### 20. 2b　委员会的裁决

当没有裁判员进行裁决或者当裁判员将问题交由委员会处理时，委员会将作出裁决，并且其裁决是最终的。如果委员会无法作出裁决，可以将问题提交给 R&A 规则有限公司的高尔夫球规则委员会，其裁决是最终的。

#### 20. 2c　使用视频证据时应用“肉眼”标准

委员会在裁决中判定事实问题时，使用视频证据要受到“肉眼”标准的限制：如果视频显示的情况用肉眼无法合理可见，即使其显示有违规发生，该视频证据也将不被采纳。但是，即使视频证据因为“肉眼”标准而未被采纳，如果球员通过其他方式意识到了违规（例如尽管用肉眼无法看到，但球员在沙坑里感觉到球杆碰到了沙子），则仍视作有违规发生。

20.2d 错判和行政失误

（1）错判。错判即裁判员或委员会在执行规则过程中产生了错误。错判的例子包括：

①实施了错误的处罚或没有实施该有的处罚。

②运用了某条不适用的或不存在的规则。

③错误地解释和执行了某条规则。

裁判员或委员会如果事后发现所作的裁决是错误的，在可能的情况下要按照规则纠正此次裁决。如果为时已晚，则维持错判。

在一轮比赛期间或比赛按照规则5.7a被中止时，如果球员出于合理的原因误解了裁判员或委员会的指令并因此实施了违规行为（例如在规则不允许时捡起比赛中球），该指令被视作错判，球员不受处罚。

（2）行政失误。行政失误指的是与比赛的行政管理事务有关的程序性失误。纠正此类失误没有时间限制，即使比洞赛结果已最终确定或比杆赛已经结束后亦可进行。行政失误与错判是有区别的。行政失误的例子包括：

①在比杆赛中误判平局。

②错误计算了差点，导致另一名球员获胜。

③没有张贴获胜者的成绩，导致奖品被颁发给错误的球员。

上述情况下，错误应被纠正，比赛的结果也应相应地被修正。

20.2e 比赛结果最终确定之后取消球员资格

（1）在比洞赛中，按照规则1.2或规则1.3b（1）取消球员资格没有时间方面的限制。即使该场比洞赛结果已经最终确定，仍可如此处理。有关比洞赛中委员会何时可以对结果最终确定后才提出的裁决请求给予裁决，参见规则20.1b（3）。

（2）比杆赛结束后通常不得再追加或更正处罚。“比杆赛结束”指的是比赛结果已经按照委员会规定的方式被确定，或者对于在比洞赛之前举行的比杆赛预选赛而言，球员已经在自己的第一场比洞赛中开球。

但是，如果球员有以下行为之一，即使比赛结束也必须取消其资格：

①提交的成绩中有任何一个洞的杆数低于实际杆数。但是，如果提交较低杆数的原因是球员在比赛结束前因不知情而未计入1杆或更多罚杆，则该球员不会被取消资格［参见规则3.3b（3）］。

②在比赛结束前知道自己违反了处罚为取消资格的其他任何规则。

③与另一名球员约定无视任何他们明知适用的规则或处罚［参见规则1.3b（1）］。比赛结束后，委员会也可以按照规则1.2取消球员的资格。

20.2f　无资格球员

如果发现参赛球员不符合竞赛规程规定的参赛条件，纠正比赛结果没有时间限制。即使比洞赛结果已最终确定或比杆赛已经结束，本规定依然适用。这种情况下，裁判员或委员会要按照该球员没有参加比赛（而非取消其比赛资格）进行处理，并据此修正比赛结果。

### （三）规则20.3　规则未涉及的情况

规则未涉及的情况应由委员会按照以下两项原则处理：一是将所有因素考虑在内；二是以合理、公平、与规则处理类似情况一致的方式予以处理。

## 第九节

# 其他赛制（规则21～24）

### 一、规则21：个人比杆赛和比洞赛的其他赛制

目的：规则21阐述了另外四种个人比赛赛制，包括以下三种计分方式和常规比杆赛不同的比杆赛赛制：定分式比赛（按各洞得分计算成绩）、封顶赛（为各洞的杆数设定了上限）和标准杆/波基比赛（按比洞赛的方式逐洞计分）。

## （一）规则 21.1　定分式比赛

21.1a　定分式比赛概述

定分式比赛是一种比杆赛赛制。在此赛制中，一名球员或一方在一个洞的成绩按照分数计算，该分数通过比较球员或一方在该洞的杆数（包括击球次数和罚杆）和委员会为该洞所设定的固定目标杆数而得出；用最多的分数完成所有轮次的球员或一方在该比赛中获胜。按照本规则进行调整后，规则 1～20 中关于比杆赛的规则亦适用于定分式比赛。

规则 21.1 的制定是为了用于无差点比赛，但调整后也可以用于差点比赛。它本用于个人赛，但按照规则 22（四人二球赛）和规则 23（四球赛）调整后，也可以用于涉及伙伴的比赛。按照规则 24 调整后，也可以用于团体赛。

21.1b　定分式比赛的记分

（1）得分方式。在各个球洞，通过比较球员的杆数和该洞的固定目标杆数得出分数（如表 4－2 所示）。除非委员会另行设定，否则这个固定的目标杆数就是标准杆。

表 4－2　得分方式

| 完成一个洞的杆数 | 分数 |
| --- | --- |
| 较固定的目标杆数多 1 杆以上或者未提交成绩 | 0 |
| 较固定的目标杆数多 1 杆 | 1 |
| 与固定的目标杆数相同 | 2 |
| 较固定的目标杆数少 1 杆 | 3 |
| 较固定的目标杆数少 2 杆 | 4 |
| 较固定的目标杆数少 3 杆 | 5 |
| 较固定的目标杆数少 4 杆 | 6 |

不论何种原因，只要球员没有按照规则击球进洞，他在该洞都只能得零分。

为帮助加快打球速度，当球员在某洞的杆数只能得到零分时，规则提倡他停止该洞的比赛。当球员已击球进洞、选择不击球进洞，或其杆数只能得到零分时，他在该洞的比赛即已完成。

（2）各洞的成绩记录。为了符合规则 3. 3b，在记分卡上记录各洞成绩的规定如下：

①如果一洞以击球进洞的方式完成，当杆数可以得分时，记分卡上必须显示实际杆数；当杆数得零分时，记分卡上要么没有记录成绩，要么记录任何对应得分为零分的杆数。

②如果球员没有击球进洞就完成一洞的比赛，记分卡上要么没有记录成绩，要么记录任何对应得分为零分的杆数。

委员会负责计算球员在各洞的得分（如图 4 – 26 所示）。在差点比赛中，委员会还要负责在计算每洞得分之前对所记录的成绩运用差点杆数。

图 4 – 26　无差点定分式比赛的计分

21. 1c　定分式比赛的处罚

所有比杆赛中的处罚均适用于定分式比赛。但是，违反以下五条规则之一后，球员不会被取消资格，其在违规发生之洞的得分为零：

（1）未按规则 3. 3c 击球进洞。

（2）开始一洞比赛时，在发球区以外击球且没有纠正错误［参见规则 6. 1b（2）］。

（3）打错球后没有纠正错误（参见规则 6. 3c）。

（4）在错误的地方击球并构成严重违规后，没有纠正错误（参见规则 14.7b)。

(5) 用错误的顺序击球后，没有纠正错误（参见规则 22.3)。

如果球员违反了其他处罚为取消资格的规则，他将被取消资格。

执行完任何罚杆后，球员在一洞的得分不会低于零分。

21.1d 定分式比赛中规则 11.2 的例外

规则 11.2 不适用于以下情况：如果球员的运动中球需要进洞才会在该洞得到 1 分，而任何人在该球已经基本不可能进洞时故意使这个球变向或停止，这个人不受处罚，球员在该洞的得分为零。

21.1e 定分式比赛中一轮比赛结束的时间

发生以下情况之一后，球员的一轮比赛结束：

(1) 球员在其最后一洞击球进洞（包括按照规则 6.1 或 14.7b 等纠正错误)。

(2) 球员选择不在最后一洞击球进洞，或已经无法在该洞得分。

**(二) 规则 21.2 封顶赛**

21.2a 封顶赛概述

封顶赛是一种比杆赛赛制，委员会为球员或一方在一洞的成绩设定了杆数上限（封顶杆数)，例如两倍标准杆、某个固定杆数或净杆双波基等。按照本规则进行调整后，规则 1 ~ 20 中关于比杆赛的规则亦适用于封顶赛。规则 21.2 是为了无差点比赛而制定，但调整后也可以用于差点比赛。它本用于个人赛，但按照规则 22（四人二球赛）和规则 23（四球赛）进行调整后，也可以用于涉及伙伴的比赛。按照规则 24 调整后，也可以用于团体赛。

21.2b 封顶赛的计分

(1) 球员在一洞的成绩。球员在一洞的成绩以其在这个洞所打的杆数（包括击球次数和罚杆）为基础。但是，当其实际所打的杆数超过了封顶杆数后，将按照该封顶杆数计算成绩。无论何种原因，没有按照规则击球进洞的球员都将按照该封顶杆数计算这个洞的成绩。为帮助加快打球速度，规则提倡球员在其一洞成绩已达到封顶杆数时停止这个洞的比赛。当球员已击球进洞、选择不击球进洞，或当其杆数已达封顶杆数时，该洞的比赛即已完成。

(2) 各洞的成绩记录。为了符合规则 3.3b，在记分卡上记录各洞成绩的规定如下：

①如果一洞以击球进洞的方式完成，当杆数低于封顶杆数时，记分

卡上必须显示实际杆数；当杆数等于或高于封顶杆数时，记分卡上必须显示为没有成绩，或者等于或高于封顶杆数的任何杆数。

②如果球员没有击球进洞就完成一洞的比赛，记分卡上必须显示为没有成绩，或者任何等于或高于封顶杆数的杆数。

当记分卡上显示球员任何一洞没有成绩，或者记录的成绩高于封顶杆数时，委员会负责将该成绩调整为封顶杆数。在差点比赛中，委员会负责运用差点杆数。

21.2c　封顶赛的处罚

所有比杆赛的处罚同样适用于封顶赛。但是，违反以下五条规则之一后，球员不会被取消资格，而代之以封顶杆数计算其在违规发生之洞的成绩：

（1）未按照规则 3.3c 击球进洞。

（2）开始一洞比赛时，在发球区以外击球且没有纠正错误［参见规则 6.1b（2）］。

（3）打错球后没有纠正错误（参见规则 6.3c）。

（4）在错误的地方击球并构成严重违规后，没有纠正错误（参见规则 14.7b）。

（5）用错误的顺序击球后没有纠正错误（参见规则 22.3）。

如果球员违反了其他处罚为取消资格的规则，他将被取消资格。

施加任何罚杆之后，球员在一洞的成绩不可高于委员会设定的封顶杆数。

21.2d　封顶赛中规则 11.2 的例外

规则 11.2 不适用于以下情况：如果球员的运动中球需要进洞才能使其在该洞的杆数低于封顶杆数，而任何人在该球已经基本不可能进洞时故意使这个球变向或停止，这个人不受处罚，球员在该洞的成绩按照封顶杆数计算。

21.2e　封顶赛中一轮比赛结束的时间

发生以下情况之一后，球员的一轮比赛结束：

（1）球员在其最后一洞击球进洞（包括按照规则 6.1 或 14.7b 等纠正错误）。

（2）球员选择不在最后一洞击球进洞，或其在该洞的杆数已达封顶杆数。

### （三）规则 21.3　标准杆/波基比赛

21.3a　标准杆/波基比赛概述

标准杆/波基比赛是以比洞赛方式记录成绩的比杆赛：

（1）球员或一方完成一洞的杆数少于或多于委员会为这个洞设定的固定目标杆数时，他在该洞获胜或失利。

（2）获胜的洞数和失利的洞数之差（即获胜洞数之和减去失利洞数之和）最高的球员或一方赢得比赛。

按照本规则进行调整后，规则 1～20 中关于比杆赛的规则亦适用于标准杆/波基比赛。规则 21.3 是为了无差点比赛而制定，但调整后也可以用于差点比赛。它本用于个人赛，但按照规则 22（四人两球赛）和规则 23（四球赛）进行调整后，也可以用于涉及伙伴的比赛。按照规则 24 调整后，也可以用于团体赛。

21.3b　标准杆/波基比赛的记分

（1）一洞获胜或失利的方式。标准杆/波基比赛按比洞赛的方式记录成绩，通过比较球员的杆数（包括击球次数和罚杆）和委员会设定的固定目标杆数（通常是标准杆或波基）来决定其在该洞的胜负，方式如下：

①如果球员的杆数低于目标杆数，他在这个洞获胜。

②如果球员的杆数等于目标杆数，他在这个洞打平。

③如果球员的杆数高于目标杆数，或者没有提交这个洞的成绩，他在这个洞失利。

不论何种原因，没有按照规则击球进洞的球员都在该洞失利。为帮助加快打球速度，规则提倡球员在其杆数高于目标杆数时停止这个洞的比赛（因为他已经在这个洞失利）。当球员已击球进洞、选择不击球进洞，或其杆数已高于设定的目标杆数时，该洞比赛即已完成。

（2）各洞的成绩记录。为了符合规则 3.3b，在记分卡上记录各洞成绩的规定如下：

①如果一洞以击球进洞的方式完成，当成绩为该洞获胜或打平时，记分卡上必须显示实际杆数；当成绩为该洞失利时，记分卡上必须显示为没有成绩，或者任何成绩为失利的杆数。

②如果球员没有击球进洞就完成一洞的比赛，记分卡上必须显示为没有成绩，或者任何成绩为失利的杆数。

委员会负责判定球员在各洞的成绩是获胜、失利还是打平。在差点比赛中，委员会负责在判定各洞的结果之前对各洞记录的成绩运用差点杆数。

例外：不影响一洞结果时不受处罚。在球员提交的记分卡上，如果某洞的成绩低于实际杆数，但并不影响该洞获胜、失利或打平的结果，则球员不按照规则 3. 3b 受到处罚。

21. 3c　标准杆/波基比赛的处罚

所有比杆赛的处罚同样适用于标准杆/波基比赛。但是，违反以下五条规则之一后，球员仅在该洞失利，而非被取消资格：

（1）未按规则 3. 3c 击球进洞。

（2）开始一洞比赛时，在发球区以外击球且没有纠正错误［参见规则 6. 1b（2）］。

（3）打错球后没有纠正错误（参见规则 6. 3c）。

（4）在错误的地方击球并构成严重违规后，没有纠正错误（参见规则 14. 7b）。

（5）用错误的顺序击球后没有纠正错误（参见规则 22. 3）。

如果球员违反了其他处罚为取消资格的规则，他将被取消资格。

施加任何罚杆后，球员的最差成绩为该洞失利。

21. 3d　标准杆/波基比赛中规则 11. 2 的例外

规则 11. 2 不适用于以下情况：如果球员的运动中球需要进洞才能在该洞打平，而任何人在该球已经基本不可能进洞时故意使这个球变向或停止，这个人不受处罚，球员在该洞失利。

21. 3e　标准杆/波基比赛中一轮比赛结束的时间

发生以下情况之一后，球员的一轮比赛结束：

（1）球员在其最后一洞击球进洞（包括按照规则 6. 1 或 14. 7b 等纠正错误）。

（2）球员选择不在最后一洞击球进洞，或已在该洞失利。

### （四）规则 21. 4　三球比洞赛

21. 4a　三球比洞赛概述

三球比洞赛是一种比洞赛的赛制，在此赛制中，三名球员中的每一名都同时与其他两名球员打一场单独的比洞赛，而且每名球员在其两场比洞赛中只打一个球。

规则 1 ~ 20 中关于比洞赛的规则亦适用于所有这三场独立的比洞赛。但在以下两种情况下，同一规则在不同比洞赛场次中的应用可能会产生冲突，此时以下特别规则适用。

21.4b　不按顺序打球

如果球员在任何一场比洞赛中不按顺序打球，本应先打球的那名对手可以按照规则6.4a（2）取消这次击球。如果球员在两场比洞赛中都没有按照顺序打球，每名对手均可以选择是否取消自己与该球员比赛中的这一次击球。如果球员的击球只在其中一场比洞赛中被取消，他必须在另一场比洞赛中继续使用初始球，这意味着他必须在两场比洞赛中使用不同的球完成该洞。

21.4c　一名对手拿起或移动了球或球标

如果一名对手拿起了球员的球或球标，或导致这个球或球标移动，则他将按照规则9.5b或9.7b被罚1杆，该处罚只施加于这名对手与球员之间的比洞赛。在与另一名球员的比洞赛中，这名对手不会受罚。

### （五）规则21.5　其他赛制

虽然只在规则3、21、22和23中特别阐述了几种赛制，但其实高尔夫球还有很多其他赛制，例如最佳球位赛和果岭两球赛等。为了对前述赛制以及其他赛制进行管理，规则可以被适度调整。

## 二、规则22：四人二球赛（也称作“轮换击球赛”）

目的：规则22阐述了四人二球赛的赛制，它既可用于比洞赛，也可用于比杆赛。在此赛制中，两名伙伴组成一方轮换击打一个球。除了规定伙伴在各发球区轮换开球，以及此后轮换击球直至完成各洞的比赛之外，这个赛制的规则基本上和个人赛的规则一致。

### （一）规则22.1　四人二球赛概述

四人二球赛（也称作“轮换击球赛”）是一种有伙伴参与的赛制，它既可以用于比洞赛，也可以用于比杆赛。在此赛制中，两名伙伴组成一方参与比赛，在各个球洞，两人均轮换击打一个球。本赛制在比洞赛的一种变形为三人二球赛。在三人二球赛中，一名球员对抗由两名伙伴组成的一方，这一方按照以下特别规则轮换击球。

按照以下特别规则进行调整后，规则1～20亦适用于四人二球赛（使用一个球的一方被视作单独的一名球员）。

### （二）规则22.2　任何一名伙伴均可代表本方行动

因为两名伙伴组成一方并使用一个球参赛，所以以下规定适用：

（1）无论下一杆轮到哪名伙伴为本方打球，任何一名伙伴均可在击球之前采取规则允许这一方采取的行动，例如标记球的位置、拿起球、把球放置回原位、抛球或放置球等。

（2）一名伙伴和其球童可以以规则允许另一名伙伴的球童提供帮助的任何方式帮助这名伙伴（例如提供或征询助言，采取规则 10 允许的其他行动等），但不得提供规则不允许另一名伙伴的球童所提供的帮助。任何一名伙伴或其球童的行动或违规造成的后果均由其所在的一方承担。

比杆赛中，只需其中一名伙伴在记分卡上确认本方的各洞成绩（参见规则 3. 3b）。

### （三）规则 22. 3　一方必须轮换击球

在各个球洞，两名伙伴必须按照以下方式轮换为本方击球：

（1）在各个球洞的发球区首次击球时，伙伴之间必须轮换次序。

（2）一方在一洞的发球区完成首次击球后，两名伙伴必须轮换击球完成该洞。

（3）如果某次击球被取消、重打，或者按照任何规则不计入成绩（但违反本规则以错误的顺序击球的情况除外），此次击球的伙伴必须为本方打下一杆。

（4）如果一方决定打一个暂定球，该暂定球必须由轮到这一方打下一杆的伙伴来打。

对一方的任何罚杆均不影响两名伙伴打球的轮换顺序。

违反规则 22. 3 以错误顺序击球的处罚：一般性处罚。

在比杆赛中，这一方必须用以下方式纠正错误：必须由顺序正确的伙伴在这一方最初以错误顺序击球的地方击球（参见规则 14. 6）；以错误顺序打的那一杆，以及在错误得到纠正之前所打的任何杆数（包括击球次数以及单纯因为打那个球而产生的罚杆），均不计入成绩。如果这一方在击球以开始另一个球洞的比赛之前没有纠正此错误，或者当事情发生在该轮比赛的最后一个球洞且他们在提交记分卡之前没有纠正此错误时，这一方要被取消资格。

### （四）规则 22. 4　开始一轮比赛

#### 22. 4a　开始比赛的伙伴

除非竞赛规程规定必须由哪一名伙伴开始比赛，否则一方可以选择由哪一名伙伴在第一个发球区开球以开始这一轮的比赛。当这名伙伴击球以开始本方第一洞的比赛后，这一方的这一轮比赛即开始。

22. 4b　出发时间和出发地点

规则 5. 3a 对不同伙伴有不同的应用方式，这取决于谁将为本方开场：

（1）开始比赛的伙伴必须在规定的出发时间和出发地点做好打球准备，并且必须在此时间（不得提前）开始比赛。

（2）第二个打球的伙伴必须在规定的出发时间到达出发地点，或到达球从该洞发球区被打出后预计静止的位置附近。

如果任何一名伙伴未按上述规定到场，这一方即违反了规则 5. 3a。

### （五）22. 5　伙伴可以共用球杆

调整后的规则 4. 1b（2）允许伙伴共用球杆，但他们的球杆总数不得超过 14 支。

### （六）22. 6　对球员在伙伴击球时站在其后方的限制

除规则 10. 2b（4）的限制条件外，当伙伴正在击球时，球员不得站在其打球线在球后方的延长线上或附近以为本方下一杆击球获得信息。

违反规则 22. 6 的处罚：一般性处罚。

## 三、规则 23：四球赛

目的：规则 23 阐述了四球赛的赛制，它既可用于比洞赛，也可用于比杆赛。在此赛制中，伙伴们组成一方参赛，各人打自己的球。在一个球洞中，以伙伴中杆数较少的那个人的成绩作为这一方在这个洞的成绩。

### （一）规则 23. 1　四球赛概述

四球赛是一种有伙伴参与的赛制，它既可用于比洞赛，也可用于比杆赛。在此赛制中，两名伙伴组成一方一起比赛，每名球员只打自己的球；在一个球洞中，以两名伙伴之间杆数较低的那个人的成绩作为这一方在这个洞的成绩。

四球赛在比洞赛中的一种变形为最佳球赛。在这种赛制中，一名球员对抗由另外两名或三名伙伴组成的一方，这一方的各名伙伴按照规则

（根据以下特别规则进行了调整）打各自的球（对于由三人组成一方的最佳球赛，当规则提到另一名伙伴时，指的是另外两名伙伴）。规则1～20适用于本赛制，但按照以下特别规则进行了调整。

**（二）规则23.2 四球赛的记分**

23.2a 比洞赛和比杆赛中一方在一洞的成绩

当两名伙伴均击球进洞或按照规则用其他方式完成一洞时，以杆数较低的那个成绩作为这一方在该洞的成绩。当只有一名伙伴击球进洞或按照规则的其他方式完成一洞时，以这名伙伴的成绩作为这一方在该洞的成绩，另一名伙伴无须击球进洞。当两名伙伴均未击球进洞或按照规则以其他方式完成一洞时，这一方在该洞没有成绩，这意味着比洞赛中，这一方在该洞负，除非对手已经认输或以其他方式在该洞负；比杆赛中，这一方如果不按照规则3.3c及时纠正错误，将被取消资格。

23.2b 比杆赛中一方的记分卡

（1）一方的责任。一方在各洞的总杆成绩必须记录于一张单独的记分卡上（如图4－27所示）。在各球洞上，一方在记分卡上必须记录至少一名伙伴在这个洞的总杆成绩；一方在记分卡上记录一名以上伙伴的成绩，不会受到处罚。记分卡上记录的每个成绩都必须清晰，能够被分辨出是由哪名伙伴打出，否则这一方将被取消资格；只能笼统地辨认出某个成绩是这一方的成绩是不够的。

只需要一名伙伴按照规则3.3b（2）证明这一方在记分卡上的各洞成绩。

（2）委员会的责任。委员会负责决定一方在各洞使用哪个成绩，包括在差点比赛中应用差点：

①如果一方在一个洞只记录了一个成绩，这个成绩即是这一方在该洞的成绩。

②如果一方在一个洞记录了两个伙伴的成绩，但两个成绩不同，较低的杆数（总杆或净杆杆数）即是这一方在该洞的成绩；如果两个成绩相同，委员会可以采用任何一个成绩。不管出于任何原因，如果发现所采用的成绩是错的，委员会将采用另一个成绩。

如果无法清晰分辨出一方被采用的成绩是否由取得该成绩的伙伴打出，或者取得该成绩的伙伴因与该洞比赛有关的事项被取消资格，这一方将被取消资格。

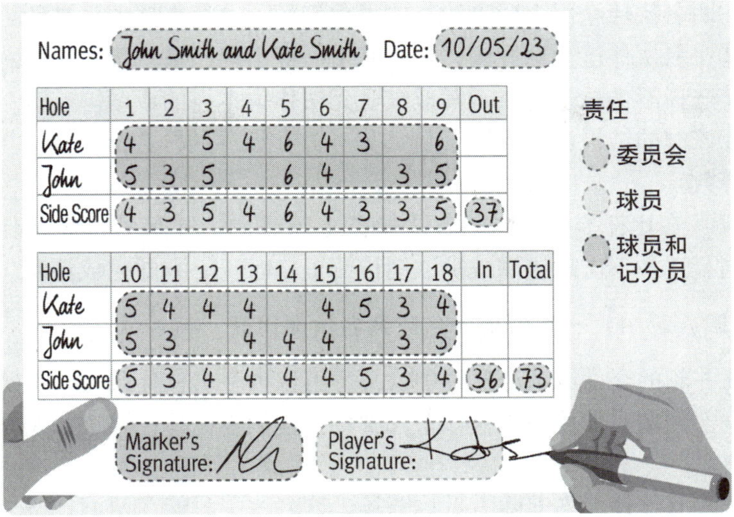


图 4-27　无差点四球比杆赛的记分

23.2c　四球赛中规则 11.2 不适用的情况

规则 11.2 不适用于以下情况：当球员的伙伴已经完成该洞，并且球员的运动中球需要进洞才能使本方在该洞的成绩降低一杆时，如果任何人在该球已经基本不可能进洞时故意使这个球变向或停止，这个人不受处罚，球员在该洞的成绩不被采纳。

## （三）规则 23.3　一轮比赛开始和结束的时间；完成一洞的时间

23.3a　一轮比赛开始的时间

在其中一名伙伴击球以开始他们第一个球洞的比赛后，这一方的这一轮比赛即开始。

23.3b　一轮比赛结束的时间

以下情况下，一方的一轮比赛结束：

（1）比洞赛中，任何一方已经在这场比赛获胜［参见规则 3.2a（3）］，或者最后一洞过后双方在该场比赛打平，而竞赛规程规定比赛可以平局结束［参见规则 3.2a（4）］。

（2）比杆赛中，一方通过两名伙伴全部击球进洞的方式完成最后一洞（包括按照规则 6.1 或 14.7b 纠正错误），或者通过一名伙伴在最后一洞击球进洞而另一名伙伴选择放弃的方式完成最后一洞。

23.3c　完成一洞的时间

（1）在比洞赛中，发生以下情况之一，一方即完成一洞：

①两名伙伴全部击球进洞，或者他们的下一杆击球均已被认可。

②一名伙伴已击球进洞，或者其下一杆击球已被认可；同时，另一名伙伴选择不击球进洞或者其成绩已无法作为本方的成绩。

③该洞的结果已经确定（例如另一方在该洞的杆数低于本方可能打出的杆数）。

（2）在比杆赛中，当一名伙伴已击球进洞，并且另一名伙伴已击球进洞、选择不击球进洞或被取消该洞资格时，一方即完成该洞。

### （四）23.4　一方可由一名或两名伙伴代表

在一轮的全部或部分比赛中，一方可以由一名伙伴代表，无须两名伙伴全部到场。即使两名伙伴全部到场，他们也无须在各个球洞全部参与比赛。

如果有伙伴缺席并随后抵达赛场，这名伙伴只能在两洞比赛之间加入本方比赛：

（1）比洞赛：必须在本场比赛的任何一名球员开始一洞比赛之前抵达。如果这名伙伴在本场比赛任何一方的任何一名球员已经开始一洞比赛之后才抵达赛场，规则不允许他在下一洞之前为本方比赛。

（2）比杆赛：必须在另一名伙伴开始一洞比赛之前抵达。如果这名伙伴在另一名伙伴已经开始一洞比赛之后才抵达赛场，规则不允许他在下一洞之前为本方比赛。

晚到的球员虽然不被允许加入一洞的比赛，但仍可在这一洞向另一名伙伴提供助言或帮助，并为其采取其他行动（参见规则 23.5a 和 23.5b）。

违反规则 23.4 在不允许参与一洞比赛时进行击球的处罚：一般性处罚。

### （五）23.5　球员影响伙伴比赛的行为

#### 23.5a　允许球员对伙伴的球实施任何伙伴本人可以实施的行为

尽管一方的各名伙伴必须打自己的球，但是规则允许球员对伙伴的球实施伙伴在击球之前可以对自己的球实施的任何行为，例如标记球的地点并拿起球、放置球回原位、抛球和放置球。规则允许伙伴的球童为其提供帮助的任何方式，球员和其球童亦可以对伙伴使用（例如提供和征询助言、采取规则 10 允许的其他行为等），但不得提供规则不允许伙伴的球童所提供的任何帮助。

比杆赛中，伙伴之间不得相互约定把一个球留在推杆果岭上的某个地方，以帮助他们中的任何人或其他球员（参见规则 15. 3a）。

23. 5b 伙伴为球员的行为负责

球员对伙伴的球或装备实施的任何行为均被视作由伙伴本人实施。如果球员的行为由伙伴实施将造成违规，伙伴本人违规并接受由此产生的处罚（参见规则 23. 9a）。这样的例子包括球员因改善伙伴将要击球的环境、意外导致伙伴的球移动、拿起伙伴的球之前没有标记位置等行为构成的违规。

如果球员的球童对伙伴的球实施某种行为，并且该行为由伙伴本人或其球童实施将造成违规时，本规则同样适用。如果球员或其球童的行为同时影响了他自己的球和伙伴的球，参见规则 23. 9a（2）以确认处罚何时同时施加于球员及其伙伴。

**（六）规则 23. 6 一方的打球顺序**

伙伴之间可以按照本方认为最佳的顺序打球。这意味着，按照规则 6. 4a（比洞赛）或 6. 4b（比杆赛）轮到球员打球时，球员或其伙伴均可以打下一杆。

例外：比洞赛中球员击球被认可后继续进行该洞的比赛。球员的下一杆击球被认可后，如果继续进行该洞的比赛将有助于其伙伴的比赛，球员便不得这样做。如果球员在此情况下继续打球，他在该洞的成绩有效，不受处罚，但是其伙伴在该洞的成绩不能作为本方的成绩。

**（七）规则 23. 7 伙伴可以共用球杆**

调整后的规则 4. 1b（2）允许伙伴共用球杆，但他们的球杆总数不得超过 14 支。

**（八）规则 23. 8 对球员在伙伴击球时站在其后方的限制**

除规则 10. 2b（4）的限制条件外，当伙伴正在击球时，球员不得站在伙伴的打球线在球后方的延长线上或附近，以为（球员）自己的下一杆击球获取信息。

违反规则 23. 8 的处罚：一般性处罚。

**（九）规则 23. 9 处罚仅施加于一名伙伴和施加于全部两名伙伴的情况**

当一名球员因违规而受到处罚时，处罚可能只施加于球员本人，也可能施加于全部两名伙伴（即这一方），这取决于处罚的类型和赛制。

23.9a　取消资格以外的处罚

（1）处罚通常只施加于球员，不包括伙伴。当球员受到取消资格以外的处罚时，该处罚通常只施加于球员本人，不包括其伙伴，但以下第（2）款规定的情形除外。任何罚杆均只计入球员的成绩，不计入伙伴的成绩。比洞赛中，受到一般性处罚（该洞负）的球员在该洞没有可用于本方的有效成绩；但这个处罚对伙伴没有影响，伙伴可以继续在该洞为本方比赛。

（2）对球员的处罚同时施加于伙伴的三种情形：

①如果球员违反规则4.1b（14支球杆的限度；一轮比赛中共用、补充或更换球杆），比洞赛中，这一方接受处罚（调整比洞赛的成绩）；比杆赛中，伙伴接受和球员同样的处罚。

②如果球员的违规有助于伙伴的比赛，无论在比洞赛还是比杆赛，伙伴都要接受和球员同样的处罚。

③如果比洞赛中球员的违规对对手的比赛造成阻碍，伙伴接受和球员同样的处罚。

例外：球员打错球不被视作有助于伙伴或阻碍对手比赛，只有球员本人（不包括伙伴）因违反规则6.3c受到一般性处罚。

无论被击打的错球属于伙伴、对手还是其他任何人，本规定均适用。

23.9b　取消资格的处罚

（1）因一名伙伴违规而取消一方比赛资格的场合。如果一名伙伴因下列任何规则受到取消资格的处罚，这一方要被取消资格：

①规则1.2　球员的行为标准。

②规则1.3　遵照规则打球。

③规则4.1a　允许用来击球的球杆。

④规则4.1c　放弃球杆的程序。

⑤规则4.2a　一轮比赛中允许使用的球。

⑥规则4.3　装备的使用。

⑦规则5.6a　过度延误比赛。

⑧规则5.7b　委员会暂停比赛时球员必须要做的事项。

⑨规则6.2b　发球区规则。

仅在比洞赛中：规则3.2c　在差点比洞赛中运用差点。

仅在比杆赛中：

①规则 3. 3b（2） 球员的责任：证明各洞成绩并提交记分卡。

②规则 3. 3b（3） 一洞的成绩错误。

③规则 5. 2 一轮比赛之前或两轮比赛之间在球场内练习。

④规则 23. 2b 比杆赛中一方的记分卡。

（2）因两名伙伴全部违规而取消一方资格的场合。如果两名伙伴全部因以下任何规则受到取消资格的处罚，这一方将被取消资格：

①规则 5. 3 开始和结束一轮比赛。

②规则 5. 4 按组别比赛。

③规则 5. 7a 球员可以或必须中止比赛的场合。

④规则 5. 7c 恢复比赛时球员必须要做的事项。

仅在比杆赛中，如果两名伙伴在同一个球洞因以下规则的任意组合全部受到取消资格的处罚，这一方将被取消资格：

①规则 3. 3c 未击球进洞。

②规则 6. 1b 必须在发球区内打球。

③规则 6. 3c 错球。

④规则 14. 7 从错误的地方打球。

⑤规则 20. 1c（3） 不确定处理方式时打两个球。

（3）一名球员违规意味着此球员在该洞没有有效成绩。在球员违反除处罚为取消资格的规则外的其他所有情形，该球员不会被取消资格，但是他在违规发生之洞的成绩不能算作本方的成绩。比洞赛中，如果两名伙伴在同一个球洞全部有此类违规，这一方在该洞负。

## 四、规则 24：团体赛

目的：规则 24 对团体赛的赛制进行了阐述，它既可以是比洞赛，也可以是比杆赛。在团体赛中，多名球员或多方组成一支队伍参赛，他们在各轮或各场比赛的成绩综合起来形成团体的总成绩。

### （一）规则 24. 1 团体赛概述

一支团队（球队）由一组球员组成，这些球员或独立参赛，或组成多方参赛，与其他球队进行对抗。他们在团体赛中的表现亦可以作为同时进行的其他比赛（例如个人比杆赛）的一部分。按照以下特别规则进行调整后，规则 1 ~ 23 亦适用于团体赛。

### （二）规则 24.2　团体赛的竞赛规程

委员会决定赛制、团队总成绩的计算方式和其他的竞赛规程条款，例如比洞赛中每场比赛各队获胜或打平的得分、比杆赛中用于计算各队总成绩的成绩个数、是否允许比赛以平局结束，以及在不允许的情况下该如何决出名次。

### （三）规则 24.3　队长

每支球队均可指定一名队长，以便领导球队并决策，例如哪些队员将参加哪些轮次或场次的比赛、队员们比赛的出场顺序，以及哪些队员组成伙伴参赛等。队长可以是参赛的球员。

### （四）规则 24.4　团体赛中允许的助言

24.4a　允许向队伍提供助言的人（助言人）

委员会可以采用当地规则，允许各队指定一名助言人。在一轮比赛期间，此人可以向球队的球员提供规则 10.2b 允许的助言和其他帮助，球队的球员亦可以向其征询助言。助言人可以是队长、教练或其他人（包括参赛的球队成员）。提供助言之前，助言人必须向委员会确认其身份。委员会可以允许各队在一轮比赛期间或整个比赛期间变更助言人。

24.4b　对参赛助言人的限制

如果一支球队的助言人是该队的球员，他在自己的一轮比赛期间不得行使助言人之职。出于应用规则 10.2 限制助言和其他帮助的目的，助言人在其一轮比赛期间被视作其他参赛的球队成员。

24.4c　除伙伴外，禁止球队成员之间提供或征询助言

除在一方中一起比赛的伙伴外，球员不得向其正在该球场比赛的其他球队成员征询或提供助言。无论该球队成员是否与球员在球场内进行同组比赛，本规定均适用。

违反规则 24.4 的处罚：按照规则 10.2 受到一般性处罚。

# 第十节

## 对残疾球员规则的修改（规则25）

### 规则25：对残疾球员规则的修改

目的：规则25对《高尔夫球规则》的某些条款进行了修改，从而使身患某些残疾的球员可以与身体健全的球员、同类或不同类的残疾球员在一起公平竞赛。

#### （一）规则25.1　概述

规则25适用于所有比赛和所有的赛制。球员是否可以使用规则25中特定的修改规则，取决于该球员的残疾类别和资格。

规则25针对以下类别的残疾球员修改了某些规则：盲人球员（包括患有某些级别的视力障碍的球员）、截肢球员（包括肢体缺陷球员和肢体缺失球员）、使用辅助移动设备的球员、智力残疾球员。

许多球员被公认具有其他类型的残疾（例如患有神经、骨骼等方面的疾病，身材矮小或具有听力障碍等），但规则25不涉及这些残疾类型，因为到目前为止，这些球员在高尔夫球规则方面的修改要求尚未得到确认。除第7部分的内容外，《装备规则》对此并无针对性的修改。有关出于医疗原因使用装备（球杆和球除外）的相关信息，参见规则4.3b。

#### （二）规则25.2　对盲人球员的规则修改

对于盲人球员（包括患有某些级别的视力障碍的球员），规则25.2允许其可以同时获得辅助人员和球童的协助，在瞄准方面获得帮助，在禁止在沙坑内用球杆触碰沙子方面给予一定程度的宽限，在拿起球、抛球、放置球和放置球回原位时获得帮助。

25.2a 辅助人员的帮助

盲人球员可以从站位、击球前瞄准、征询和接受助言等方面接受辅助人员的帮助。

除规则 25.2e 中规定的例外情况外，辅助人员与规则中球童的身份一致（参见规则 10.3）。出于应用规则 10.2a（助言）的目的，球员可以同时向辅助人员和球童征询和获得助言。

25.2b 仅允许球员有一名辅助人员

盲人球员在同一时间只能有一名辅助人员。如果球员在同一时间有多于一名辅助人员，他在违规发生的每一洞都要受到一般性处罚，处罚方式与规则 10.3a（1）（球员在同一时间只能有一名球童）的规定一致。

25.2c 对规则 10.2b（3）（不得放置物品帮助瞄准、站位或挥杆）的修改

如果球员、球童或辅助人员放置物品帮助瞄准或为击球而进行站位（例如在地上放置球杆，为球员指示瞄准的方向或放置双脚的位置），球员不受处罚。但是，球员击球前必须将该物品移走，否则他将因违反规则 10.2b（3）受到一般性处罚。

25.2d 对规则 10.2b（4）（球员击球前球童的受限区域）的修改

如果辅助人员或球童在球员击球前或击球过程中的任何时候位于打球线在球后方的延长线上或附近，只要他们没有在击球时帮助球员，球员就不受处罚。

25.2e 对规则 10.3（球童）的修改

盲人球员的辅助人员可以兼任球员的球童，但这不是必要的。球员可以在同一时间既有辅助人员又有球童，这种情况下：

（1）辅助人员不得携带或管理球员的球杆，但在引导球员、击球前帮助球员站位或瞄准，或者（按照“球童”定义的规定）出于礼貌帮助球员时除外。

（2）如果辅助人员违反本规则携带或管理了球员的球杆，该球员将因为在同一时间拥有两名球童而在发生违规的各洞受到一般性处罚［参见规则 10.3a（1）］。

25.2f 对规则 12.2b（1）（触碰沙子招致处罚的场合）的修改

在击打沙坑内的球之前，盲人球员在将球杆置于紧靠球前或球后的区域时，以及为击球而上杆时用球杆触碰沙坑内的沙子不受处罚。但这样做时，球员不得将球位改善至超过将球杆轻放在地面上的效果。球员

仍然受到规则12.2b（1）的限制，不得为测试沙子的状况而故意触碰沙坑内的沙子，也不得在试挥时用球杆触碰沙子。

25.2g 对规则14.1b（有权拿起球的人）的修改

当球员的球位于推杆果岭上时，除球员的球童外，其辅助人员也可以不经球员授权拿起他的球。

25.2h 帮助球员抛球、放置球和放置球回原位

对于盲人球员，所有要求球员抛球、放置球和放置球回原位的规则均修改为：允许球员不受限制地给予他人通用性授权来为其抛球、放置球和放置球回原位。

### （三）规则25.3 对截肢球员的规则修改

规则25.3允许截肢球员（包括肢体缺陷球员和肢体缺失球员）使用假肢以及以固定球杆的方式击球，还允许其在抛球、放置球以及放置球回原位时获得帮助。

25.3a 假肢的性质

使用假肢的球员仍然受到规则4.3的限制，不得用异常方式使用装备。

只要球员出于医疗原因使用人造假肢（上肢或下肢），且委员会确定这样做并未使球员获得对其他球员不公平的优势（参加规则4.3b），他就不会违反规则4.3。如果球员对于使用某种设备存有疑问，应当尽快向委员会征询意见。

25.3b 对规则10.1b（固定球杆）的修改

如果肢体缺陷或肢体缺失致使截肢球员不固定球杆就无法握住和挥动其大多数球杆，该球员可以在击球时固定球杆，无须受到规则10.1b的处罚。

25.3c 在抛球、放置球和放置球回原位时获得帮助

对于截肢球员，所有要求球员抛球、放置球和放置球回原位的规则均修改为：允许球员不受限制地给予他人通用性授权来为其抛球、放置球和放置球回原位。

25.3d 对定义“放置回（原位）”的修改

对于截肢球员，“放置回（原位）”的定义［以及规则14.2b（2）］修改为：允许球员用手或其他装备把一个球放置回原位（例如用球杆拨球）。

### （四）规则 25.4　对使用辅助移动设备球员的规则修改

规则 25.4 允许使用辅助移动设备的球员同时获得一名辅助人员和一名球童的协助，解释了球员可以如何使用辅助移动设备（例如轮椅、其他有轮的移动设备、手杖和拐杖）来帮助其站位和击球，并对某些补救程序进行了修改。

规则 25.4a 至 25.4l 适用于所有辅助移动设备，包括手杖、拐杖、轮椅和其他有轮的移动设备。规则 25.4m 和 25.4n 适用于轮椅和其他有轮的移动设备。

25.4a　辅助人员或其他任何人员的帮助

使用辅助移动设备的球员可以在以下三种情况接受来自辅助人员或其他任何人员（包括另一名球员）的帮助：

（1）在推杆果岭上拿起球。当球员的球位于推杆果岭上时，规则 14.1b 修改为：除球员的球童外，其辅助人员也可以不经球员授权拿起他的球。

（2）抛球、放置球以及放置球回原位。所有要求球员抛球、放置球和放置球回原位的规则均修改为：允许球员不受限制地给予他人通用性授权来为其抛球、放置球和放置球回原位。

（3）帮助球员或设备定位。经规则 10.2b（5）允许，球员在击球前可以接受任何人的肢体协助，以帮助其固定位置，或者帮助其放置或移走辅助移动设备。

25.4b　辅助人员的助言

使用移动辅助设备的球员可以向辅助人员征询和获得助言，方式与规则 10.2a（助言）中的球员向球童征询和获得助言的方式一致。辅助人员的身份性质与规则中规定的球童（参见规则 10.3）一致，但规则 25.4j 中描述的例外情况除外。出于应用规则 10.2a（助言）的目的，球员可以同时向辅助人员和球童征询并获得助言。

25.4c　球员只允许有一名辅助人员

使用移动辅助设备的球员在同一时间只能有一名辅助人员。如果球员在同一时间有多于一名辅助人员，他在违规发生的每一洞都要受到一般性处罚，处罚方式与规则 10.3a（1）（球员在同一时间只能有一名球童）的规定一致。

25.4d　对定义"站位"的修改

出于应用多条不同规则的目的，球员使用辅助移动设备可能会对其站位产生影响，例如按照规则 8. 1a 确定预期站位区域，或者按照规则 16. 1 确定是否存在异常球场状况的妨碍。为解决此问题，“站位”的定义修改为：球员在准备击球和击球时双脚和身体的位置，以及辅助移动设备的位置（如果使用的话）。

25. 4e 对定义“放置回（原位）”的修改

对于使用辅助移动设备的球员，“放置回（原位）”的定义［以及规则 14. 2b（2）］修改为：允许球员用手或其他装备把一个球放置回原位（例如用球杆拨球）。

25. 4f 对规则 4. 3（装备的使用）的运用

规则 4. 3 适用于辅助移动设备的使用：如果符合规则 4. 3b 的标准，球员可以在其比赛中使用辅助移动设备；使用辅助移动设备的球员仍然受到规则 4. 3a 的限制，不得以异常方式使用装备。

25. 4g 对规则 8. 1b（5）的修改

按照规则 8. 1b（5），如果球员进行站位时稳固地放置双脚，包括在合理的范围内把双脚陷入沙子，导致击球环境改善，他不受处罚。对于使用辅助移动设备的球员，规则 8. 1b（5）修改为：“在合理的范围内把双脚陷入沙子”包括在合理范围内将辅助移动设备陷入沙子中，或者在进行站位和试图避免滑倒时采用合理措施安放辅助移动设备。

但是，以上修改不允许球员为了防止辅助移动设备在挥杆过程中打滑而制造站位，例如制造一堆隆起的泥土或沙子来抵住设备。如果球员这样做，他将因为改变地表面状况制造站位而违反规则 8. 1a（3），要受到一般性处罚。

25. 4h 对规则 10. 1b（固定球杆）的修改

如果使用辅助移动设备致使球员不固定球杆就无法握住和挥动其大多数球杆，该球员可以在击球时固定球杆，无须受到规则 10. 1b 的处罚。

25. 4i 对规则 10. 1c（跨立或者站在打球线上击球）的修改

考虑到辅助移动设备的使用，规则 10. 1c 修改为：球员也不得在击球时故意将其辅助移动设备的任何部分置于打球线或该线在球后方的延长线两侧，也不得故意使其触碰打球线或该线在球后方的延长线。

25. 4j 对规则 10. 3（球童）的修改

使用辅助移动设备的球员的辅助人员可以兼任球员的球童，但这不是必要的。球员可以在同一时间既有辅助人员又有球童，这种情况下：

（1）辅助人员不得携带或管理球员的球杆，但在击球前帮助球员进行站位或瞄准，或者（按照“球童”定义的规定）出于礼貌帮助球员时除外。但本规定不对规则 10. 2b（3）（不得放置物品帮助瞄准、站位或挥杆）进行修改。

（2）如果辅助人员违反本规则携带或管理了球员的球杆，该球员将因为在同一时间拥有两名球童而在发生违规的各洞受到一般性处罚［参见规则 10. 3a（1）］。

25. 4k 对规则 11. 1b（2）的修改

对于使用辅助移动设备的球员，规则 11. 1b（2）修改为：如果球员从推杆果岭上所打的运动中球意外撞到辅助移动设备，他必须在现有位置打这个球。

25. 4l 使用辅助移动设备测试沙坑内沙子的状况时规则 12. 2b（1）的运用

按照规则 12. 2b（1），球员不得用手、球杆、沙耙或其他物体故意触碰沙坑内的沙子，以测试这些沙子的状况，为下一杆击球获取信息。该规定同样适用于球员使用辅助移动设备来测试沙子的状况，但球员可以出于其他任何原因使用辅助移动设备来触碰沙子而不受处罚。

25. 4m 使用有轮移动设备的球员：对红色罚杆区和不可打之球的侧面补救方式的修改

使用有轮移动设备的球员在按照红色罚杆区或不可打之球的侧面补救方式处理时，规则 17. 1d（3）和 19. 2c 修改为：允许的补救区范围从两支球杆长度扩大至四支球杆长度。

25. 4n 使用有轮移动设备的球员：对规则 19. 3（沙坑内不可打之球的补救选项）处罚的修改

使用有轮移动设备的球员对沙坑内的球进行不可打之球的补救时，规则 19. 3b 修改为：球员可以在接受 1 杆的处罚后，在沙坑外使用向后连线的方式补救。

## （五）规则 25. 5 对智力残疾球员的规则修改

对于智力残疾球员，规则 25. 5 允许其可以同时获得辅助人员和球童的协助，并阐明了监管员的角色：不指定其为特定球员服务，也不允许其提供助言。

25. 5a 辅助人员或监管员的协助

智力残疾球员需要的帮助范围因个体差异而不同。委员会可以提供或允许智力残疾球员有一名辅助人员或监管员：

（1）辅助人员帮助个体球员进行比赛并运用规则：辅助人员与规则中球童（参见规则 10.3）的身份一致，但受到规则 25.5c 的规定的限制；出于应用规则 10.2a（助言）的目的，球员可以同时向辅助人员和球童征询并获得助言。

（2）监管员是由委员会指定的在整个比赛过程中协助智力残疾球员的人员：监管员并非被指定为某个特定球员服务，其角色是帮助任何有需要的智力残疾球员；出于应用规则的目的，监管员属于外部因素，球员不得向监管员征询或获得助言。

25.5b 球员仅允许有一名辅助人员

智力残疾球员在同一时间只能有一名辅助人员。如果球员在同一时间有多于一名辅助人员，他在违规发生的每一洞都要受到一般性处罚，处罚方式与规则 10.3a（1）（球员在同一时间只能有一名球童）的规定一致。

25.5c 对规则 10.3（球童）的修改

智力残疾球员的辅助人员可以兼任球员的球童，但这不是必要的。球员可以在同一时间既有辅助人员又有球童，这种情况下：

（1）辅助人员不得携带或管理球员的球杆，但在击球前帮助球员站位或瞄准（如果得到委员会授权），或者（按照“球童”定义的规定）出于礼貌帮助球员时除外。但本规定不对规则 10.2b（3）（不得放置物品帮助瞄准、站位或挥杆）进行修改。

（2）如果辅助人员违反本规则携带或管理了球员的球杆，该球员将因为在同一时间拥有两名球童而在发生违规的各洞受到一般性处罚［参见规则 10.3a（1）］。

25.5d 对规则 14.1b（有权拿起球的人）的修改

当球员的球位于推杆果岭上时，规则 14.1b 修改为：除球员的球童外，其辅助人员也可以不经球员授权拿起他的球。

25.5e 同时有智力和肢体残疾的球员

对于同时有智力和身体残疾的球员，委员会可以使用规则 25 中多款规则的组合，以确保两种类型的残疾均可被覆盖。

### （六）规则 25.6 对所有残疾类别的通用规定

25.6a 过度延误比赛

在过度延误比赛方面对残疾球员执行规则 5.6a 的禁令时，委员会应当根据球场难度、天气状况（要考虑其对使用辅助移动设备产生的影响）、比赛的性质以及参赛球员的残疾程度来酌情设定合理的标准。考虑到以上因素，委员会应该对残疾球员过度延误比赛应用更宽松的标准。

25.6b　抛球

执行规则 14.3b（必须用正确的方式抛球）时，某些类型的残疾球员因身体方面的限制很难或不可能知道自己是否从膝盖高度抛了球，此时委员会应当接受球员（关于在膝盖高度抛球）的合理判断。同样，考虑到球员身体方面的限制，委员会也要接受其为了从膝盖高度抛球而作出的所有努力。

# 第五章

# 18 洞实战案例剖析

本章以打一场高尔夫球需要完成 18 个洞为逻辑起点，将规则条文融入一场比赛的打球实践，形成 18 个教学案例。本章案例剖析可以强化读者对高尔夫球规则的理解和应用。

为方便读者理解，本章虚拟的“伟伦高尔夫球会”是一个标准的高尔夫球场，球场及 18 洞分布情况如图 5－1 所示。

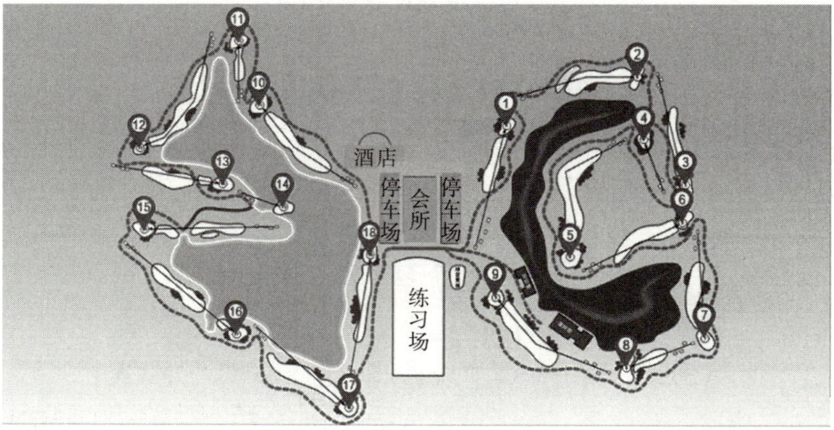


**图 5－1　球场示意图**

该球场的 18 个球洞按序排列，分为前 9、后 9 两个半场。每个半场分别有 2 个三杆洞、5 个四杆洞、2 个五杆洞。全场共有三杆洞 4 个、四杆洞 10 个和五杆洞 4 个。

球场的标准杆数为 72 杆，包括三杆洞 12 杆（3 杆/个 ×4 个）、四杆洞 40 杆（4 杆/个 ×10 个）、五杆洞 20 杆（5 杆/个 ×4 个）。

为方便读者阅读，表 5－1 列出了本章所涉球场 18 个洞的标准杆情况：

**表 5－1　标准杆情况**

| 球洞 | 1 | 2 | 3 | 4 | 5 | 6 | 7 | 8 | 9 | 10 | 11 | 12 | 13 | 14 | 15 | 16 | 17 | 18 |
|---|---|---|---|---|---|---|---|---|---|---|---|---|---|---|---|---|---|---|
| 标准杆 | 4 | 5 | 4 | 3 | 5 | 4 | 4 | 3 | 4 | 4 | 3 | 5 | 4 | 3 | 4 | 4 | 5 | 4 |
| 成绩 | | | | | | | | | | | | | | | | | | |

# 第一节

## 案例1 Par4

### 一、案例材料

赵强和王成是相交多年的高尔夫球友，经常一起下场打球。在之前的比赛中，两人各有胜负。某个周末，他们约定到伟伦高尔夫球会一决高下。两人早早做好准备，提前十分钟来到了第一洞的发球台。

第一洞是标准杆为4杆的中洞。一番寒暄后，两人分别给自己的球做了记号。赵强习惯在球上画一个字母“Q”，而王成则把自己的姓“王”写在球上。他们互相向对方及球童展示了自己在球上所做的标记，然后通过猜拳的方式决定由赵强首先开球。

距离开球时间还有七八分钟，两人分别和自己的球童一起清点了球包中的球杆数量，均为14支。之后，赵强和王成便各拿了一支球杆热身并练习挥杆。由于两人的球包一样，赵强在试挥了几次后，无意中把自己拿来练习的7号铁杆放进了王成的球包，但大家都没有注意到。

开球时间到，赵强从自己的球包中抽出1号木杆，用一杆漂亮的击球把球打到了球道中间。随后，轮到王成打球，他架好球，也用1号木杆把球打到了球道中间。之后，两人快速向各自的球走去。由于王成的开球距离没有赵强远，他先走到了自己的球前。算清楚距离后，他准备用4号铁杆击球。王成的球童从球包中拿4号铁杆时，发现了球包中被赵强放进去的那支7号铁杆，于是把它拿出来还给了赵强。之后，王成用一记漂亮的击球将球送上了果岭。

此时，一名巡场员赶过来对赵强和王成说，他刚才在发球台看到一个球座插在发球区的前面，这意味着他们其中一人在开球时有可能把球架在了发球区的前面。

赵强肯定地说他是在发球区内开的球。而王成为了确定自己是否在发球区外开了球，决定跟随巡场员回到发球台看个究竟。结果令他大失所望，发球台上还没有取走的球座清楚地表明他刚才确实是在发球区外开的球。无奈之下，王成只好重新在发球区内架球，然后用 1 号木杆把球打到了球道中间，之后再用 4 号铁杆把球送上了果岭。赵强也用 2 杆将球攻上了果岭，但球的停点距离球洞较远。走上果岭后，王成用 2 推将球推进了洞，赵强却用 3 推才把球推入洞中。

## 二、任务

（1）根据文字材料，画出两位球员在此洞的打球路线，在图上简要标明每位球员违反规则及受到罚杆的情况。

（2）作为裁判员，你觉得赵强和王成两位球员在本洞各打了多少杆？两人分别用了几杆将球攻上果岭？在果岭上推了几杆？各罚了几杆，为什么被罚？

## 三、案例剖析

### （一）案例分析

（1）两位球员的球虽然都在球道上，但如果双方没有办法分辨哪一个球是自己的，就得按照遗失球进行处理，双方都要被罚 1 杆，然后回到上一杆击球的地点重新打一个球。因此，球员在开球之前给自己的球标上一个独特的记号，然后互相展示、确认，可以较好地避免同组球员在场上分不清楚彼此的球的情况。

（2）规则规定，球员最多只能携带 14 支球杆参加比赛。因此，球员必须确保自己在开始一轮比赛之前，球包里的球杆数量没有超过规定数量。需要留意的是，球员过早进行这一工作可能徒劳无功。

规则 4.1b（1）强调，球员开始一轮比赛后，如果他拾捡了其他球员落下的球杆，或者有球杆在他不知情的情况下被误放入其球包内，出于应用 14 支球杆限度的目的，这支球杆不被视作球员的球杆之一（但是他不得使用这支球杆）。本案例中，赵强在比赛前把自己的球杆放进了王成的球包，导致王成的球包中实际上有 15 支球杆，这显然有违 14 支球杆的数量上限要求，因此王成会受到相应的处罚。

（3）根据规则，比杆赛中，球员从发球区外发球将被罚 2 杆，并且必须在下一个洞开球之前纠正自己的错误。王成因为从发球区外打了球而被罚 2 杆。不过，值得庆幸的是他在发球区外发的球以及对该球的后续击打杆数不被计入成绩。

### （二）本洞打球路线图

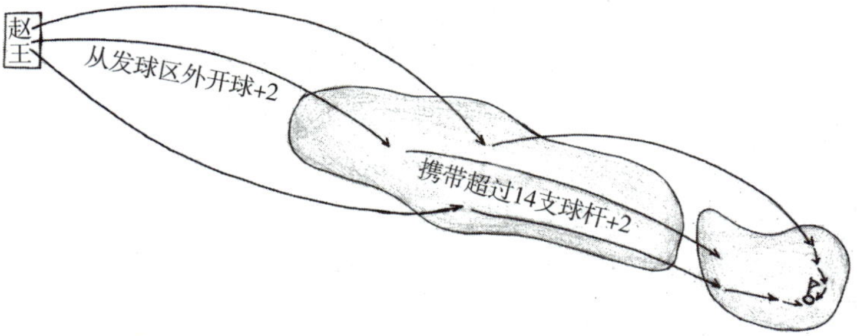


图 5－2　第一洞打球路线示意图

### （三）本洞成绩

赵强：2 上 3 推（发球区 1 杆、球道 1 杆、果岭 3 杆），击球 5 杆，没有罚杆，共 5 杆。

王成：2 上 2 推（发球区 1 杆、球道 1 杆、果岭 2 杆），击球 4 杆，罚杆 4 杆（携带超过 14 支球杆罚 2 杆，从发球区外开球罚 2 杆），共 8 杆。

## 四、本洞涉及的重要规则总结

### （一）根据规则 6.3a：球员应当在要打的球上做一个识别标记

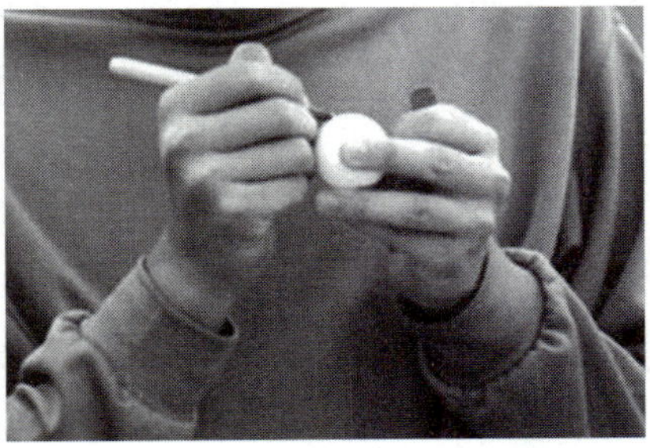

图 5－3　给球做标记

规则要求，使用正确的球是球员的责任。在开始一轮比赛之前，球员必须确定自己可以在球场内识别自己的球，因为规则中对比赛中打错球的处罚非常重。

所有的参赛球员都应该在比赛之前给自己的球做一个比较特殊的标记，球员还需要和同组的其他球员互相确认一下球的品牌、型号和标记等，以便区分。给球做标记的方法如图5－3所示。

### （二）规则4.1b：14支球杆的限度；一轮比赛中共用、补充或更换球杆

《高尔夫球规则》对下场打球的球杆数量要求：球员最多可携带14支球杆；如果出发时球杆少于14支，可以在总数达到14支以前补充。

规则对补充球杆的要求：不得造成比赛的过度延误；不得补充或借用正在球场内打球的其他任何球员所携带的（包括他人为其所携带的）任何球杆。

规则对携带超过14支球杆的处罚：

（1）比杆赛：罚2杆，最多罚4杆；在发生违规的各个球洞，该球员都受到一般性处罚（罚2杆），但是该轮比赛中最多罚4杆（在发生违规的前两个洞各罚2杆）。

（2）比洞赛：用扣除球洞修改比赛成绩，最多扣除2洞。

### （三）规则6.4：一洞比赛期间的打球顺序

1. 通常情况下的打球顺序

发球区的打球顺序取决于谁拥有优先权，此后的打球顺序依据球员的球距离球洞远近而定。正式比赛中，第一洞发球区上的开球顺序由委员会制定的分组表决定。如果没有正式的分组表，则可以用抽签、扔硬币等方式决定优先击球权。对于业余球员，一种传统的方法是让差点低的球员首先击球，如果两人差点相同，则可再用抽签等办法决定。

第一洞之后各洞的优先击球权属于上一个洞成绩最好的球员。若两人杆数一样，则下一洞保持上一洞的优先击球权不变。

一洞打球过程中，开球以后，球员之间的击球顺序由他们的球距离球洞的远近决定：谁的球距离球洞最远，谁先打球。如果球至球洞的距离相等或者无法确定这些球相对球洞的位置，则应以抽签等方式决定谁先打。

2. 从发球区打暂定球或另一个球的击球顺序

假如球员从发球区开出去的球可能出界或者遗失，球员会要求打一个暂定球。应该什么时候打暂定球呢？规则规定，球员必须在比洞赛中的对手或比杆赛的同组比赛者完成他们的第一杆击球之后再打暂定球。

3. 对违反击球顺序的处罚

（1）在比洞赛中，如果球员违反击球顺序，对手有权要求球员放弃该次击球并重新打一个球；如果对手不取消这次击球，则这次击球有效，此球处于比赛状态，此后球员必须在现有位置继续打球。为了节省时间，球员可以协商不按顺序打球。

（2）在比杆赛中，同组比赛者没有权力要求球员取消该次击球，也不会对球员施加处罚，除非有两名或多名球员协商不按顺序打球以便为他们中的某人牟利，这种情况下，他们每个人都将受到一般性处罚（罚2杆）。另外，规则允许并提倡球员以安全和负责任的方式不按顺序打球（“快打高尔夫”）。

**（四）定义69：发球区；规则6.1b：必须在发球区内打球**

发球区是球员开始其要比赛的球洞时必须从中打球的区域，位于发球台上。发球台如图5－4所示。

**图5－4　发球台**

在每个发球台上，都会有两个发球区标志。这两个发球区标志的前端连线和外侧线限定了整个发球区的起始线和宽度，从发球区标志前端连线向后延伸两支球杆长度，就是发球区的纵深。这样，发球区其实是一个长为两支球杆长度、宽为两个发球区标志外侧连线长度的长方形，如图 5 –5 所示。

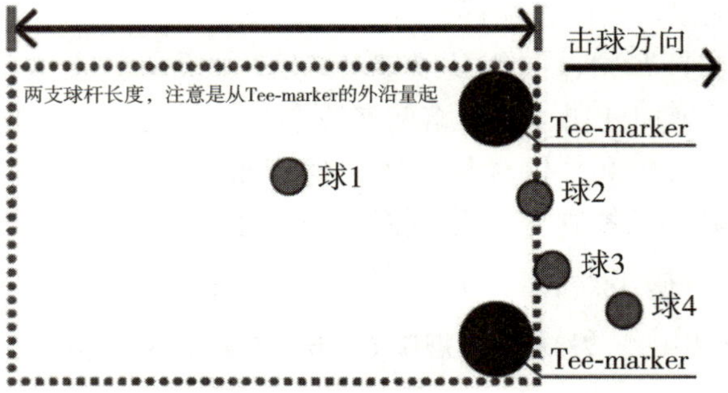


**图 5 –5　发球区示意图**

注：虚线所示范围即为发球区的范围，图中的球 1、2、3 都在发球区内，球 4 在发球区外。当球完全在 Tee-marker 外沿之外（例如球 4 的位置，或虚线外的任何位置），才可以算作超出发球区范围。

（1）在比杆赛，球员如果击打了架在发球区外的球，会受到一般性处罚（罚 2 杆），并且必须纠正错误，即从发球区内重新打一个球。幸运的是，球员在发球区外打的那一杆，以及纠正这个错误之前在该洞随后的击球杆数都不计入球员在该洞的成绩。但是，如果球员在击球开始另一个球洞的比赛之前没有纠正错误，或者当事情发生在该轮比赛的最后一个球洞且他没有在提交记分卡之前纠正错误时，他将被取消资格。

（2）在比洞赛，球员的对手有权提出取消球员从发球区外进行的击球，此时球员必须从发球区内重新开球，不过他不必因此受到处罚。如果对手不取消这次击球，则此次击球有效，这个球进入比赛状态，此后球员必须在现有位置继续打球。

# 第二节

## 案例2　Par5

### 一、案例材料

第二洞是五杆洞，左侧有界外。赵强在第一洞打了5杆，王成却打了8杆，显然赵强在第一洞的成绩更好，所以他在第二洞拥有优先发球权。

做好击球准备之前，赵强的球杆不小心碰到了球，球掉到了地上。他捡起球重新找地方架好球，然后干净利落地把球打了出去，球落在了球道上。轮到王成开球，他试挥了两下，然后奋力一击，没料到球飞进了球道右侧的树林。由于距离较远，他不确定该片树林是否为罚杆区。他告诉赵强，球可能遗失，要打一个暂定球。之后，他在发球区内重新击出一个球，这次打得不错，球安全地落在球道中间。

王成走向右侧树林寻找初始球，树林边的几根红桩表明相关区域为红色罚杆区，他的球刚好在红色罚杆区内的一棵树下。王成查看了球的位置，很难挥杆，于是选择罚杆补救。他先在初始球最后穿越该红色罚杆区边洞的估计点插了一个球座，然后在两支球杆长度范围内抛好球，再用9号铁杆把球打到果岭前80码的地方。

赵强的第二杆直接飞出了球道左侧的界外线。根据击球时的打痕，赵强可清晰确定自己上一杆击球所在的地方，他从包中取出一个球小心放置在该处，然后奋力一击，成功将球打到了果岭前30码处。王成和赵强的下一杆都完成得很漂亮，王成将球打到了果岭上距球洞3码的地方，赵强则将球打到了球洞边。

上果岭后，两人标定好球位，然后开始清理球痕。王成觉得赵强的球可能对自己的推杆产生影响，要求赵强把球标移开。为了节约时间，赵强选择先推球入洞。之后，王成也一推入洞。离开果岭前，赵强发现果岭边上有一块被鞋钉划出来的痕迹。出于礼仪，他用推杆杆头将其修理平整了。

## 二、任务

（1）根据文字材料，画出两位球员在此洞的打球路线，在图上简要标明每位球员违反规则及受到罚杆的情况。

（2）作为裁判员，你觉得赵强和王成两位球员在本洞各打了多少杆？两人分别用了几杆将球攻上果岭？在果岭上推了几杆？各罚了几杆，为什么被罚？

## 三、案例剖析

### （一）案例分析

（1）做好击球准备之前，赵强不小心把架在球座上的球碰到了地上，根据规则 6.2b（5），由于球尚未进入使用状态，他无须受罚，只需把球重新架好即可。

（2）王成的球进入树林后，他选择打暂定球的做法非常好。打暂定球只是以防万一，省时省力。当球员发现初始球在罚杆区时，不管该球能不能打，其暂定球都同时失效。红色罚杆区内的球有三种补救办法（案例 13 会对此作详细介绍，读者可以查阅规则 17.1d），其中用得较多的一种是球员接受 1 杆的罚杆，然后以初始球最后穿越该红色罚杆区边沿的点为参考点，在远离球洞方向的两支球杆长度范围内抛球。

（3）赵强的球出界了，他须接受 1 杆处罚，在上一杆的击球点重新打一个球。根据球出界的规则，若上一杆的击球点在普通区内，球员必须在球原来的停点处一支球杆长度范围内抛球。需要特别留意的是，高尔夫规则对抛球和放置球要求严格，该抛就不能放置，该放置就不能抛，程序出错会导致一般性处罚。

（4）比杆赛中，距离球洞近的一方可以用先推球的方式解决球阻碍对方球的问题。

（5）赵强在离开果岭前修复了果岭边球鞋钉痕的动作值得称赞。需要注意的是，球员推杆前修理果岭上的球痕、旧洞埋迹、鞋痕等由人或外部因素造成的损伤时，不能超过合理的限度，否则可能因改善推杆果岭状况而受罚。

### （二）本洞打球路线图

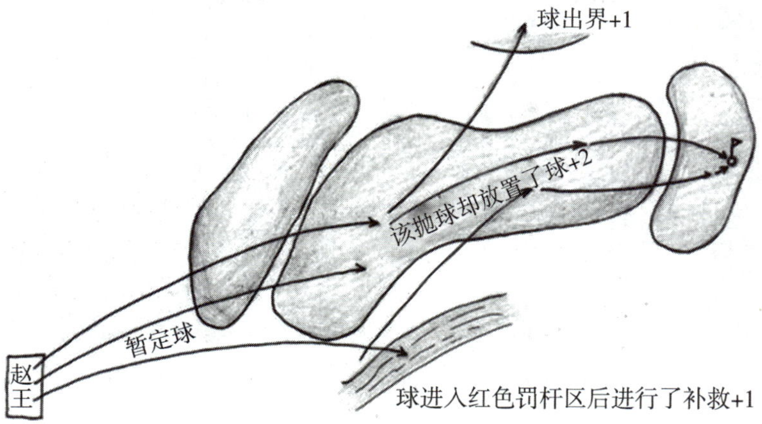


图 5－6　第二洞打球路线示意图

### （三）本洞成绩

赵强：4 上 1 推（发球区 1 杆、球道 3 杆、果岭 1 杆），击球 5 杆，罚杆 3 杆（球出界罚 1 杆，球出界后回到上一击球点重打时该抛球却放置了球罚 2 杆），共 8 杆。

王成：3 上 1 推（发球区 1 杆、球道 2 杆、果岭 1 杆），击球 4 杆，罚杆 1 杆（球进入红色罚杆区后进行了补救），共 5 杆。

## 四、本洞涉及的重要规则总结

### （一）规则 18：一杆加距离补救；球遗失或出界；暂定球

1. 界外的定义和标记

规则指出，界外指球场边界以外的区域或被委员会标定为界外的球场任何部分。正式比赛中，委员会会明确标明球场边界。球场内标定界外的方式通常有三种：

（1）用白色界线标定，如图 5－7 所示。

（2）用白色界桩标定，如图 5－8 所示。

（3）用球场的栅栏、墙壁、栏杆等标定。

图 5－7　白色界线

图 5－8　白色界桩

有时，球场也会用栅栏、墙壁甚至某条马路来标定界外线。当用立桩或栅栏等标定边界时，若无特殊说明，界外线由立桩或栅栏等在地平面的最内侧点（连线）决定，即立桩和标线本身属界外。若标线很粗而一个球整体都位于线上，则该球被视为出界；若该球尚有一部分在界内，则不算出界，如图 5－9 所示。

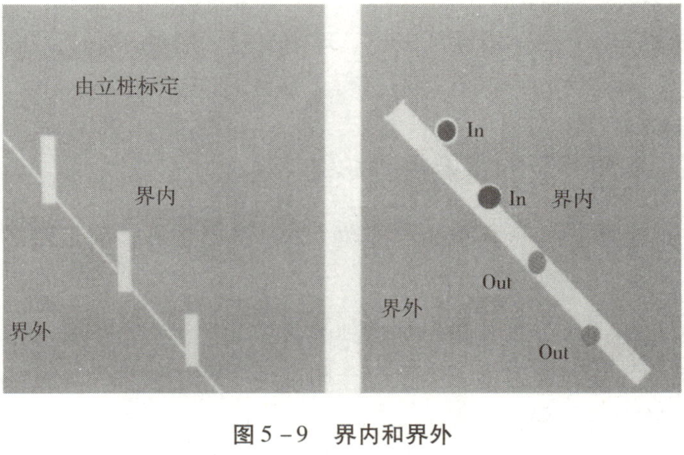


图 5－9　界内和界外

另外，界外线是向上下延伸的。若一个球位于大树上，而它在树上的停点处在界外线垂直向上延伸的平面之外，这个球也算作出界。

2. 球出界后的处理方式

球出界后，球员须进行一杆加距离的补救，即接受1杆罚杆并在上一杆击球的地点打初始球或另一个球。需要特别注意的是，回到上一杆击球点所打之球视地点不同而有不同的处理方式：

（1）若上一杆的击球点在发球区，球员必须回到发球区内击球，并且可以在击球之前再次架球。

（2）若上一杆的击球点在普通区或者沙坑内，球员必须在尽量接近原来球的停点处的一支球杆长度范围内抛球。

（3）若上一杆的击球点在果岭上，球员必须尽量接近原来球的停点处放置球。

3. 遗失球的处理方式

球遗失后的处理方式和球出界一样。也就是说，球员必须接受一杆加距离的处罚，回到上一杆击球的地点再打一个球。对遗失球的处理在实际应用中非常复杂，因为很多时候判定一个球是否遗失的过程相当麻烦。以下是视为遗失球的几种情况：

（1）球员一方开始找球，3分钟以后仍然没有找到自己的球，或者找到球后不能确认是否自己的球（在3分钟后即便找到球也被视为遗失而不能击打，否则构成打错球）。

（2）球员对另外一个替换的球进行了击球——根本就没有去找。

（3）球员打了暂定球以后，在初始球可能的位置或者比该点更靠近球洞的地方对暂定球进行了又一次击打。

4. 暂定球

暂定球即暂时用来击打的球，其基本原则是：如果球员认为打出去的球有可能丢失（罚杆区除外），或者有可能飞到界外，他可以在原地再打一个球。在任何时候，只要自己的球有一点儿遗失或者出界的可能，球员就可以告诉同组球员自己要打一个暂定球，否则就只能费时费力地按照一杆加距离的程序回到上一杆击球点打第三杆。

暂定球击打图例如图5-10所示，若球员在B点再对暂定球进行击打，则初始球被视为遗失。

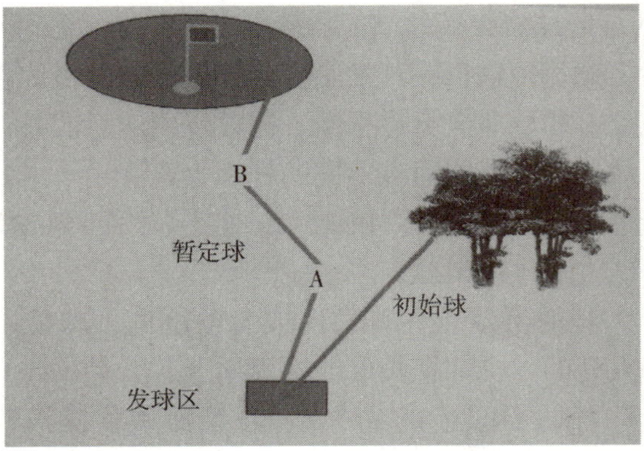


图 5-10 暂定球

特别说明：

（1）球员如果后来找到了自己的第一个球，或者发现它没有出界，就可以继续打第一个球而不用理会暂定球。如果 3 分钟之内没有找到第一个球，或者发现它确实出界了，那他可以在接受 1 杆的罚杆后用暂定球继续完成比赛，此后这个暂定球将成为使用中球。这样就可省却返回原地的劳顿之苦，后组球员也不会因长时间等待而影响情绪。

（2）按照暂定球的规则，球员一旦找到了自己的初始球，暂定球就失去了存在的意义，相当于它从来没有出现，因为它没有真正进入使用状态。球员如果在找到初始球之后继续击打暂定球，则按照规则构成打错球。

## （二）规则 14.1：标记、拿起和擦拭球

1. 在打球的过程中有很多时候需要把球拿起来

拿球的人可以是球员本人、伙伴，还可以是其他经过球员同意的人。拿球之前最好先为其做标记，避免不必要的麻烦，大多数情况下不做标记将被罚 1 杆。球员不会因做标记时移动了球而受罚。

2. 如何为球做标记

为球做标记，可以使用高尔夫专用球标，或者一枚硬币，或者其他一些类似的物品（例如球座）。

图 5-11 拿起球前给球做标记

规则建议，球员做标记时把它紧挨着放在球的后方，如图 5 – 11 所示。

若球标可能影响到其他球员打球，球员则可以用球杆杆头作为参照物，把自己的球标往一侧挪一个或几个杆头，直到不会影响他人打球为止。

特别说明：当其他球员完成击球后，球员一定要记得把球标放回原处，否则就构成从错误的地方打球，处罚是比洞赛该洞负，比杆赛罚 2 杆。

### （三）规则 13. 1c：推杆果岭上允许的改善

1. 球痕

球痕指的是球员的球从空中落下后，因冲击力而对地面造成的痕迹，如图 5 – 12 所示。出于对球场的爱护，高尔夫礼仪建议球员主动修理自己的球痕。修理球痕的方法如图 5 – 13 所示。

**图 5 – 12　球痕**

**图 5 – 13　修理球痕**

2. 球洞埋迹

球会为了保护果岭或改变打球难度，一般会隔一段时间给球洞换个位置。

无论球员的球是否在果岭上，球员都可以修理旧的球洞埋迹或因球的冲击对果岭造成的损伤。如果在修理过程中球或球标被偶然移动，球员不受处罚，但必须将球或球标放回原来的位置。

在果岭上，球员可以通过采取合理行为不受处罚地修理推杆果岭上的损伤，令其恢复至尽量接近原来的状况。但如果球员恢复推杆果岭至其原来的状况的行为超过了合理的限度（例如向球洞方向制造出一条通道或使用了不被允许的物体），从而改善了推杆果岭的状况，他将因违反规则 8. 1a 受到一般性处罚。

# 第三节

## 案例3　Par4

### 一、案例材料

赵强、王成两人在前两个洞的比赛中各有胜负，总杆数持平。在标准杆为5杆的第二洞，王成虽然把球打入水中，却仍然成功保Par。

第三洞是标准杆为4杆的中洞，王成先开球。他抽出1号木杆，用力一挥，打了一个大大的右曲球，球飞进了球道右侧的长草之中。王成无可奈何地摇了摇头，赵强安慰他道："你上杆动作太快，导致杆面开放，所以球会右曲；如果上杆动作稍微慢一点，击球瞬间使杆面关闭，效果肯定会好一些，不信你一会儿试试！"对此，王成不置可否。

赵强的开球不错，球落在了球道中间。此时，王成对赵强说，他担心自己的球会遗失，所以要打一个暂定球。之后，王成又打了另外一个球，这次的击球效果不错，球落在了球道上。之后，王成走向长草寻找初始球，刚找2分钟就发现了停在草丛里的初始球。王成走到球的附近，在球旁边试挥了几下，在此过程中球杆碰到了球旁边的草，使得静止在草丛中的球移动了。王成觉得移动了球罚自己1杆就行，便直接在球的新位置将球打上了果岭前的球道，然后让球童过去捡起了自己的暂定球放入球包。

赵强则遇到了另外一个问题。他在球道上看到两个球，不确定哪个是自己的，于是直接拿起一个球辨认，确定这个球就是自己的球，然后把它放回了原位。他站在球前试挥时，突然一阵风吹过来，把他的球吹进了旁边的沙坑。赵强无奈地从沙坑中捡起球，放回原来的地方，然后用一杆漂亮的击球将球准确地送上了果岭。

赵强和王成一起向前方走去。赵强的球童想快点赶到果岭上帮赵强标记球，他拉着球包快步走在两位球员的前面，却不小心踢飞了王成的静止中球。

王成在旁边清楚地看到了一切，刚想出声提醒，事情就已经发生了。赵强赶紧向王成道歉。王成回了一句没关系，然后走上去把自己的球放回被踢走前的位置。之后，王成一记短切把球送上了果岭。

果岭上，赵强的球童仔细查看了打球线，站在球后帮助赵强校正杆面的方向，然后对赵强说："可以推了。"为了不打扰赵强的推球，球童在赵强推击时一直站在球后一动不动。赵强在球童的帮助下，用一记长推结束了第三洞。王成推杆时，为了有更好的推球效果，他将推杆握把抵住腹部以便固定球杆。他正用此方式试推时被赵强发现了，赵强反对他这样做，于是他采用惯常的方式推球，最终用2推结束了这一个洞。

## 二、任务

（1）根据文字材料，画出两位球员在此洞的打球路线，在图上简要标明每位球员违反规则及受到罚杆的情况。

（2）作为裁判员，你觉得赵强和王成两位球员在本洞各打了多少杆？两人分别用了几杆将球攻上果岭？在果岭上推了几杆？各罚了几杆，为什么被罚？

## 三、案例剖析

### （一）案例分析

（1）比赛中，赵强对王成挥杆动作的建议可能会对王成后面的挥杆产生影响，因此构成了提供助言。按照规则，赵强将被罚2杆。由于王成不置可否，无法判定他是否接受了助言，所以他无须受罚。若王成对赵强的建议作出肯定的回应，那么他将因为接受助言而被罚2杆。由此可见，在正式比赛中，球员之间不可乱讲话，否则会引发一些不必要的麻烦或尴尬。

王成在发球台打暂定球的做法值得称赞。当感觉自己的开球可能在罚杆区以外遗失或者出界时打一个暂定球，这是非常好的习惯。它并不会耽误球员太多的时间，却可以省却返回原地打球的奔波之苦。

（2）由于在3分钟之内找到了自己的初始球，王成放弃暂定球是正确的决定。但不幸的是，由于他的试挥杆导致了自己的静止中球发生移动，按照规则，他将被罚1杆，并且必须将移动后的球放回原来的位置。王成认识到了自己要因为移动静止中球而被罚1杆，却没有考虑到还需要将球放回原来的位置，按照规则14.2他将被加罚1杆。

（3）赵强的问题和王成稍有不同，但性质一样。规则14.1a提到，球员按照某条规则拿起球之前，如果该规则要求把这个球放置回初始位置，球员就必须标记这个位置。如果球员没有标记球的位置就拿起这个球，他将被罚1杆。赵强拿起球辨认前应该首先标记球的位置，未标记就直接拿球辨认，免不了要受1杆的处罚。

（4）通常情况下，如果自然力（例如风或水）导致球员的静止中球移动，球员不会受罚，且必须从球新的位置打球。规则9.3提到两个例外，一是球在果岭上曾被标记位置，二是球曾在一种球场区域内被标记位置，又被自然力移动到了另一个球场区域。在这两种情况下，球员均须将球放回原处。赵强在普通区辨认球后放回，然后球被风吹进沙坑，他需要将球放回原处。

（5）比杆赛中，球员无意中移动了同组比赛者的球是不用担心被罚杆的。但是，如果是比洞赛，赵强会因为自己球童的粗心大意被罚。被移动的球必须放回原来的位置，这是静止中球被移动后的一个重要的处理原则。

（6）规则10.2禁止球员在击球时让球童或伙伴站在或靠近打球线在球后方的延长线上。当赵强瞄球的时候，球童站在后面帮助他看线是没有问题的。但是当他为了击球而开始站位时，直到击球完成，球童都不得站在打球线在球后方的延长线或其附近的地方（即受限区域）。因此，赵强要为自己球童的行为承担责任，他将因为违反10.2b（4）的相关规则而被罚2杆。

（7）规则10.1a要求球员必须用正确的方式击球。击球时，球员既不得直接固定球杆，也不得使用支点间接固定球杆。王成推球时将握把抵住腹部的做法是规则所不允许的，幸好他尚未用此方式击球，否则会导致2杆的罚杆。

（二）本洞打球路线图

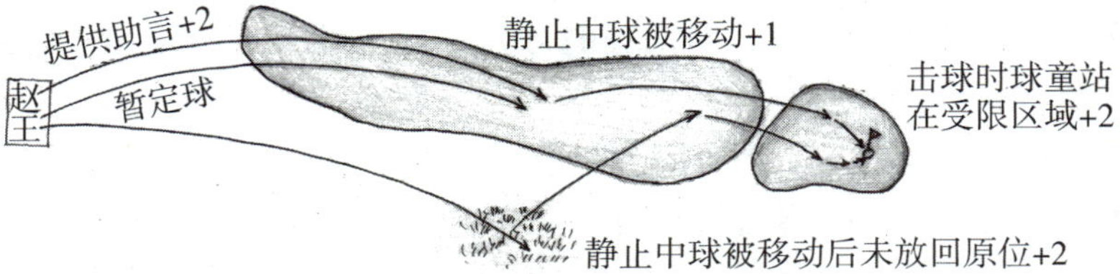


图 5－14　第三洞打球路线示意图

（三）本洞成绩

赵强：2 上 1 推（发球区 1 杆、球道 1 杆、果岭 1 杆），击球 3 杆，罚杆 5 杆（提供助言罚 2 杆，静止中球被移动罚 1 杆，击球时球童站在受限区域罚 2 杆），共 8 杆。

王成：3 上 2 推（发球区 1 杆、球道 2 杆、果岭 2 杆；由于暂定球没有成为使用中球，因此王成对暂定球的击打并不计入他在这个洞的成绩），击球 5 杆，罚 2 杆（静止中球被移动后未放回原位），共 7 杆。

## 四、本洞涉及的重要规则

### （一）规则 10.2：助言与其他帮助

助言指他人意图在球杆选择、击球方法、打球方式等方面影响球员的任何口头评论或动作。球员在场上只能向自己的同伴或者球童征询或接受助言；向其他人提供助言或者接受其他人的助言都被认为是违反规则的行为。对违反规则 10.2 的处罚：一般性处罚。

1. 规则 10.2a：助言

一轮比赛中，球员不得有以下任何行为：

（1）向正在球场内比赛的任何人提供助言。

（2）向除自己的球童以外的任何人征询助言。

（3）触碰另一名球员的装备以了解一些信息，而这些信息如果是由那名球员提供或球员向其征询而得的话将构成助言（例如触碰另一名球员的球杆或球包以查看他正在使用哪一支球杆）。

需要留意的是，有关规则或当地规则方面的信息不属于助言，一些属于球场公开的信息也不属于助言。

2. 规则 10.2b（4）：球员击球前球童的受限区域

规则禁止球员在击球时让球童站在或靠近打球线在球后方的延长线上或附近（即受限区域），即击球时球童不得站在球员挥杆方向的正后方。

3. 规则 10.2b（5）：肢体协助、消除干扰和对自然因素的防护

规则禁止球员在击球过程中寻求外界给予的任何物理上的协助，例如让朋友在自己推击时帮助固定发抖的双手；规则也不允许球员接受对自然因素的防护，例如不能让球童在击球时帮忙打伞。

### （二）规则 9：在球的现有位置打球；静止中球被拿起或移动

通常情况下，如果球员导致自己的球或对手的球发生移动，他将受到处罚（在推杆果岭上除外）。如果球员的球静止后被诸如风或水等自然力移动，通常球员必须从新的地点打球，但是要特别留意规则 9.3 提到的两种例外情况：一是如果推杆果岭上的球之前已被拿起并放置回原位，但此后发生移动，则球员必须将它放置回原位；二是如果静止中球在被抛、放置或放置回原位之后移动至另一种球场区域或出界，球员必须将其放置回原位。

### （三）规则 10.1b：固定球杆

规则要求球员在击球时不得直接固定或使用支点间接固定球杆，否则会受到一般性处罚。当球员有意用球杆或握把抵住身体的任何部位时，这支球杆即被直接固定。当球员有意用前臂抵住身体的任何部位，使握把作为一个稳定点以便另一只手围绕该点挥动球杆时，这支球杆即被间接固定。

# 第四节

## 案例4　Par3

### 一、案例材料

第四洞是一个距离只有135码的三杆洞，王成和赵强都希望能在这一洞“抓鸟”。

王成选用8号铁杆开球，但是没有打好，球落在了果岭右侧的长草里。相比而言，赵强的开球要好一些，他的球落在了果岭上。虽然距离球洞还有15码左右的距离，但保住标准杆还是很有希望的。

王成仔细观察了球位和果岭的情况，吩咐球童为自己照管旗杆，然后一记短切将球送上果岭，球的线路很好，落在果岭上之后径直向球洞滚去。王成的球童觉得球速过快，有可能越过球洞，于是将旗杆拉至一边以便挡住该球，王成赶紧提醒球童不能这样做，但是已经来不及了。王成眼睁睁地看着自己的球碰到旗杆后变向滚到了旁边60厘米左右的地方停下来。自知犯了错误的球童赶忙向王成道歉，并把旗杆拔出来放在了球洞的旁边。王成大度地笑了笑，提醒他以后注意就好了。

这时候轮到赵强推球。不过，他也没有控制好自己的推击力量，球在到达球洞旁边后仍然快速地向前继续滚动。赵强的球童这时候注意到他的球很可能滚出果岭，于是赶紧走过去，把旗杆拿起来放在果岭边，球也刚好在靠近果岭边的地方停了下来。

赵强对自己刚才那一次推杆感到不可思议，于是他站在球前又试着挥了几下杆。不巧的是，在此过程中球杆碰到了球，球向旁边滚了十几厘米。赵强无奈地摇了摇头，在球的新位置上继续击球，并用2杆把球推入洞中。此后，王成也成功地将自己在球洞旁边的球推进洞，然后两人一起走下果岭。

## 二、任务

（1）根据文字材料，画出两位球员在此洞的打球路线，在图上简要标明每位球员违反规则及受到罚杆的情况。

（2）作为裁判员，你觉得赵强和王成两位球员在本洞各打了多少杆？两人分别用了几杆将球攻上果岭？在果岭上推了几杆？各罚了几杆，为什么被罚？

## 三、案例剖析

### （一）案例分析

（1）不管球是否在果岭上，球员和他的球童都不得故意移动或移走旗杆以影响球员的球可能会静止的地方。如果这样做了，球员将受到一般性处罚。王成的球童把球洞内的旗杆拉至一边，以便挡住球的滚动并改变球的运动路径，那么王成就得为其球童的行为付出代价。

（2）在赵强推球之前，他如果觉得自己的击球有可能碰到地上的旗杆，就得事先把旗杆移动到别的地方。一旦击球已经开始，任何人都不得故意去移动击球前本来无人照管且可能碰到球的旗杆。因此，赵强的球童在赵强开始击球后故意跑过去拿走原来放在地上的旗杆，实际上是对球的运动施加了某种影响，赵强须为此被罚 2 杆。

按照规则，如果在击球前有人在帮助球员照管或举起旗杆，那么在球员击出的球静止之前，这个人将一直被视为正在照管旗杆。如果赵强的球童或者其他任何人在赵强开始推击之前已经为赵强照管旗杆，那么即使他们把旗杆放在了地上，在此之后他们觉得球有可能碰到旗杆的话，仍然可以将旗杆移动到其他地方。

（3）《高尔夫球规则》中的“击球”是指意在打球并使其移动而使球杆向前的运动。试挥杆造成球的移动并不算作一次击球，因为打球者实际上在试挥杆的时候并没有移动球的意图。赵强试挥杆时移动了球，符合规则 9. 4b 的例外 3 的规定：球员如果在推杆果岭上（无论以何种方式）意外导致这个球移动，不受处罚，只需要把球放回原位即可。但是，赵强没有把试挥时移动的球放回原位，构成从错误的地方打球，须受到 2 杆的处罚。

### （二）本洞打球路线图

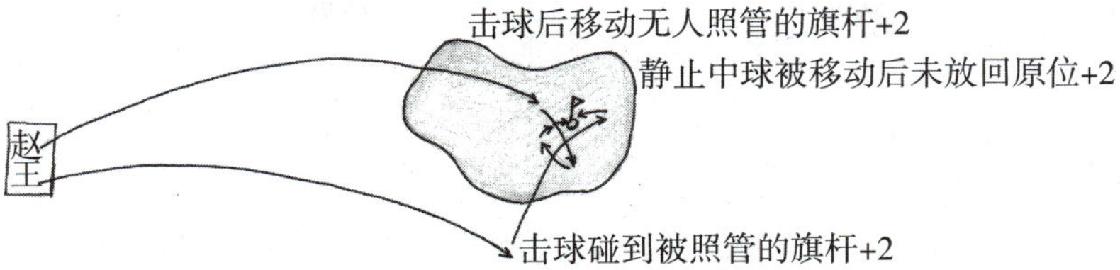


**图 5－15　第四洞打球路线示意图**

### （三）本洞成绩

赵强：1 上 3 推（发球区 1 杆、果岭 3 杆），击球 4 杆，罚杆 4 杆（击球后移动无人照管的旗杆罚 2 杆，静止中球被移动后未放回原位罚 2 杆），共 8 杆。

王成：2 上 1 推（发球区 1 杆、球道 1 杆、果岭 1 杆），击球 3 杆，罚杆 2 杆（击球碰到被照管的旗杆），共 5 杆。

## 四、 本洞涉及的重要规则

### （一）规则 13.2：旗杆

规则 13.2 的基本含义：无论在任何地方击球，球员都有权利知道球洞的位置。

很多球场都存在相当数量的盲洞（指当球员站在某个地方时，无法看到自己打出的球的落地点），如果球员不能通过一定的手段知晓球洞的位置，那击球的准确性就会大大降低。

1. 规则 13.2a：将旗杆留在洞内

球员在处理涉及旗杆的问题时，可以把旗杆留在洞内，也可以让人将其拔走（包括让人照管旗杆并在击球后将它拔走），但他必须在击球前作出决定。此外，球员不得故意将旗杆移至球洞中心以外的位置以图获取利益。如果球员这样做了，此后运动中球撞到了旗杆，他将受到一般性处罚。

2. 球撞到旗杆或旗杆照管者的处理办法

如果球员的运动中球撞到了球员之前决定要拔走的旗杆，或者撞到了旗杆照管者（或这个人持握的任何物体），是否受罚取决于该行为是意外还是故意导致的。如果球员的运动中球意外撞到旗杆、拔走旗杆的人或旗杆照管者（或这个人持握的任何物体），他不受处罚，且必须在此球的现有位置继续打球。如果旗杆照管者故意变向或停止球员的运动中球，则球员不得在现有位置打球，必须在之前的击球地点重新击打初始球或另一个球。如果球员没有重新击球，他将受到一般性处罚。

### （二）规则 5.2：一轮比赛之前或两轮比赛之间在球场练习

1. 练习击球

规则 5.2a 指出，比洞赛的一轮比赛之前或两轮比赛之间，球员可以在球场内练习。

规则 5.2b 指出，在比杆赛的首日，球员不得于一轮比赛之前在球场内练习，但是可以在其第一个发球区上或附近练习推杆或短切，也可以在任何练习区域练习，还可以在刚完成的球洞的推杆果岭上或附近练习，即便他一天内会再次打这个洞；完成其当日最后一轮比赛后，球员可以在球场内练习。

2. 练习挥杆

练习挥杆和练习击球是两个不同的概念。练习击球是指有意识地击打某个球以达到练习的目的。而练习挥杆是在没有球的状况下空挥，其主要作用是帮助球员在击球前或击球后寻找正确的肌肉感觉。规则认为，练习挥杆是球员的正当权利。因此，只要球员没有不正当地延误比赛，裁判员不会对球员的练习挥杆进行干预。

3. 在练习推杆时不小心移动了球的处理方式

在《高尔夫球规则》中，“击球”是指意在打球并使其移动而使球杆向前的运动。但是，如果球员在球杆杆头触及球之前自发地停止或改变挥杆，则他没有击球意图。因此，球员有无击球意图非常重要。显然，练习推杆时球员并无击球意图，因此如果他在试推时碰到了球，只能认为他在无意中移动了静止中球。按照规则 9.4b 的例外 3 的规定，该球员不会受罚，但必须把球放回原位。如果没有把球放回原位，他将受到一般性处罚。

# 第五节

## 案例5 Par5

### 一、案例材料

第五洞是典型的“狗腿洞”，且球道左侧多长草，右侧多乱石。

王成和赵强的开球都落在了球道的中央，但是两人的第二杆都出了问题。

赵强的第二杆直奔右侧的乱石而去，并且击球时，球杆与球碰撞所发出的声音似乎有些异样，他感觉有些不对劲，但是不知道发生了什么事情。王成则打了一个大大的左曲球，球飞进了球道左侧的长草之中。王成可能是担心自己的球会遗失，又或者是出于其他什么原因，他什么也没有说就径直在原来的地点又抛了一个球，然后把它打到了果岭前80码的地方。

两人各自朝自己球的落点走去。赵强很快在球道右侧的一堆石头旁找到了自己的球。不用拿起球，他就可以看到自己的球上已经有一条很深的裂纹。于是，赵强把自己的这个不适合使用的球放入口袋，然后从球包中拿出了另外一个球，将其抛在了尽量靠近原来那个球停点的位置，然后把球成功地打到了果岭上距离球洞仅5码的地方。

王成没有寻找进入长草的初始球，而是径直走向了暂定球前。他发现球停在球道上一个斜坡的最低处，从这里他根本看不到果岭的全貌，所以只好根据自己对方向的估计把球打向果岭。打完后，他赶紧向前跑了两步想查看自己球的落点，但没有发现球的踪影。于是他询问赵强，赵强回答说他那时候正忙着处理不适合使用的球，所以没有注意。两人的球童也都说没有看到王成的球。

无奈之下，王成只好宣布打一个暂定球。这回他吸取了教训，先让自己的球童站到坡面上去观察球的落点，再挥杆。虽然距离球洞还有十几码的距离，但王成的这杆击球还是成功地将球攻上了果岭。

之后，王成在果岭周围找寻上一杆的第一个球，但找了3分钟仍然没有找到，于是他郁闷地准备推击第二个球（暂定球）。他的球童格外仔细地帮助他看线，在他向王成指示打球线的时候，手指有意在打球线上用力按压出了一条痕迹。赵强立刻向王成指出，他要因为球童按压果岭表面而被罚杆。王成坦率地承认自己的失误。不过，当王成的球童走到球洞前为他照管旗杆时，突然发现球洞里有一个球。他拿起来一看，这个球居然就是王成以为自己遗失了的第一个球。

王成和赵强都不知道如何处理这种情况，于是王成还是把第二个球用2推击进了洞。赵强的球离球洞虽然不远，但是他没有把握住机会，同样用2推完成了该洞。

## 二、任务

（1）根据文字材料，画出两位球员在此洞的打球路线，在图上简要标明每位球员违反规则及受到罚杆的情况。

（2）作为裁判员，你觉得赵强和王成两位球员在本洞各打了多少杆？两人分别用了几杆将球攻上果岭？在果岭上推了几杆？各罚了几杆，为什么被罚？

## 三、案例剖析

### （一）案例分析

（1）两人虽然开球不错，但第二杆都出了状况。王成在没有宣布自己意图的情况下，就直接在上一杆击球的地方又打了一个球。根据一杆加距离的处罚原则，在他击打第二个球后，他的第一个球即在规则上被视为已经遗失，此时王成必须接受1杆的罚杆，同时第二个球成为他的使用中球。因此，王成在球道上打的后一杆应该是他的第四杆。

（2）赵强的球由于出现裂纹，显然已经不适合使用了。按照规则4.2，赵强可以替换另外一个球，并把替换后的球放回初始球原来的位置。不过，在此之前，赵强应该先向王成宣布自己的意图，并在拿起球之前标定球的位置，同时还要为王成提供观察他处置程序的机会，但赵强并没有这样做。虽然他的球确实不适合使用了，但是他没有事先宣布意图并且在拿起球之前没有做标记，这将使他遭受 1 杆的处罚。更糟的是，赵强没有按照规则的要求把球放置回原来的位置，而是用抛球的方式进行了处置。这样，对赵强的处罚将增至 2 杆。

（3）王成在没发现自己球的踪影时决定打一个暂定球无疑是明智之举。此后，如果他在 3 分钟之内没有找到自己的初始球，在他接受 1 杆的罚杆后，暂定球成为使用中球。

（4）王成的初始球早就进洞了，此时他的暂定球将失去效用。需要说明的是，即使王成找了 3 分钟后没有找到自己的初始球，之后他自愿接受 1 杆的罚杆并用暂定球完成比赛，这仍然不会改变初始球进洞的事实。也就是说，那种情况下，王成仍然应该计算自己初始球的杆数。同时，王成之后也不会因继续击打第二个球受到处罚。

王成的球童太大意了，如果没有特别的原因，在果岭上是不能够触碰打球线的。赵强说得没错，正常情况下，王成将因为球童的这一行为而遭到 2 杆的处罚。不过，由于他的球已经进洞，他幸运地躲过了一劫。球员已经结束一洞的打球过程后，原则上他在该洞不会再受到处罚。

### （二）本洞打球路线图

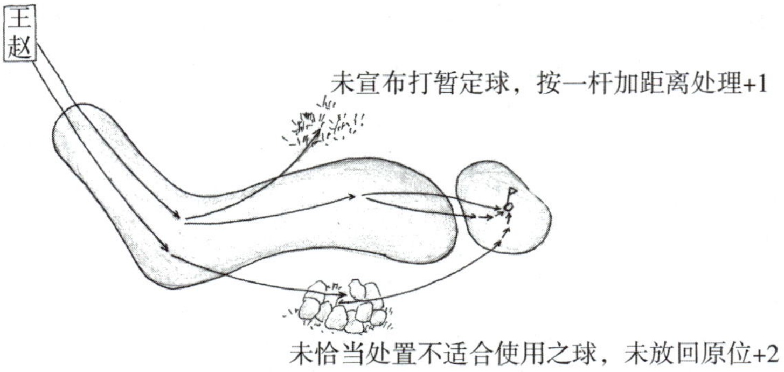


**图 5－16　第五洞打球路线示意图**

### （三）本洞成绩

赵强：3 上 2 推（发球区 1 杆、球道 2 杆、果岭 2 杆），击球 5 杆，罚杆 2 杆（未恰当处置不适合使用之球，未放回原位），共 7 杆。

王成：4 上 0 推（发球区 1 杆、球道 3 杆、果岭 0 杆），击球 4 杆，罚杆 1 杆（未宣布打暂定球，按一杆加距离处理），共 5 杆。

## 四、本洞涉及的重要规则

### （一）规则 18.1：任何时候都允许按照一杆加距离的处罚程序进行补救

一杆加距离是《高尔夫球规则》中一个很重要的原则。其应用原则是：如果一名球员在进行了一次击球后按照一杆加距离的程序接受了处罚，那么初始球即视为遗失，同时按照一杆加距离程序击打的那个球成为他的使用中球。

规则 18.1 提到，在任何时候，球员都可以在接受 1 杆罚杆后在上一杆击球的地点打初始球或另一个球，也就是按照一杆加距离的处罚程序处理。除非规则中另有规定，如果球员在上一杆击球的地点击打了初始球或另一个球，则认为他已按照一杆加距离的处罚程序进行了处理。

### （二）规则 4.2c：一洞比赛过程中球被切开或破裂

1. 球被打坏时的处理方式

根据规则，球员在一轮比赛中必须使用合规的球。如果球员的球严重损坏到不适合使用的地步，球员可以在一洞打球过程中替换另外一个球。

所谓“不适合使用”，是指球上有明显的切痕、裂痕或者球发生变形。如果只是因为球上粘有泥土或其他物质，或者只是因为球的表面有一些划痕、涂漆损坏或者褪色，那么这个球并不是规则中所指的不适合使用之球，球员也无权对其进行更换。

特别说明：如果球员及记分员确认其球为不适合使用之球，那么球员可以用另外一个球替换被损坏的球，并把替换球放置在损坏球原来的位置。

《高尔夫球规则》中很少会要求球员在球道上替换球的时候采用放置而不是抛球的方式，但本条规则是一个例外。目的很清楚，就是希望球员能够在一次击球时不改变其原有的击球环境。

2. 球体破裂成两片以上时球员放置球的位置

规则规定，这时候球员没有权利随便挑选一个自己中意的地方放球。正确的方法是球员必须取消这一次击球，然后回到上一杆击球的地方再重新打一个球。

当然，如果该球经过检查，其损伤并没有达到不适合使用的地步，球员就不得替换球，且必须把这个球放回原来的地方。如果他仍然坚持替换球，并对错误替换的球进行了击球，他将受到2杆的处罚。

3. 规则对确定一个球是否适合使用设置了特别的程序

如果球员觉得自己的球可能为不适合使用之球，那么他在拿起球之前必须首先向比洞赛中的对手、比杆赛中的记分员或同组比赛者宣布自己的意图，并且标定球的位置。

此外，他还必须为对手、记分员或同组比赛者提供观察这一切的机会。他如果在拿起球之前没有履行以上的程序，不管他是违反了一条还是多条规则，都将被罚1杆。

特别说明：当球员违反了规则4.2时，他在比杆赛中最多受到2杆的处罚。如果一名球员没有向同组比赛者宣布自己的意图，也没有标定球的位置，同时还在球并非不适用的情况下更换了自己的球，甚至没有把自己的球准确放回原来的位置，他该罚几杆呢？这看上去几乎是一个不可原谅的错误，但规则对他的处罚其实也就是2杆而已。

### （三）规则13.1：在推杆果岭上允许或要求的行为

规则允许球员在推杆果岭上做一些在其他地方通常不可以做的事情，例如在推杆果岭上标记、拿起、擦拭球，把球放置回原位，修理损伤以及移走沙子和松散的泥土。球员在推杆果岭上意外导致球和球标移动，不受处罚。

但是，球员在一轮比赛中以及中止比赛期间，不得故意采取擦抹果岭表面或滚动球的方式测试推杆果岭或错误果岭。

### （四）规则1.1：高尔夫球运动

高尔夫球比赛是球员依照规则，从发球区开始，使用球杆对一个球经一次击球或数次连续击球，将其打入球洞内的过程。因此，一旦球员根据规则把球打入洞内，他在该洞的打球过程即告结束。那么，此后如果球员再发生犯规的情况，根据规则他也不会在这个洞被施加额外的处罚。

例如，一名球员远距离大力向果岭方向挥出一杆，但上果岭后未见其球，却在果岭边的长草里发现了一个球。他以为这是自己的球，于是把这个球打上了果岭。之后他突然在球洞里发现了自己一开始打上果岭的球，这才知道刚才在长草里打的那个球是一个错球。按照规定，他应该被罚 2 杆。

但是按照规则 1.1 的描述，当球员按照规则把球打入球洞后，他在这一洞的比赛就已经结束，因此一般情况下根据规则他不会在这一洞被追加处罚。这样，打错球的处罚在这里将不再适用。

## 第六节

## 案例 6　Par4

### 一、 案例材料

在前五个洞的较量中，赵强表现欠佳，总体处于劣势，他很希望能在距离只有 320 码的第六洞打个翻身仗。

王成首先开球，他用 1 号木杆奋力一击，结果把球打到了球道右侧的一个土沟里。赵强的开球则好得多，他漂亮地把球打到了球道中间，而且球与旗杆只有不到 100 码的距离。

王成走到球前才发现，他的球正好停在那条土沟的坡面上，他必须站在沟底击打位于坡面上的球。王成很不习惯这种球高脚低的球位。不过，此时他突然发现沟里离球不远的地方有几块砖头。他“灵机一动”，拿了两块砖头垫在自己的脚底下试了试，这下方便多了。他站在砖头上把球成功地打出了土沟，球滚到了果岭前 30 码的地方。

赵强很自信地选用了劈起杆来完成他的第二杆，没想到居然打短了，球结结实实地落在了果岭前的果岭环上。王成用劈杆把球高高地吊起，这时他突然发现赵强的球童居然正准备把洞里的旗杆拔出来。原来是在果岭环上准备推击的赵强让球童去拔旗杆，而球童又没有发现王成正在击球。王成急忙让他离开，因为他觉得自己的球很有可能碰到旗杆后进洞。听到王成的招呼，赵强的球童赶紧往旁边躲，刚好避开了滚过来的球。王成的球最终停在了球洞边上 1 码左右的地方。

赵强击球前发现果岭环上自己的球前面有一个球痕，担心自己的球碰到球痕后变线，于是用果岭叉对那个地方进行了修理和平整。随后，赵强看打球线看得非常准，力度把握得也很好，球直接滚进了洞中。赵强兴奋地跳了起来。

之后，王成也干净利落地把球推进了洞中。

## 二、任务

（1）根据文字材料，画出两位球员在此洞的打球路线，在图上简要标明每位球员违反规则及受到罚杆的情况。

（2）作为裁判员，你觉得赵强和王成两位球员在本洞各打了多少杆？两人分别用了几杆将球攻上果岭？在果岭上推了几杆？各罚了几杆，为什么被罚？

## 三、案例剖析

### （一）案例分析

（1）虽然 1 号木杆被称为“发球木”，但球员并不是必须在所有的球洞都用 1 号木杆开球。在大部分的三杆洞和部分四杆洞，用 1 号木杆开球并不见得是最好的选择。王成在这里的开球就出了问题。

（2）高尔夫球运动强调球员在球的现有状态下打球，王成虽然将球打进了土沟，也得坚守这一原则。在这里，王成的“聪明”显然用得不是地方，把砖头垫在脚底下的行为明显改善了预计站位区域。如果能在击球前把砖头拿去，他还有机会避免罚杆。遗憾的是，王成并没有意识到自己的错误。虽然这次击球很成功，但加上 2 杆的罚杆显然是很不划算的。

（3）王成在击球时并没有意识到赵强的球童正准备移开旗杆，赵强的球童移动旗杆时也没留意到王成正在推杆，按照规则 13.2a（4）的要求，如果其他球员或其球童出于其他任何原因移动或拔走旗杆，他们将不受处罚，例如他们合理地认为球员的运动中球在静止之前不会撞到旗杆，或者他们没有意识到球员将要打球或球员的球正在运动。因此，赵强在此处并不会因为球童拔走旗杆而被罚。

（4）任何时候都可以修理果岭上的球痕，但是在其他地方的球痕是不能被随便修理的。此时，赵强修理球痕的行为实际上改善了自己的打球线，违反了规则 8.1，所以要受到 2 杆的处罚。当然，他之后的推球入洞还是有效的。

**（二）本洞打球路线图**

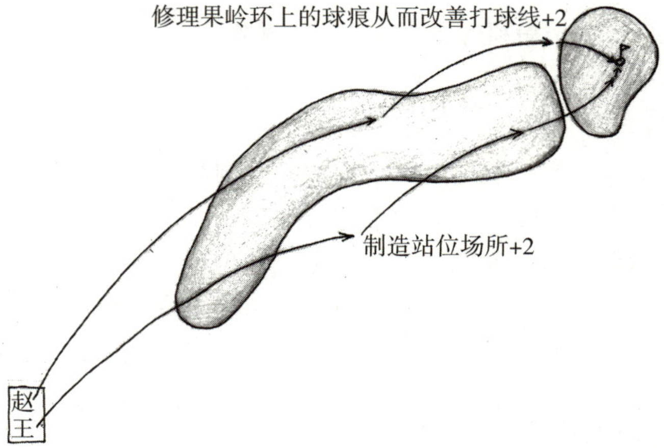


**图 5－17　第六洞打球路线示意图**

**（三）本洞成绩**

赵强：3 上 0 推（发球区 1 杆、球道 2 杆），击球 3 杆，罚杆 2 杆（修理果岭环上的球痕从而改善打球线），共 5 杆。

王成：3 上 1 推（发球区 1 杆、球道 2 杆、果岭 1 杆），击球 4 杆，罚杆 2 杆（制造站位场所），共 6 杆。

## 四、本洞涉及的重要规则

### （一）规则 8.1a（2）：将一个散置障碍物或可移动妨碍物移动到某特定位置

球员在采取站位的时候有权使两脚稳固地站于地面，但他不得制造站位场所，若将一个散置障碍物或可移动妨碍物移动到某特定位置（例如以此来制造站位或改善打球线），他将受到一般性处罚。

“制造站位场所”的基本含义是球员不得通过使用外物或破坏自然地形的方式来对自己的站位提供帮助。例如，一场大雨后，球场里可能到处是积水，此时球员如果拿上一条毛巾垫在自己脚下，以防水进入鞋底，就构成了制造站位场所。同样的道理，如果球停在沙坑里的坡面上，球员也不能用脚把斜坡上的沙子踩到一边去，从而使自己的双脚站在一个令人满意的平面上。

再如，一位球员把球打到了树枝上，在够不到球又不想被罚杆的情况下，他想出了一个“好办法”：让球童把球车开到树下，他站在球车上正好可以击打到球。如果在击球前球员认识到了自己的错误，最后决定把球车开走，那么他将不会受到处罚，因为他并没有造成不可逆转的事实。但是，有些时候这种错误是无法纠正的，例如球员用脚把沙坑里的沙面踩平后，理论上讲是不可能把它完全恢复到原来的状态的，所以2杆的处罚也就不可避免了。

### （二）规则13.2a：将旗杆留在洞内

如果球员已将旗杆留在球洞内，并且没有授权任何人照管旗杆，其他球员不得故意移动或拔走旗杆以影响这名球员的运动中球可能会静止的位置。

如果其他球员或其球童在球员击球前或击球过程中这样做了，而且此后球员没有意识到这一点就进行了击球，抑或其他球员或其球童在球员击球后当球还在运动时这样做了，其他球员将受到一般性处罚。但是，其他球员或其球童出于其他任何原因移动或拔走旗杆，将不受处罚，例如他们合理地认为球员的运动中球在静止之前不会撞到旗杆，或者他们没有意识到球员将要打球或球员的球正在运动。

### （三）规则8.1：球员改善击球环境的行为

“在球场的现有状况下打球”被视作高尔夫球运动的一项核心原则。这句话的背后还隐藏着另外一层意思，即球员必须接受他上一杆击球带来的后果。如果遇到麻烦，球员就必须想办法克服。

规则指出，球员不得通过移动、弯曲或折断任何生长物或固定物来改善球的位置状态、预计站位区域或预计挥杆区域，也不得改善其打球线。此外，球员不得通过移开或按压沙子、浮土、已被放回原位的被削下来的草皮或者其他不平整表面的方式来达到同样的目的。

在挥杆击球过程中造成那些生长植物折断或者弯曲不会带来罚杆。但是，如果球员的挥杆动作在折断植物后停了下来，也就是说他没有完成该次击球，那么处罚将在所难免。

若一名球员的球落在果岭以外，他希望用推杆来完成下一杆击球，却发现果岭上在自己的打球线上有一摊临时积水。此时球员当然希望自己获得无处罚的抛球机会，但是他的球并没有处在果岭上。按照规则，处在打球线上的临时积水并不构成对他击球的妨碍，但该球员让球童用毛巾去除那摊积水，这种做法显然在事实上改善了他的打球线，因此他将不可避免地受到处罚。

违反规则 8.1（球员改善击球环境的行为）的处罚：一般性处罚。

如果球处在灌木中，球员在站位时必须小心翼翼地弯曲周围那些小树枝。他既不能挥动手中的球杆把那些“讨厌”的植物砍倒，也不能把阻挡的树枝拉到一边，或者将树枝踩在自己脚下进行击球，因为这些行为都不能算作“正当”。同样，球员还不能在球后踩来踩去，把地面上的生长物踏平以方便自己随后的击球。

有些球场会种有一些树苗或者幼树，它们通常受到支架保护。职业比赛通常会在当地规则中作出明确说明，允许球员在受到支架的妨碍时接受无处罚的补救。但是要注意的是，并不是所有的球场都会有这样的当地规则。并且，这种当地规则的目的只是保护那些幼树，而非让球员从中得益。因此，如果不存在以上的当地规则，球员最好宣布球不可打，在接受 1 杆的罚杆后，按照规则 19（不可打之球）接受补救。若冒着损毁幼树的危险去击球，显然不是最佳选择。

## 第七节

### 案例 7　Par4

#### 一、案例材料

第七洞是一个比较长的四杆洞，有 380 码。球道左侧有界外。

王成决定把它当作一个五杆洞来打，选用 3 号木杆开球，但没想到还是出了状况。他的球直奔球道左侧而去，落在了球道边的长草中。赵强也用3号木杆开球，但击出的球也奔着和王成的球同样的方向而去。

王成在长草堆里经过一番寻找，看到了一个球。不过，他不能确信这是自己的球，于是他向赵强声明，自己需要辨认一下这个球。赵强没有反对，于是王成直接把球拿起辨认。球上的标记显示这个球就是他的。王成小心翼翼地把球放回原来的位置，然后规规矩矩地用劈起杆把球打回了球道。

赵强在更偏僻的地方找到了自己的球，但是在他的球旁边正好有一根标示界外的白桩。幸运的是赵强的球没有出界。赵强觉得这根白桩影响挥杆，于是将其拔掉，然后将球打回了球道。出于礼貌，赵强又把那根白桩插回了原来的地方。

由于第一杆没有打好，王成决定用球道木杆强攻果岭。但是这一次他又把球打偏了，结果球正好撞到了自己球童放在球道边的球包。不过他的运气特别好，球撞到球包后变线，居然回到了球道中央。相比之下，赵强的运气没有那么好，他的长铁杆出了问题，球飞向了果岭右侧的长草中。

赵强找了2分钟左右，在长草里发现了一个球。他告诉王成自己要看一下这是不是他的球，然后给球做了标记，把它拿起。确认这是自己的球后，赵强拿出一条毛巾，把球上的泥土擦掉，又把球放回了原来的位置。随后，赵强成功地把球打到了距离旗杆仅有1码的地方。

接着，王成用劈起杆打了一个高抛球，但是没有掌握好力度，球上果岭后快速向前滚动，撞上了赵强停在旗杆边的球。结果，赵强的球被撞出了果岭，王成的球反而停在了旗杆边。王成对这个意外的结果相当满意。但是，赵强觉得自己的球在王成击球前已经静止了，所以应该把他的球放回原位才公平。因此，他按照自己对规则的理解把球拿起并放回被王成的球撞击前的位置。之后，王成和赵强都只用了1杆便推球入洞。

## 二、任务

（1）根据文字材料，画出两位球员在此洞的打球路线，在图上简要标明每位球员违反规则及受到罚杆的情况。

（2）作为裁判员，你觉得赵强和王成两位球员在本洞各打了多少杆？两人分别用了几杆将球攻上果岭？在果岭上推了几杆？各罚了几杆，为什么被罚？

## 三、案例剖析

### （一）案例分析

（1）对业余球员而言，将比较长的四杆洞当作五杆洞来打是不错的策略。

（2）规则对辨认球的程序规定较严格，球员在拿起球辨认之前首先应该给球做一个标记，以便事后可以把球准确地放回原来的位置。王成辨认球之前没有给球做标记，其后果是被罚1杆。另外，球员在辨认球的过程中不能对球进行擦拭，必要时也只能进行有限度的擦拭，否则会被罚1杆。赵强在辨认球的过程中拿出毛巾擦拭球上的泥土，将被罚1杆。

（3）球场界桩属于固定物，是不可以移动的。赵强的球在界桩旁边，他因为界桩影响其挥杆而将界桩拔掉，这构成改善预计挥杆区域。赵强违反了规则8.1，所以将被罚2杆。

（4）球员的球包属于装备，球在运动中意外撞到自己的装备，球员不受处罚；但如果故意利用装备改变球的运动路线，则他将受到一般性处罚。同时，若球被装备变向，规则要求球员必须在球的现有状态下打球。

（5）若运动中球被另外一个静止中球变向或停止，双方均不受罚。运动中球须在现有位置被击打，但原来静止中球要被放回原处。此处需要强调的是，若击球前两个人的球都已经上了果岭，运动中球撞上另一个静止中球，则运动中球的一方将会被罚2杆。

### （二）本洞打球路线图

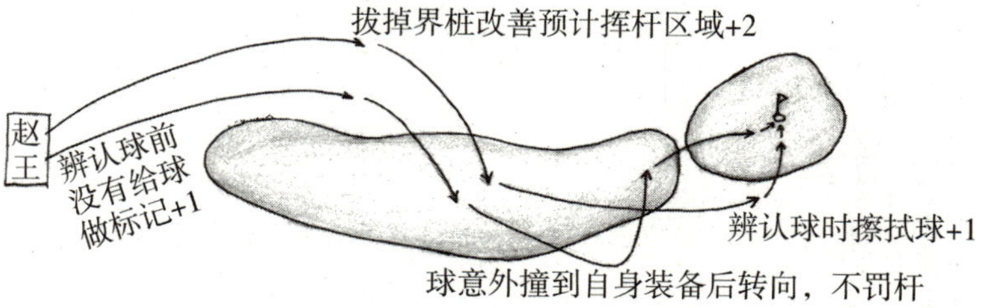


图5－18　第七洞打球路线示意图

### （三）本洞成绩

赵强：4上1推（发球区1杆、球道3杆、果岭1杆），击球5杆，罚杆3杆（拔掉界桩改善预计挥杆区域罚2杆，辨认球时擦拭球罚1杆），共8杆。

王成：4上1推（发球区1杆、球道3杆、果岭1杆），击球5杆，罚杆1杆（辨认球前没有给球做标记），共6杆。

## 四、本洞涉及的重要规则

### （一）规则7.3：拿起球辨认

《高尔夫球规则》对打错球的处罚非常严厉，所以球员有必要在击球之前确认地上的那个球是否为自己的球。为了快速辨认出这个球是不是自己的球，一种比较好的方法是在比赛之前为球做个特殊的标记。

由于场地泥泞，球可能粘上一些泥土，或者做标记的那一面刚好朝下，因此有些时候球员确实没有办法一眼就看出某个球是否就是自己的球。此时，规则赋予了球员将球拿起来进行辨认的权利，但是在此过程中球员必须向比洞赛的对手、比杆赛中的记分员或同组比赛者宣布自己要把球拿起来进行辨认的意图，这是他的明示、告知义务。他在拿起球之前，必须标定好球的位置。在拿起球进行辨认的过程中，球员必须为对手、同组比赛者提供观察其拿球和把它放回原位的机会。

特别说明：辨认球时，球员基本上不可以对球进行擦拭。之所以说“基本上”，是因为如果一个球完全被泥土裹住，球员就不可能对球实施真正的辨认。此时，规则允许球员对球进行有限度的擦拭，但只能擦拭到刚好可以辨认出该球是不是自己的球的程度。

违反以上的所有或某个程序的处罚是1杆的罚杆。也就是说，球员如果在拿球之前没有向同组球员宣布其意图，即使其他程序均是正确的，还是要被罚1杆。但是，如果球员既没有宣布自己的意图，也没有标记球的位置，还对球进行了擦拭，处罚同样也只有1杆。不过，把球放回原来的位置的要求是很严格的，如果球员没有这样做，处罚将会变为2杆而非1杆。

### （二）规则13.1e：禁止故意测试果岭

规则13.1e禁止球员在某一个洞的打球过程中通过滚动球、擦抹果岭表面等方式来测试推杆果岭或错误果岭。因此，在果岭上推球失误后，球员不得随意往地上扔一个球来测试果岭的坡度或者速度，如果这样做了，球员将要接受2杆的罚杆，在比洞赛中将直接输掉这个洞。

球员把手掌放在果岭上测试一下果岭的湿度并不构成测试果岭表面，因为规则已经明确说明了构成测试果岭表面的两种行为——滚动球、擦抹果岭表面。

### （三）规则11.2：运动中球被人故意变向或停止

（1）如果运动中球意外地被外部因素变向或者停止，球员不受处罚，但必须在球的现有状态下打球。

①若击出的球在空中飞行过程中突然被一只老鹰叼走了，球员应如何在现有状态下打球呢？

规则规定，在果岭以外击球后，如果运动中球停留在运动的或者有生命的外部因素之内或之上，球员必须在尽量接近球静止在外部因素之内或之上时的位置正下方的地点补救。如果该地点是球道或者障碍区，他必须抛球；如果该地是果岭，他必须放置球。

如果飞行中的球被一只老鹰叼走，球员只能抱怨自己运气不够好，应在老鹰叼走球的空中位置的正下方抛球（球道或障碍区）或放置球（果岭上），然后继续比赛。

②若球员正在果岭上推杆，眼看球就要进洞了，突然一只田鼠跑过来，把球撞到了果岭旁边的沙坑中，他需要到沙坑内去打自己的下一杆吗？

不需要。规则11.1规定，球员在果岭上击球后，若运动中球被外部因素变向或停止，球员必须取消这次击球，然后把球放回原来的位置上重新打。也就是说，球员被田鼠碰到的那次击球不算入成绩。

（2）运动中球被球员自己、其球童或装备变向或者停止。

如果运动中球意外地被球员自己、其球童或装备变向或停止，该球员不受处罚，然后在球的现有状态下打球。

如果球掉进球员一方的衣物或装备内，球员必须在球进入衣物或装备时的地点进行补救，在球道或障碍区内则抛球，在果岭上则放置球。

特别说明：规则11.1的情况指的是球意外地被本方变向或者停止，如果球员一方故意用某种行为使球变向或停止，那么将受到一般性处罚。

（3）运动中球在比洞赛中被对手、其球童或装备变向或者停止。

规则指出，如果运动中球在比洞赛中意外被对手、其球童或装备变向或停止，双方均不受罚。球员可以在现有状态下继续打球，也可以选择取消该次击球，回到上一杆击球的地点再打一个球。

（4）运动中球在比杆赛中被同组比赛者、其球童或装备变向或者停止。

由于在比杆赛中，同组比赛者与球员的关系等同于外部因素与球员的关系，因此如果运动中球被同组比赛者、其球童或装备变向或停止，处置的方式完全等同于规则 11.1。

（5）运动中球被另外一个球变向或者停止。

事有凑巧，球员打出去的球有时候会碰到其他人的球。规则对这种情况的处理分为两类：

①两球相撞前，他人的球原本处于静止状态。如果球员击球后，他的球撞上了另外一个静止中球，球员必须在球的现有状态下打球。

②两球相撞前，他人的球也在运动之中。如果两球相撞时另外一个球也处于击球后的运动状态，那么双方均不受罚，且必须在球的现有状态下打球。

由此可见，如果球员在某个球洞的开球在空中碰到了另外一个飞过来的球，他唯一能做的就是希望自己的球落在一个比较好的球位上。

## 第八节

### 案例 8　Par3

#### 一、案例材料

在前面七洞的较量中，除第一洞外，王成一直领先。在第八洞，王成继续拥有优先击球权。第八洞是一个长为 145 码的三杆洞。

架好球后，王成用脚把球后面的一块不太平整的地面踩平。之后，他用 7 号铁杆成功地将球开上了果岭。赵强也选用 7 号铁杆，但他的开球差一点儿，由于击球力量过大，球落在了果岭后的长草之中。

赵强在长草中找到了自己的球。他让球童帮自己把旗杆移开，然后用劈起杆漂亮地把球打上了果岭。球上果岭后一直向球洞滚去，但他很不走运，球滚到球洞边就停了下来。赵强走到球前，等了四五秒钟，球依旧在那里一动不动。赵强无奈地摇了摇头，给球做了一个标记，然后把它拿了起来。

王成觉得赵强的球标正好处在自己的打球线上，于是请赵强把球标往旁边挪一挪。赵强爽快地答应了，他拿出自己的推杆，往旁边测量了3个杆头的距离，然后把球标拿起来放到了新位置。不过，在此过程中他的手碰到了自己的打球线。

王成推球前又为自己的球做了标记，然后拿起来仔仔细细地擦了一遍并把它放回了原来的位置。他的小心果然收到了成效，这次他推球进洞了。赵强用自己的推杆往回量了3个杆头的距离，把球标放回了原来的位置，又把球放到了洞口。正当他准备击球的时候，他刚刚放好的球突然滚进了洞。于是赵强把球拿出来，再次放好，并把它推进了洞中。

## 二、任务

（1）根据文字材料，画出两位球员在此洞的打球路线，在图上简要标明每位球员违反规则及受到罚杆的情况。

（2）作为裁判员，你觉得赵强和王成两位球员在本洞各打了多少杆？两人分别用了几杆将球攻上果岭？在果岭上推了几杆？各罚了几杆，为什么被罚？

## 三、案例剖析

### （一）案例分析

（1）王成用脚踩平球后面的地面，这无疑有违规则8.1（球员改善击球环境的行为）的要求。不过，发球区是一个例外。由于王成的球此时尚未进入使用状态，因此他可以在发球区的地面上制造或清除不平整状态。

（2）对于悬停在洞边的球，规则13.3a给予了10秒钟的等待时间。因此，当赵强的球停在球洞边时，他可以等待10秒钟。如果球员确信球不会有滚进洞的可能，早一点儿把球拿起来无疑是一个很有风度的选择。遇到这种情况，大多数球员会选择先推球进洞。

（3）王成觉得赵强的球标有碍自己推球，请求赵强将球标移开，这样的要求是合理的。为了最大限度地保障自己的利益，除非球正在运动，否则球员可以在任何时候要求对方把可能影响自己击球的球或球标移开。

（4）赵强把球标往旁边移动一个或几个杆头的做法符合规则建议的标准处置程序。球员不会因在测量过程中触碰打球线而受到任何处罚。

### （二）本洞打球路线图

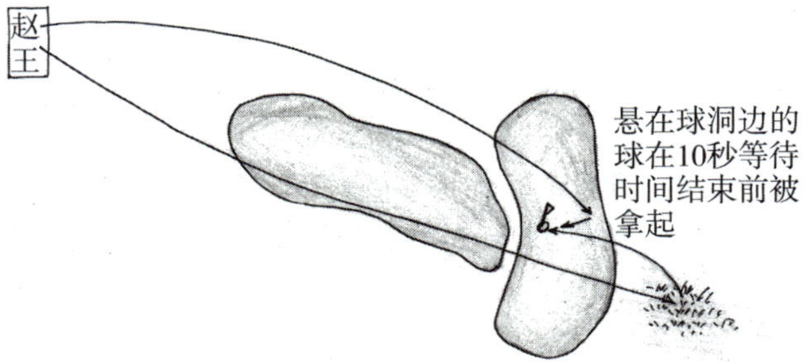


图 5－19　第八洞打球路线示意图

### （三）本洞成绩

赵强：2 上 1 推（发球区 1 杆、球道 2 杆），击球 3 杆，没有罚杆，共 3 杆。

王成：1 上 1 推（发球区 1 杆、果岭 1 杆），击球 2 杆，没有罚杆，共 2 杆。

## 四、本洞涉及的重要规则

### （一）规则 13.3：球悬在洞边

当球员的推击把球送到了球洞边缘，眼看就要进去了，但是它却在那里停了下来，他难免会对此懊恼不已。别着急，因为故事还没有结束，他仍然有机会享受上一杆击球进洞的乐趣。规则允许球员有 10 秒钟的等待时间，看球是否能够入洞。

当然，此时球员不可以在球洞周围蹦跳，也不可以冲着球吹气。球员应当按照正常的节奏走到球前，然后静静地等上 10 秒钟。如果球在随后的 10 秒钟之内掉入洞中，球员将被视为用上一杆把球打入洞中。但等待更长的时间不会为球员带来任何好处，因为如果球在 10 秒钟以后掉入球洞，规则将同样判定球员用上一杆击球入洞，不过需要加上 1 杆的罚杆。

根据规则，当球悬停在洞边时，它在 10 秒钟内依然处于运动的状态；10 秒钟以后，从规则应用的角度出发，球被视为已经处于静止状态。因此，超过 10 秒钟之后，如果球还没有入洞，球员把球打入洞中即可，不会受到任何处罚。

特别说明：不要为了等待球入洞而在洞边无休止地站下去，这样可能会延误打球过程。同时，球员在果岭上需要承担的责任不会在球入洞之后终止，他需要在同组球员推击时保持礼貌，例如不乱走动并保持安静。

按照规则 13. 3b 的规定，如果悬在球洞边的球在规则 13. 3a 规定的 10 秒等待时间结束之前被自然力之外的因素拿起或移动，该球将被视作之前已经静止，球员必须将这个球放置回球洞边缘（参见规则 14. 2），并且规则 13. 3a 规定的等待时间不再适用于这个球。有关被放置回原位的球随后被自然力移动的处理办法，参见规则 9. 3。

### （二）规则 15. 3：球或球标有助于或妨碍打球

除了球正在运动的时候，如果球员合理地认为一个球可能有助于任何人打球，那么如果这个球是自己的，球员可以标记该球的位置并将它拿起；如果这个球是其他球员的，球员可以要求这个球的主人标记该球的位置并将它拿起。

在比杆赛中，如果球员被要求拿起球，他可以选择先行击球而不必将球拿起。切记，根据这条规则拿起球时，球员不得对球进行擦拭，在果岭上除外。

特别说明：在拿起球之前，球员需要先标定球的位置，并在轮到自己打球时把球放回原来的位置。在果岭上，如果放置的球标可能影响其他人打球，球员可以把球标往旁边移动一个或几个杆头的距离，不过一定要注意在自己击球前把球放回原来的位置。

### （三）规则 14. 1c：擦拭球

（1）在下面两种情况下，球员可以把球拿起来进行擦拭而不受任何处罚：

①当球上了果岭之后，只要球员对球做了标记，他就可以放心地把球拿起来进行擦拭。

②当球员采取补救措施的时候。而补救的具体情形包括以下几种：球员宣布球不可打后拿起球时；球员拿起陷入地面的球时；球员为摆脱妨碍物而拿起球时；球员为摆脱整修地、临时积水的妨碍而拿起球时；球员从罚杆区拿起球时。

（2）如果球员拿起球是出于以下目的，则他不得对其进行擦拭，否则将被罚1杆：

①辨认球，只有辨认所需时方可擦拭。

②查看球是否被切开或破裂。

③妨碍打球。

④查看球所在状况是否允许补救。除非球员随后按照某条规则进行补救，否则不允许擦拭。

在不允许擦拭球的场合，如果球员拿起球后把球紧紧地攥在手心，即使他本人没有擦拭球的意图，事实上也会构成擦拭球的客观效果。因此，在职业比赛中，当碰到需要拿起球但不得擦拭的情况时，职业选手通常会在拿起球后把球小心地放在旁边的草地上。他们这样做是为了清楚地告诉所有人，他们没有任何擦拭球的嫌疑。

### （四）规则9.3：球被自然力移动

如果自然力（例如风或水）导致球员的静止中球移动，球员不受处罚，但是他必须从此球新的位置打球。如果球员之前已经在推杆果岭上拿起自己的球并将它放置回原位，但此后这个球发生移动，他必须把这个球放置回原位（如果不知道该点，必须估计）（参见规则14.2），无论导致球移动的原因是什么（包括自然力），本规定均适用。

# 第九节

## 案例9 Par4

### 一、案例材料

第九洞是一个长为370码的四杆洞。

王成和赵强在上一个洞分别拿下“小鸟”（低于标准杆1杆）和标准杆，心情都不错。王成先开球，但方向没控制好，球进了右侧的长草之中；赵强则好得多，他把球打到了球道上，只不过此时球道上正好有一件前组球员落下的外套，而赵强的球恰恰落在了这件外套之上。

王成走到自己球的大概落点后开始找球，在此过程中他不可避免地把一些长草踩平了，最后在一簇灌木下面发现了自己的球。因为球位实在太糟糕，王成看得直摇头。若站直身子击球，他根本就看不到球。于是他让自己的球童趴在地上为自己指示球的位置，粗心的球童在此过程中不小心碰到了球，不过球并没有移动。王成站好后，球童趴在地上帮他确定好了球位，还顺便帮其校正了球杆杆面以便瞄准，然后站到一边。王成在球童的帮助下，成功地把球打回到球道上，球的停点前面正好有一根从树上掉下的小树枝。

轮到赵强打第二杆了。他在外套下面自己球的正下方放了一个球标，然后把球拿起并交给球童擦拭。随后，他又把外套捡起来交给了自己的球童，然后在尽量接近球标且不更靠近球洞的地方抛了球，接着他干净利索地把球打上了果岭。

王成则遇到了一点儿麻烦，他在随手移开球前面的小树枝时，不小心碰到并移动了球。王成把球放回原来的位置，随后也漂亮地把球攻上了果岭。

王成和赵强走上果岭后，为各自的球做好标记，然后把球拿起来进行擦拭。

这时，王成发现自己的球前有一些沙子，于是他用毛巾把这些沙子掸到了自己的打球线旁边，在此过程中还顺便把打球线上的两个鞋印也用推杆轻轻按平了。他的细心获得了回报，此后他只用1杆就把球推进了洞。而赵强用了2杆才把球推入洞。

经过近两个小时的激烈角逐，比赛终于过半。两人都觉得有点疲惫，决定休息片刻，于是一起向休息区走去。

## 二、任务

（1）根据文字材料，画出两位球员在此洞的打球路线，在图上简要标明每位球员违反规则及受到罚杆的情况。

（2）作为裁判员，你觉得赵强和王成两位球员在本洞各打了多少杆？两人分别用了几杆将球攻上果岭？在果岭上推了几杆？各罚了几杆，为什么被罚？

## 三、案例剖析

### （一）案例分析

（1）在找球的过程中把一些长草踩平是很常见的事情，只要没有改善击球环境，球员并不会因此而受到处罚。在做好击球准备的时候看不到球，只能说明王成的运气实在太差，但是他不能因此而受到任何规则的庇护。因为规则明确规定，球员未被赋予在击球时看到球的权利。因此，此处王成只能“盲打”了。球员在击球前让自己的球童为自己指示球的位置无可指摘，只不过王成的球童不仅指示了球位，还在王成站位后站在受限区域内帮其校正球杆杆面，这明显违反规则，王成理应受到一般性处罚。

（2）外套属于可移动妨碍物，如果赵强希望在球的现有状态下打球，这当然没有问题。不过，在多数情况下，球员会要求以恰当的程序接受补救。赵强的处置程序完全正确。由于此时球完全位于球道上的一件外套（可移动妨碍物）之上，因此他需要在移开外套后抛球而非放置球。另外，球员在接受可移动妨碍物的补救时是可以拿起球擦拭的。

（3）王成将因为移动小树枝时的大意而付出罚1杆的代价。在球道上，球员可以移开散置障碍物，但不得造成球移动，否则将会受到1

杆的处罚，且必须把球放回原位。

（4）上果岭后，球员做标记、拿起球、擦拭球，这属于一般的程序，没有问题。

（5）沙子在果岭上属于散置障碍物，因此可以被移走。王成用毛巾移走沙子本身并没有任何问题，因为规则并没有限制用何种工具去除散置障碍物。他在果岭上按平打球线上的鞋印并没有违反规则。按照规则 13.1c，球员在推杆果岭上可以采取两种行为：一是移走沙子和松散的泥土，二是修理损伤。其中“损伤”指的是由人或外部因素造成的任何损伤，例如球痕、鞋子损伤（例如鞋钉印）、由装备或旗杆造成的划伤或压痕、旧洞埋迹、修补草皮或切割草皮的接缝等。如果球员修复推杆果岭的行为超过了合理的限度，从而改善了推杆果岭的状况，球员将因违反规则 8.1a 受到一般性处罚。

### （二）本洞打球路线图

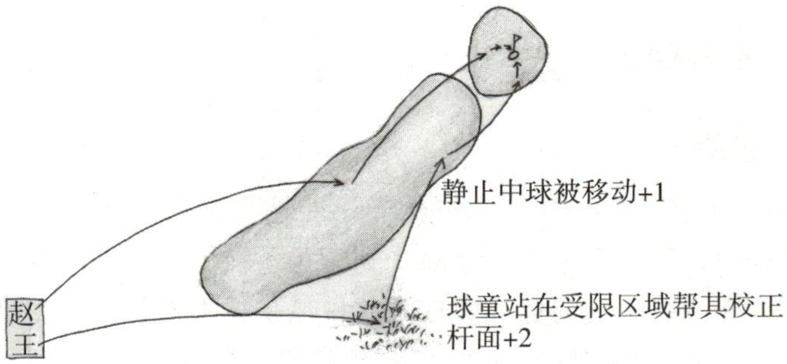


图 5－20　第九洞打球路线示意图

### （三）本洞成绩

赵强：2 上 2 推（发球区 1 杆、球道 1 杆、果岭 2 杆），击球 4 杆，没有罚杆，共 4 杆。

王成：3 上 1 推（发球区 1 杆、球道 2 杆、果岭 1 杆），击球 4 杆，罚杆 3 杆（球童站在受限区域帮其校正杆面罚 2 杆，静止中球被移动罚 1 杆），共 7 杆。

## 四、本洞涉及的重要规则

### （一）规则 7：寻找球：找到和辨认球

在球场上的任何地方寻找球时，规则允许球员出于基本的需要（例如寻找和辨认球）碰到或者弯曲长草、灌木或各种杂草等，但是球员在这样做的时候不得改善球的位置状态、预计站位区域、预计挥杆区域或打球线。

在试图找到或辨认球员的球时，如果球员本人、对手或其他任何人意外移动了球，他不受处罚，但必须把球放回原来的位置（参见规则 7.4）。

另外，规则并不赋予球员在进行击球时必须看到球的权利。也就是说，找到自己的球以后，球员在做好站位时并非一定要看到自己的球。在这里，“找到”是指球员可以从某个角度看到自己的球，而非指在击球时一定要看到球。

### （二）规则 10.2b（4）：球员击球前球童的受限区域

当球员开始为击球而进行站位时（这意味着他至少已有一只脚位于站位的位置），直至该次击球完成，规则对于球员的球童有意站在打球线在球后方的延长线上或附近（即受限区域）的时间和原因作出以下限制：球童不得站在受限区域内帮助球员瞄准。但是，如果球员在击球前退出该次站位，并且球童在球员重新为击球而开始站位前从受限区域离开，则他不受处罚。

### （三）规则 15.2：可移动妨碍物

1. 妨碍物的定义（定义 45）和分类

在《高尔夫球规则》中，“妨碍物”指的是人造物体，比如水泥道路、塑料瓶、漏水井盖等。妨碍物通常分为可移动妨碍物和不可移动妨碍物两大类。区分它们的标准很简单：当一个妨碍物不需要过分费力、不会造成比赛过度延误或引起伤害即可被移动时，它就是可移动妨碍物；否则，它就是不可移动妨碍物，如图 5－21 所示。

图 5－21　不可移动妨碍物

2. 可移动妨碍物的处置程序

简单地说，可移动妨碍物的处置程序可以分为两种情况：

（1）如果球没有完全位于可移动妨碍物之内或之上，那么处置的程序很简单：球员只需要给球做一个标记，把妨碍物移走，然后把标记拿起，继续打球就可以了。

在这里，先给球做一个标记并不是必要的，但这是一个良好的习惯。因为很多情况下，球员移开妨碍物的时候可能会不小心导致球的移动，此时规则并不会对球员实施处罚，却要求球员必须把球放回原来的位置。这时候他就会发现，当初先做一个标记是多么明智的举动。

（2）如果球处于可移动妨碍物的之内或之上，因为此时球并没有接触地面，所以处置的程序会有所不同。这种情况下，球员可以把球拿起，然后把妨碍物移开，在尽量接近球原来停点的正下方处抛球或者放置球即可。当然，球员应知道抛球或放置球的地点不能比原来的位置更靠近球洞，这是常识。

在球场的不同区域，规则中对球的处置程序会有不同的要求。具体而言，在球道或障碍区内，球员必须抛球；而在果岭上时，球员必须放置球。

**（四）规则 15.1：散置障碍物**

1. 散置障碍物与妨碍物的区别

散置障碍物和妨碍物是《高尔夫球规则》中最容易被混淆的两个概念。两者最根本的区别在于：散置障碍物是自然物体，而妨碍物是人造物体。例如，一根掉落在草地上的香蕉毫无疑问是自然物体，所以属于散置障碍物。但是，如果是一个饮料罐或者烟蒂，那就是妨碍物了，因为饮料罐和烟蒂都是人造物体。

可是，人造物体和自然物体有时候并不是绝对的，散置障碍物有时可能会转变为妨碍物。例如，一块木头本来属于散置障碍物，但是如果经过加工变成了一把沙耙，那么它就成了妨碍物。可见，判断散置障碍物时必须仔细考虑其根本属性。

2. 对散置障碍物的补救方法

散置障碍物补救的基本原则是，球员可以将之移开，不受处罚，不过在此过程中必须考虑球所在的位置。

（1）如果球处在果岭以外的位置，规则允许球员把散置障碍物移开，但是在此过程中不得导致球的移动，否则将因移动静止中球被罚1杆。

（2）如果球处在果岭上，规则要宽松很多。球员同样可以移开散置障碍物，如果在此过程中导致球发生移动，球员无须受罚，只要把球放回原来的位置即可。

（3）根据规则12.2a的规定，在击打位于沙坑中的球之前，球员可以按照规则15.1移走散置障碍物和规则15.2移走可移动妨碍物（如图5－22所示）。

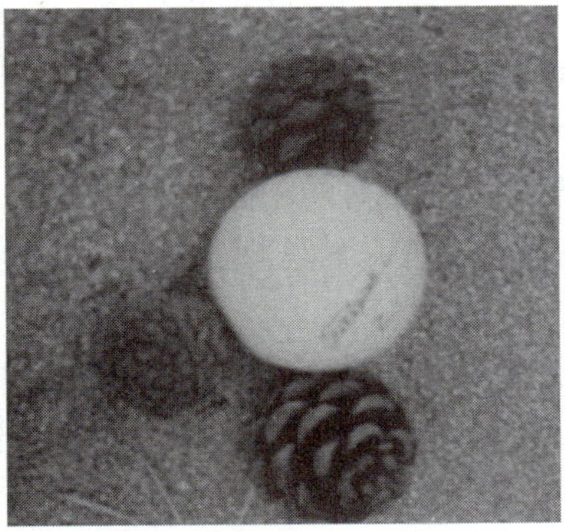

**图5－22　沙坑中的散置障碍物**

# 第十节

## 案例 10　Par4

### 一、 案例材料

经过短暂的休息后，两人开始了下半场的比赛。第十洞是一个不太长的四杆洞。赵强首先开球，他拿出 3 号木杆，将球稳稳地打到球道正中。王成觉得此洞是一个难得的“抓鸟”机会，选用 1 号木杆开球，结果击出了一记右曲球，球飞入了球道右边的树丛中。

两人各自来到球的落点前，赵强用 8 号铁杆将球攻到距果岭前沿 5 码左右的位置。王成虽然找到了自己的球，但由于受到树丛的影响，他很难挥杆，于是宣布自己的球不可打。他在球停点的两支球杆长度范围内抛球，球落地后滚了 1 码左右的距离，没有更靠近球洞，却停在了一棵松树后方 20 码左右的位置，而这棵松树恰好在球和果岭之间，对王成打球造成了妨碍。

王成拿出 56 度的挖起杆，想要用一记高抛球越过前面的松树直接攻上果岭。球高高飞起，成功地越过松树，但距离上短了一点，落在果岭前的短草区域上。由于前一天下了场大雨，球道变得比较软，再加上这是一记高抛球，球陷入自身落痕中。王成来到果岭前的短草区域，将球从落痕中拿起，擦拭干净后将球放置在了落痕后面大概 2 厘米的位置上，再用挖起杆将球切上果岭距离球洞 5 码的地方。

赵强在果岭边的切球没有切好，球上果岭触地之后越滚越快，越过球洞，又滚出了果岭，最后滚入果岭后方的沙坑中。这个沙坑很深，球位也很不理想。经过片刻思索，赵强决定宣布自己的球不可打，然后按照“罚 1 杆后回到上一杆击球的地点打球”的规定，他在上一杆切球的位置上抛球，然后一记短切，球停在了球洞边，他直接轻推入洞。

之后，王成用1推将球送入了洞中。

## 二、任务

（1）根据文字材料，画出两位球员在此洞的打球路线，在图上简要标明每位球员违反规则及受到罚杆的情况。

（2）作为裁判员，你觉得赵强和王成两位球员在本洞各打了多少杆？两人分别用了几杆将球攻上果岭？在果岭上推了几杆？各罚了几杆，为什么被罚？

## 三、案例剖析

### （一）案例分析

（1）两个人在发球区内开球，无罚杆。

（2）王成在宣布自己的球不可打后，处理流程准确。在球员宣布球不可打之后，有三种处理办法，王成选择以在球的停点的两支球杆长度范围内抛球的方法处置。需要注意的是，如果抛的球又滚到原来的位置附近，只要没有比原来的停点更靠近球洞，球员是不能够重新抛球的，因为球已经处于使用状态。同样道理，如果抛出的球静止在了另外一个更难打的位置，球员也不能重新抛球。因此，虽然王成宣布不可打后抛出的球受到了松树的妨碍，他也只能在现有状态下打球，当然他还可以接受罚杆并再次宣布自己的球不可打。

（3）王成的球在普通区陷入自身落痕中，他有权接受补救。他拿起球、擦拭球的程序都没有问题，但陷入地面的球的补救规则要求球员在尽可能靠近球原来的位置且不更靠近球洞的地方抛球，而不是放置球，所以王成要因违反这条规则被罚2杆。

（4）通常情况下，球员在宣布自己的球不可打之后，不会选择不可打之球的第一种处置方法，因为按照这条规定去执行就意味着球员要接受一杆加距离的处罚，损失很大。但此处赵强遇到的情况比较特殊，他的上一杆击球点在果岭附近，因此他在选择接受1杆的罚杆后就可以回到球位较好的果岭附近打下一杆。按照规则18.1的规定，球员回到上一杆击球的地点击球，如果上一杆是在球道上击出的，他必须抛球，所以赵强的处置程序完全正确。

### （二）本洞打球路线图

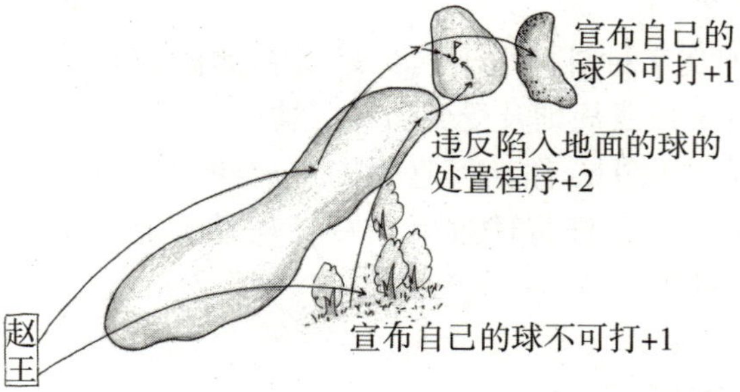


图 5－23　第十洞打球路线示意图

### （三）本洞成绩

赵强：4 上 1 推（发球区 1 杆、球道 3 杆、果岭 1 杆），击球 5 杆，罚杆 1 杆（宣布自己的球不可打），共 6 杆。

王成：3 上 1 推（发球区 1 杆、球道 2 杆、果岭 1 杆），击球 4 杆，罚杆 3 杆（宣布自己的球不可打罚 1 杆，违反陷入地面的球的处置程序罚 2 杆），共 7 杆。

## 四、本洞涉及的重要规则

### （一）规则 19：不可打之球

《高尔夫球规则》大多数情况下是用于惩罚球员所犯的错误的工具，但有时也确实能给球员带来意想不到的好处。不可打之球的相关规定就体现了这一点。球场状况各异，球员有时难免会将球打入“绝境”，此时球员可以有意识地用罚 1 杆的代价来换取一个更好一点的球位，这就是所谓的“不可打之球”，如图 5－24 所示。

图 5－24　不可打之球

球员宣布球不可打时必须牢记以下两点：一是宣布球不可打完全是球员自己的决定；二是球员可以在球场上除罚杆区以外的任何地点宣布自己的球不可打，同时宣布球不可打的时机也完全不受任何人约束。如果球员愿意，他可以宣布位于球道正中甚至果岭上的球为不可打之球。当然，通常情况下，球员只有对自己的球位感到彻底绝望时，才会使用不可打之球的相关规则。

球员宣布球不可打后，处理方法有以下三种（如图 5－25 所示）：

（1）按照一杆加距离的程序补救，回到上一杆击球的地点 A 再打一个球。此时必须注意，球员的处置程序会因上一杆击球地点的不同而略有区别：

①如果上一杆的击球地点在发球区，他必须回到发球区内击球，并且可以在击球之前再次架球。

②如果上一杆的击球地点在球道或者沙坑内，他必须在尽量接近原来的球的停点处抛球。

③如果上一杆的击球地点在果岭上，他必须在尽量接近原来球的停点处放置球。

再次强调，放置球和抛球在《高尔夫球规则》中是两种完全不同的处置方式。球员在打球时，必须严格按照规则的要求进行抛球或者放置球。如果球员在该抛球的场合放置了球，或者在该放置球的场合抛了球，且未纠正就进行了击球，那么他会因此受到2杆的处罚。

(2) 向后连线补救，在初始球的后方、球洞和该球停点连线BB′上抛球。此时，只要是在球的后方，球员往后延伸多长的距离抛球都可以。

(3) 侧面补救，在球的停点的两支球杆长度范围内、不更靠近球洞的地方抛球（如图5－25中C点的右下方）。这种办法被采用的频率更高一些。

此处需要注意的是，如果球滚到了比原来停点更靠近球洞的地方，或者在触地之后又滚出了触地点的两支球杆长度范围以外的地方，球员需要重新抛球。

特别说明：抛球后不一定会获得一个比原来更好的球位。例如，球员的球停在了一棵大树底下，由于没有办法挥杆，他宣布球不可打，在接受1杆的罚杆后采用第三种方式，在两支球杆长度范围内抛球。但不巧的是，他抛球后球又滚回了大树底下。

如果球没有比原来停点更靠近球洞，那么球员就没有机会重新抛球了，因为此时球已经处于使用状态。在这里，球员在宣布自己的球不可打之后，他可以选择三种处置程序，既然他选择了第三种，那么就必须接受由此带来的结果。因此，此时他必须在球的现有状态下打球，或者再次宣布球不可打（如果他这样做了，就必须再次接受另外1杆的处罚）。

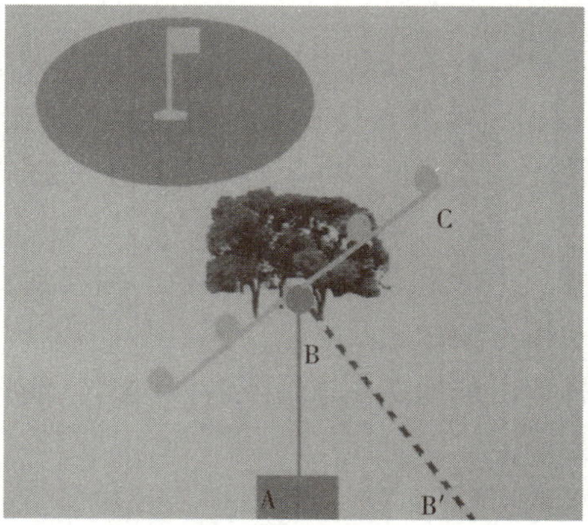


图5－25　不可打之球的处理办法

规则总是试图保证比赛的公平和公正。例如，如果球员在沙坑内宣布自己的球不可打，直觉会告诉他，此时把球抛在沙坑以外恐怕不妥。规则规定，如果球员决定采用第一种方式，即回到上一杆击球的地点打球，这当然没有任何问题；但是，如果决定采用另外两种方式，即在向后连线上或者两支球杆长度范围内抛球，球员必须把球抛在沙坑内。不过，对于沙坑内的不可打之球，球员若愿意再接受1杆罚杆，也可以将向后连线补救中的球抛在沙坑外。

另外，处于罚杆区之中的球是不可以被宣布不可打的，球员必须按照罚杆区的相关规则对此进行处置。

**（二）规则16.3：陷入地面的球**

“陷入地面”是指球位于球员上一杆击球所造成的落痕内，并且球体有一部分低于地面高度。需要留意的是，只要球有一部分低于地面，即使在土地和球之间隔着草，它同样被视为陷入了地面，如图5－26和图5－27所示。

**图5－26　陷入地面的球**

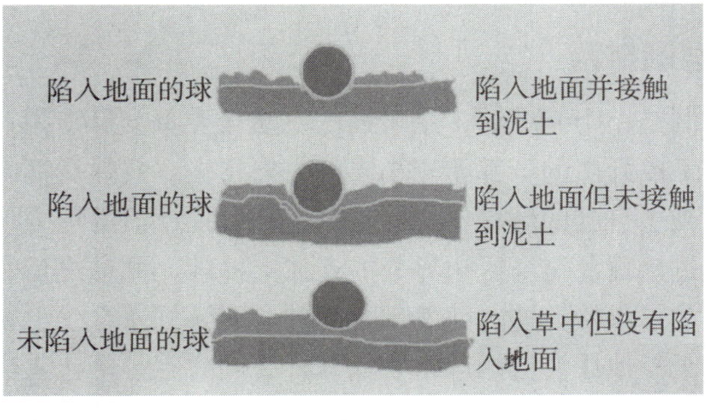


**图5－27　陷入地面的球的几种情况**

从公平的角度考虑，《高尔夫球规则》为陷入地面上自身落痕中的球提供了补救措施。如果球员的球从空中落下后嵌入普通区的地面，球员可以拿起并擦拭球，然后在尽可能接近球原来的位置且不更靠近球洞的地方抛球。运用这一条规则时需要注意两点：

（1）并不是所有在普通区内陷入地面的球都可以得到无处罚的补救。规则对此有严格的规定：只有当球落入自身落痕中的时候，球员才会得到补救的机会。换句话说，如果击球后球沿着地面滚动一段距离后落入了其他人打球留下的落痕中，球员是不被允许拿起球进行补救的，因为那个落痕并不是球员自己的球造成的。

（2）原版英文规则中，自身落痕的说法为“own pitch-mark”。“pitch-mark”的本义是球从空中落下后形成的落痕。因此，获得本规则补救的另外一个条件是球一定要在空中飞行了一段距离。如果球员在一个陡坡上径直把球砸入了地面，他是不可以按照本条规则接受补救的。

## 第十一节

# 案例 11　Par3

### 一、案例材料

第十一洞是一个三杆洞，果岭前的小溪被委员会标定为罚杆区。

赵强和王成开出的球都朝着小溪的方向飞去。赵强在插有黄色立桩的小溪中找到了自己的球，他决定被罚 1 杆后在小溪的后方、球洞与初始球最后越过该黄色罚杆区边界处的连线上抛球。抛球之后，赵强一记短切将球切上了果岭。这时他发现自己的一支 S 杆落在了上一洞果岭后的沙坑边，于是他让自己的球童去取球杆，同时赵强还让王成的球童帮他背球包、递推杆。

王成的球虽然没有进入小溪，但是标定罚杆区界线的黄色立桩妨碍了他的站位。他认为黄色立桩是可移动妨碍物，想把它移走。这时赵强有些疑惑，觉得标示罚杆区的立桩不能被移走，但这时附近又没有裁判员，于是王成决定打两个球，并且宣布如果规则允许将立桩移走，他将选择移开立桩以后打的这个球作为他在这洞的成绩。于是王成首先在没有移走立桩的情况下打了一个球，这杆打得很漂亮，他直接把球切进了洞。然后他又将立桩移走，在刚才打球的地点又放了一个球，这次他堪堪把球切上果岭，又用了2推才将球送入洞中。

赵强走到果岭时，他的球童已经把他的S杆从上一洞取回来，并从王成球童的手中接过赵强的球包。随后，赵强用2推将球击入洞中。

## 二、任务

（1）根据文字材料，画出两位球员在此洞的打球路线，在图上简要标明每位球员违反规则及受到罚杆的情况。

（2）作为裁判员，你觉得赵强和王成两位球员在本洞各打了多少杆？两人分别用了几杆将球攻上果岭？在果岭上推了几杆？各罚了几杆，为什么被罚？

## 三、案例剖析

### （一）案例分析

（1）两个人在发球区内各打1杆，没有罚杆。

（2）赵强对罚杆区的处置程序完全正确，但他让自己的球童去取球杆后应该亲自拉球车、拿球杆，当他指示王成的球童为他拉球车并拿杆时，他就违反了“在任何同一时间，球员都不得有一名以上的球童”的规则。虽然携带和管理球杆是球童的主要职责之一，但王成的球童在赵强的要求下为其携带和管理了球杆，赵强此时就拥有了两个球童，因此他将受到2杆的处罚。

（3）王成在面对规则应用争议时选择打两个球的处置程序完全正确。如果没有特殊规定，标定罚杆区的立桩应该属于可移动妨碍物。前面已经讲到，球员可以在球场的任何区域将可移动妨碍物移开接受补救，即使他的球位于罚杆区内也不例外。因此，王成移开立桩的行为完全符合规则要求。按照事先的选择，他移开立桩后打的这个球的成绩应当记入该洞的成绩。

（4）需要说明的是，有关“打两个球”的规则是为了让球员在对规则有疑义时减少犯错误的机会，而不能成为球员提高成绩的工具。因此，王成的第一个球虽然只用2杆就进洞了，但这个球并不是王成事先选择作为成绩记录的那个球，因此不能作为王成在该洞的成绩。

**（二）本洞打球路线图**

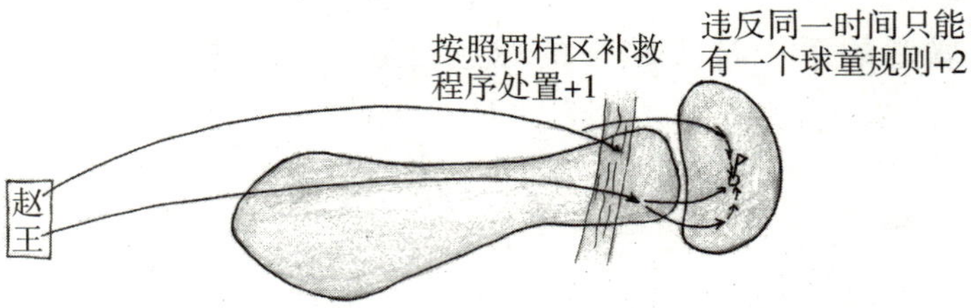


**图 5－28　第十一洞打球路线示意图**

**（三）本洞成绩**

赵强：2 上 2 推（发球区 1 杆、球道 1 杆、果岭 2 杆），击球 4 杆，罚杆 3 杆（按照罚杆区补救程序处置罚 1 杆，违反同一时间只能有一个球童规则罚 2 杆），共 7 杆。

王成：2 上 2 推（发球区 1 杆、球道 1 杆、果岭 2 杆），击球 4 杆，没有罚杆，共 4 杆。

## 四、本洞涉及的重要规则

**（一）规则 10.3：球童**

一轮比赛中，球员可以让一名球童携带、运送和管理自己的球杆，提供助言，并以规则允许的方式帮助自己，但要受到一些限制。例如，在任何同一时间，球员都不得有一名以上的球童；球员可以在一轮比赛中更换球童，但不得仅为了从新的球童那里得到助言而临时进行更换。

**（二）规则 17：罚杆区**

1. 罚杆区的分类

罚杆区分为红色罚杆区和黄色罚杆区。如果委员会没有标示或指出某个罚杆区的颜色，该罚杆区被视作红色罚杆区。

2. 罚杆区的标示

黄色罚杆区的区域由黄色的立桩或线标示（如图 5－29 所示），立桩或线本身位于罚杆区内。罚杆区内的所有区域都是其一部分，并且其界线向上下延伸。当球位于罚杆区内或其任何部分触及罚杆区时，该球即位于罚杆区内。

如果球体有一部分碰到了黄线，该球即位于罚杆区内，此时球员不能宣布该球不可打而采取补救措施。如果在罚杆区内有一棵树，而球被打到了树上，虽然它并没有在罚杆区的地面上，但此时球也仍然位于罚杆区内，必须按照罚杆区的规则进行处理。

**图 5－29　黄色罚杆区的黄色界桩**

3. *球在罚杆区内的处理办法*

当球处于黄色罚杆区内或在其中遗失时，球员可以采取“继续打”“回去打”“后面打”三种措施中的一种：

（1）“继续打”，即球员在球的现有状态下击球。如图 5－30 所示，从 A 点打出的球进入罚杆区中的 B 点，球员可以进入罚杆区，直接在 B 点将球打走。

（2）“回去打”，即球员接受 1 杆的处罚之后，回到上一杆击球的地点打球，如图 5－30 中的 A 点。

（3）“后面打”，即球员接受 1 杆的罚杆，在罚杆区后方、球洞与球最后进入罚杆区边沿的连线后方，即图 5－30 中 CC′连线上抛球，打第三杆。当球员选择此方法时，必须注意“最后”两个字。如图 5－31 所示，从 A 点打出的球越过罚杆区后碰到岸上的树干，然后被反弹进罚杆区中的 B 点。此时，球有两次进入罚杆区的点，球员须以球后一次的进入罚杆区边沿的点为补救依据。

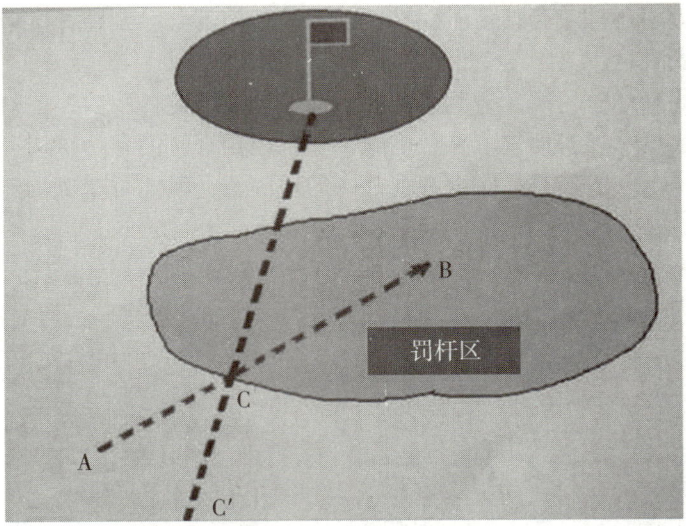


图 5－30　黄色罚杆区的补救

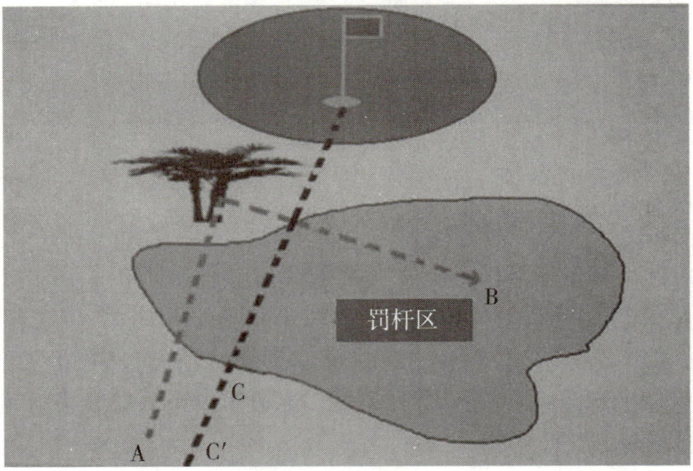


图 5－31　罚杆区的补救（最后入水点）

### （三）规则 20.1c（3）：不确定处理方式时打两个球

除了暂定球以外，规则中还有一种情况可以允许球员再打另外一个球以节省时间，这就是高尔夫球规则中特有的“打两个球”。第二个球和暂定球是完全不同的两个概念。

球员在场上打球可能会面临规则运用方面的疑问，却又不能及时得到裁判员的帮助。若球员在打球过程中遇到了问题，短时间内找不到裁判员，自己又不知道该如何解决，而后面一组球员已经站在后方等待，该怎么办？打两个球的程序在这个时候就派上用场了。

需要特别强调的是，只有在比杆赛中才可以使用打两个球的程序。具体规定如下：

（1）球员在决定打两个球之前必须宣布自己的意图，并提前声明如果规则允许，自己将用哪一个球计算成绩。

①如果球员选择的球的处置程序符合规则，则以该球计算成绩。

②如果球员事先选择的那个球的处置程序不符合规则，而另一个球的处置程序符合规则，则以另一个球计算成绩。

③如果两个球的处置程序都不符合规则，则以球员选择的球计算成绩。但是，若球员因从错误的地方打球构成严重违规，此时要以另一个球计算成绩。

④如果两个球都因为球员从错误的地方打球而构成严重违规，该球员将被取消资格。

（2）如果球员在打完了初始球后才宣布自己打两个球的意图，那么就必须以初始球的杆数作为他在该洞的成绩。换句话说，球员必须在打初始球之前就声明自己将要行使打两个球的权利。这样做是为了防止以下的情况出现：球员打了一个球后，发现这个球打得不好，然后宣布自己要打两个球。规则有时候确实可以为球员提供一些便利，但是绝不可以被滥用。

# 第十二节

## 案例 12　Par5

### 一、案例材料

第十二洞是一个标准杆为 5 杆的长洞。王成和赵强先后开球，王成的球向着球道右侧的沙坑飞去，赵强的球飞入了球道左侧的沙坑中。

左侧的沙坑较大，而赵强的球刚好落在沙坑中间。赵强一手拿球杆一手拿沙耙走进沙坑。可能是因为没太留意，他一直在沙坑中拖着沙耙前行。他走到自己的球前，将沙耙放置在一边，然后打出了很漂亮的一杆，球上果岭后滚到了距离球洞仅 2 码的位置。

王成来到球道右侧的沙坑旁，看到沙坑中有一个球。走进沙坑后，他见球的旁边有两根风吹落的小树枝和几片树叶，便轻轻移开树枝和树叶，然后将球从沙坑打上了球道，接着又用 1 杆将球从球道打上了果岭。

来到果岭后，王成发现果岭上的两个球都不是他的，想必是打错了球，于是和球童一起返回沙坑附近寻找自己的球。刚走到沙坑附近，球童就发现沙坑附近的长草边缘有个球。经辨认，该球正是王成从发球台打出的球。随后，王成用 1 杆将球击上果岭，然后 2 推入洞。

赵强面对 2 码左右的推杆，不禁暗喜，但没料到用力大了一些，球直接跳过了球洞。赵强觉得这个球和他“作对”，于是他给球做好标记后拿起球放入包中，然后拿出另一个球放回果岭，之后 1 推进洞。

## 二、任务

（1）根据文字材料，画出两位球员在此洞的打球路线，在图上简要标明每位球员违反规则及受到罚杆的情况。

（2）作为裁判员，你觉得赵强和王成两位球员在本洞各打了多少杆？两人分别用了几杆将球攻上果岭？在果岭上推了几杆？各罚了几杆，为什么被罚？

## 三、案例剖析

### （一）案例分析

（1）球进入沙坑后，球员得进入沙坑打球。要特别留意在沙坑内打球时，球员既不能测试沙坑状况，也不能改变击球环境等球场状况。赵强在沙坑内拖着沙耙前行，既有测试沙坑状况的嫌疑，也可能改变球场现有状况，无疑会导致 2 杆罚杆。

（2）王成对错球进行击打，属于打错球，要受到 2 杆的处罚，并且必须纠正错误。不过，按照规则规定，他对错球进行的击打不计入他在该洞的成绩。

（3）沙坑内的散置障碍物是可以被移动的，王成的球进入沙坑后，他可以移走球旁边的树枝和树叶。

（4）没有任何一条规则允许球员随意更换自己的使用中球。赵强觉得在果岭上推的球与他“作对”，更换另一个球并将其推入洞中，其行为显然违反了规则4.2，他将因击打错误替换的球而被罚1杆。

### （二）本洞打球路线图

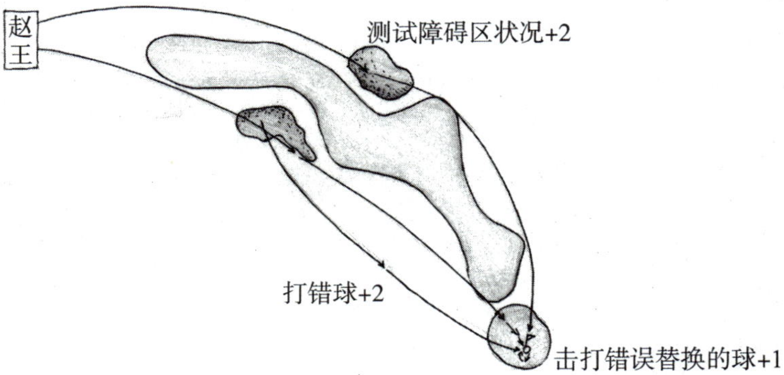


图5－32　第十二洞打球路线示意图

### （三）本洞成绩

赵强：2上2推（发球区1杆、沙坑内1杆、果岭2杆），击球4杆，罚杆3杆（测试障碍区状况罚2杆，击打错误替换的球罚1杆），共7杆。

王成：2上2推（发球区1杆、球道1杆、果岭2杆），击球4杆，罚杆2杆（打错球），共6杆。

## 四、本洞涉及的重要规则

### （一）规则12.2：击打沙坑内的球

当球位于沙坑中的时候，球员不能抓一把沙坑里的沙子来看看这些沙子的软硬粗细程度。规则 12. 2b 特别提到对沙坑内触碰沙子的限制：球员为击球而上杆时不可以触碰沙子。因此，在打沙坑内的球时，球员须将球杆悬于沙面以上而非放在沙子表面。

### （二）定义 72：错球；规则 6. 3c：错球

按照规则，错球是指除了球员的比赛中球、暂定球和比杆赛中按照规则 14. 7b 或 20. 1c 打的第二个球以外的球。它包括其他球员的球、被人遗弃的球和球员不再处于比赛状态的球。

比洞赛中，打错球的处罚是判该洞负。此时，球员唯一的希望是对手也打了错球，而且是在他之前先犯了这个严重的错误，那么对手将输掉这个洞。如果双方都打了错球，并且无法知道到底是谁首先打了错球，那么谁都不会受罚，双方只要用手上的错球继续完成这个洞的比赛即可。

比杆赛中，打错球的处罚是 2 杆的罚杆，并且球员必须打正确的球来纠正错误。不过击打错球的那些杆数并不计入成绩。当然，球员很有可能在错球进洞了之后才发现这个错误，不过没有关系，只要还没有从下一个洞开球，就还有机会进行纠正。球员只要回到第一次打错球的地点打自己正确的球就可以了，不过别忘了加上打错球的 2 杆罚杆。

球员若直到从下一个洞开球之后才发现自己在上一个球洞打了错球，那么他就丧失了任何补救的机会。因为根据规则，如果没有在下一个球洞开球之前纠正错误，或者在完成最后一个洞时没有在离开果岭之前宣布自己纠正错误的意图，球员将被取消资格。在此特别强调，球员在击球之前一定要认真辨认自己的球。

### （三）规则 4. 2 c（2）：可以替换另一个球的条件

规则 4. 2 c（2）提到，只有在可以清楚看到初始球被切开或破裂，并且该损坏发生于正在进行比赛的球洞的情况下，球员方可替换另一个球。但是，如果球上只是有划痕或擦痕，或只是涂漆损坏或褪色，球员不得替换另一个球。

如果初始球被切开或破裂，球员必须把另一个球或者初始球放置回初始位置；如果初始球没有被切开或破裂，球员必须把它放置回初始位置（参见规则 14. 2）。如果球员击打了错误替换的球，他将根据规则 6. 3b 被罚 1 杆。

# 第十三节

## 案例 13 Par4

### 一、案例材料

第十三洞是一个标准杆为 4 杆的中洞。

王成先开球，他把球架在发球区的中间。在打球之前，他觉得如果把球架在这个位置，自己的打球线会受到球道上一棵大树的妨碍，于是他重新把球架在了发球区内的左侧部分。但此时王成的站位会受到发球区标志的影响，他二话没说就把左侧的发球区标志移到了一边。开完球后王成又把发球区标志移了回来，他的球落在了球道中间。

赵强的大力开球严重左曲，球飞到了隔壁第十二洞的球道上。赵强来到自己的球前，用 5 号铁杆击球，却将球打到了第十三洞球道左侧的红色罚杆区中。

王成来到球道中间，拿出 3 号木杆，想要强攻果岭。这一杆打得很扎实，但球飞出后带有明显的右曲，之后跌跌撞撞地滚上了旁边第十五洞的果岭。王成来到第十五洞的果岭，拿出 8 号铁杆，小心翼翼地将球从第十五洞果岭打上了第十三洞的果岭，没有给果岭造成任何损伤。

赵强在球最后进入红色罚杆区边沿的估计点的两支球杆长度范围内且不更靠近球洞的位置抛球，然后用 8 号铁杆将球攻上果岭。赵强走上果岭后，发现自己的打球线面临一个很大的下坡。他小心翼翼地推球，但由于用力过大，球推出之后越滚越快，越过球洞并滚出了果岭，最后滚进了果岭后面的水沟中。

赵强无奈地看着自己的球，决定罚 1 杆回原地重打。他将球放置在上一次推杆的位置上，最终 2 推进洞。

之后，王成也用了 2 杆将球推入洞中。

## 二、任务

（1）根据文字材料，画出两位球员在此洞的打球路线，在图上简要标明每位球员违反规则及受到罚杆的情况。

（2）作为裁判员，你觉得赵强和王成两位球员在本洞各打了多少杆？两人分别用了几杆将球攻上果岭？在果岭上推了几杆？各罚了几杆，为什么被罚？

## 三、案例剖析

### （一）案例分析

（1）发球区标志是发球台上的重要设施，其位置由委员会确定，不能随意变动。规则特别强调，从发球区内击球前，如果球员通过移动该发球区的任何一个发球区标志而改善击球环境，他将因为违反规则 8.1a（1）受到一般性处罚。王成在本洞开球之前认为发球区标志妨碍了他的站位，于是移动了发球区标志，显然违反了规则，因此将被罚 2 杆。

（2）果岭的养护难度较高，需要被精心呵护。规则对果岭上的行为规定得特别仔细。王成的第二杆将球打上了错误的果岭，按照规则他必须接受补救，在最近完整补救点一支球杆长度范围内且不更靠近球洞的位置抛球。但王成并没有按照规则的要求去做，而是在错误果岭上进行了击球。尽管王成很爱护果岭，他的击球也没有给果岭造成伤害，但他并不能因此逃脱规则的惩罚，他应因为在错误果岭上击球而受到 2 杆的罚杆。

（3）球进入红色罚杆区后有三种补救办法，通常情况下球员会选择在球最后进入罚杆区边沿的估计点的两支球杆长度范围内抛球，因为红色罚杆区的这种补救方式为球员节省了距离，他们不必在罚杆区的后方抛球。赵强的球第一次进入红色罚杆区后，他在接受 1 杆的处罚后在最后进入罚杆区边沿的估计点的两支球杆长度范围内抛球，正确地按照红色罚杆区的补救程序进行了处置。

（4）赵强的球第二次进入红色罚杆区后，他并没有沿用前面的补救办法，而是选用了另一种办法，回到上一杆击球点击球。因为他上一杆击球的地点是在果岭上，按照红色罚杆区的这种补救程序，他只需要接受 1 杆的罚杆就可以把球放回果岭上，这无疑是对他最有利的处置方式。

### （二）本洞打球路线图

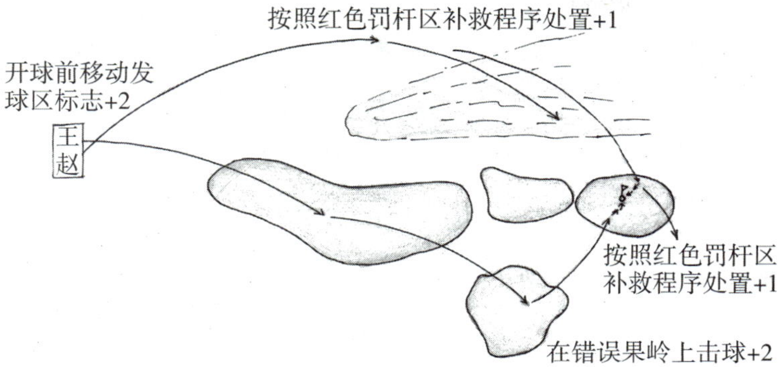


图 5－33　第十三洞打球路线示意图

### （三）本洞成绩

赵强：3 上 3 推（发球区 1 杆、球道 2 杆、果岭 3 杆），击球 6 杆，罚杆 2 杆（两次按照红色罚杆区补救程序处置，各罚 1 杆），共 8 杆。

王成：3 上 2 推（发球区 1 杆、球道 1 杆、错误的果岭 1 杆、果岭 2 杆），击球 5 杆，罚杆 4 杆（开球前移动发球区标志罚 2 杆，在错误果岭上击球罚 2 杆），共 9 杆。

## 四、本洞涉及的重要规则

### （一）规则 6.2：从发球区打球

发球区是为每一洞的比赛而专门准备的一个区域。每个发球台上都会有两个发球区标志，其前端连线和外侧连线限定了整个发球区的起始线和宽度（参见第一洞的介绍及图 5－5）。

球员在正在打球之洞的发球区内进行第一次击球之前，发球区标志被认为是固定的，如果球员认为他的预计站位区域、预计挥杆区域及打球线受到了发球区标志的影响而移动或者允许他人移动发球区标志，球员会因改善击球环境而受到比洞赛判该洞负、比杆赛判罚 2 杆的处罚。

当球员在发球区内完成了一次击球时，发球区标志就成了妨碍物（通常情况下是可移动妨碍物）。如果球员受到它们的妨碍，他可以按照可移动妨碍物的规则进行处置。

如果球员在发球区打球之前或之后因为不小心摔倒而移动了发球区标志，他不会受到处罚，但要将发球区标志放回原处。

**（二）规则 13.1f：必须从错误果岭进行补救**

1. 错误果岭（定义 73）

错误果岭是指除了球员正在比赛的球洞的推杆果岭外的任何果岭，如果委员会没有另外的规定，错误果岭还包括球场上的练习果岭。

当球员的球位于错误果岭上时，出于保护球场的目的，此时球员不得在现有状态下打球，他必须不受处罚地接受补救。违反该规则的处罚：一般性处罚。

需要强调的是，球员的球仅在位于错误果岭上时才构成妨碍，而球本身并没有位于果岭上时，球员是不能够接受补救的，他必须在现有状态下打球。

2. 对错误果岭的补救程序

将初始球或另一个球抛在符合以下条件的补救区内（参见规则14.3）：参考点是与初始球之前的静止位置同属一种球场区域的最近完整补救点。从参考点开始测量的补救区范围为一支球杆长度，但补救区必须与参考点处于同一种球场区域，不得比参考点更靠近球洞，并且必须完全摆脱错误果岭造成的所有妨碍。

**（三）规则 17.1d（3）：侧面补救（仅限红色罚杆区）**

在大多数球场，红色罚杆区的范围要远远大于黄色罚杆区。红色罚杆区必须以红色的立桩或者界线标示，如图5－34所示。

图5－34　红色立桩和界线

有些时候，一个罚杆区内会出现一部分是黄色罚杆区，而另一部分是红色罚杆区的情况，这时在两种罚杆区的交界处会有两根并排的红色和黄色立桩作为标示，以提醒球员。

需要注意的是，球是进入黄色罚杆区还是红色罚杆区，完全取决于球最后进入罚杆区边界的点。该点在红色罚杆区，即认为球进入红色罚杆区；反之即认为球进入了黄色罚杆区。

球进入红色罚杆区后的补救办法共有三种，除黄色罚杆区的两种补救办法仍然适用外，还多了一种特有的补救办法，即在最后进入罚杆区边沿X点两支球杆长度范围内且不更靠近球洞的地方抛球（参见图4－19）。

## 第十四节

### 案例14　Par3

#### 一、案例材料

第十四洞是一个距离较短的三杆洞，果岭三面环水。

赵强开球直接攻入果岭左侧的水中（标定为红色罚杆区）。王成的开球非常理想，直接停在了果岭上距离球洞5码的位置。

赵强按照红色罚杆区的补救程序接受1杆处罚后，在球最后进入罚杆区边沿的估计点的两支球杆长度范围内且不靠近球洞的位置抛球。第一次抛球时，球的落地点比球最后进入罚杆区边沿的估计点更靠近球洞，但球落地后滚回两支球杆长度范围以内。他拿起球进行第二次抛球，这次球的落地点是在两支球杆长度范围内，但落地后向前滚了一段距离，最后的停点比球最后进入罚杆区边沿的估计点更靠近球洞。赵强只得拿起球进行第三次抛球，这次球的落点也是在两支球杆长度范围以内，但球落地后又滚入了红色罚杆区。赵强从罚杆区捡起球，放置在第三次抛球时的触地点，然后用一记漂亮的切杆将球送上果岭，球停在距离球洞1码左右的位置。

赵强对自己的切杆很满意，他和王成说他想先完成这记短推，王成同意由赵强先推。在推球之前，赵强发现如果采用正常的推杆站位将会踩到王成的打球线，于是他双脚分开，跨立在王成的打球线上，然后一推进洞。

王成面对可能“抓鸟”的这记推杆很是小心，他绕着自己的球反复观察打球线，但还是不确定应该往哪个方向推。王成让自己的球童为他指示打球线，球童走到球洞前踩在洞口左侧 20 厘米的位置，告诉王成就朝他脚踩的位置推，王成则按照球童指示方向将球推出。眼看球就要碰到球童的脚了，球童才将脚移开，之后球滚入洞中。

## 二、任务

（1）根据文字材料，画出两位球员在此洞的打球路线，在图上简要标明每位球员违反规则及受到罚杆的情况。

（2）作为裁判员，你觉得赵强和王成两位球员在本洞各打了多少杆？两人分别用了几杆将球攻上果岭？在果岭上推了几杆？各罚了几杆，为什么被罚？

## 三、案例剖析

### （一）案例分析

（1）赵强在球进入红色罚杆区后选择了侧面补救，即在球最后进入罚杆区边沿的估计点的两支球杆长度范围内抛球，前后共抛了 3 次。按照“两抛一放”的原则，赵强最后将球放置在满足条件的第三次抛球时触及地面的点。

赵强的第一次抛球没有首先触及规则要求的区域，因此这一抛不算数，也不能计入“两抛一放”。虽然赵强第二次抛球的触地点在规则允许的区域内，但球滚出了规则允许的补救区域，所以他要重新抛球。第二次抛球的触地点在规则允许的区域内，所以这算是“两抛一放”中的第一抛。赵强第三次抛球的触地点虽然也在规则允许的补救区域内，但球又一次滚出了补救区域，因此这一抛是“两抛一放”中的第二抛。按照“两抛一放”规则，赵强得将球放置在第三次抛球的触地点。可见，赵强的处置程序完全正确。

（2）赵强为了避免踩到王成的打球线，跨立在王成的打球线上击球，不会受到规则的处罚。但是，王成在让球童为他指示打球线时，他的球童的行为明显违反规则 10.2，因此王成要受到 2 杆的处罚。

### （二）本洞打球路线图

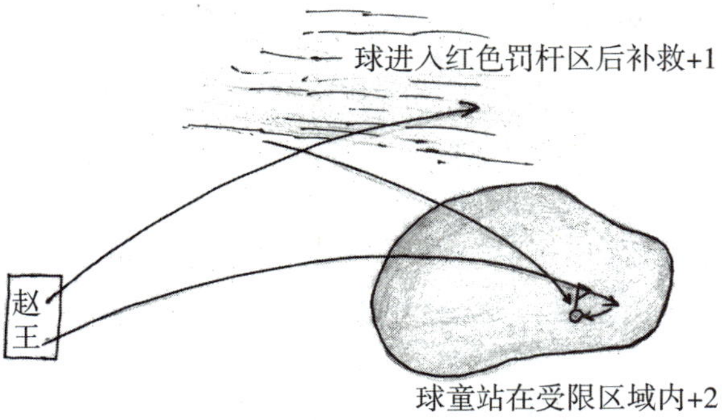


**图 5－35　第十四洞打球路线示意图**

### （三）本洞成绩

赵强：2 上 1 推（发球区 1 杆、球道 1 杆、果岭 1 杆），击球 3 杆，罚杆 1 杆（球进入红色罚杆区后补救），共 4 杆。

王成：1 上 1 推（发球区 1 杆、果岭 1 杆），击球 2 杆，罚杆 2 杆（球童站在受限区域内），共 4 杆。

## 四、本洞涉及的重要规则

### （一）规则 14. 3：在补救区内抛球

抛球对每名高尔夫球员而言都是一种常见的行为。许多情景下，球员需要通过抛球的方式使自己的某个球进入使用状态。例如，球进入罚杆区后，球员可以根据规则在罚杆区外抛球，这样就在接受 1 杆罚杆后，使另外一个球成为使用中球，从而得以继续比赛。抛球时球员需要搞清楚以下几个问题：

1. 如何抛球

规则 14. 3b 中对抛球方法的规定非常简单：球必须在膝盖高度落下且不得触及球员或装备。规则对抛球时球员站立的方向并没有具体要求。不过，如果抛球后球在触地之前触及球员任何身体部位或装备，他就必须重新抛球。这种情况下重新抛球的次数没有限制。

2. 由谁来抛

规则限定抛球必须由球员本人进行。因此，无论球童还是其他任何人都无权抛球。

3. 把球抛在哪里

规则限定必须将球抛在补救区内（或线上）。抛球时，球员可以站在补救区内，也可以站在补救区外。但是，当球员根据某规则采取向后连线补救时，他必须将球抛在规则允许的线上的某个位置，此后这个抛球点将形成补救区。

抛球后，球必须首先触及补救区（或线）。例如，球进入红色罚杆区后，如果球员决定侧面补救，那么在抛球后，球必须首先触及两支球杆长度范围内的补救区域，否则球员必须把球拿起来重新抛球。这种情况下，重新抛球的次数没有限制，直到球首先触及规则要求的区域为止。

4. "两抛一放"

球员下场打球时经常会用到"两抛一放"，因为补救区域往往不是一块平坦的地方，抛下去的球较难在补救区域停住。规则"两抛一放"无疑可以帮助球员节约打球时间。

"两抛一放"规则的出现是为了避免出现无休止的抛球情况。假如球员在一个很陡的斜坡上抛球，很显然抛下去后球不会停在他期望的区域，而可能会滚到距离落地点两支球杆长度范围以外的地方。按照规则，此时球员需要重新抛球，问题是不管抛多少次，球都可能不会如其所愿停下来，但球员总不能一直在那里重复捡球和抛球的动作，所以"两抛一放"的规则应运而生。

不过执行"两抛一放"最重要的前提是，球员必须首先牢记自己在哪些情况下可以重新抛球而不受处罚。当规则要求重新抛球时，球员没有选择的余地，必须重新抛球。

需要注意的是，"两抛一放"并不是指球员最多只可以抛两次球，之后便必须放置球。以下两种情况下，球员可以不限次数地重新抛球：

（1）抛球后球在触地之前触及球员任何身体部位或装备。

（2）抛球后球没有首先触及规则要求的补救区域（或线）。

在这两种情况中不存在"两抛一放"的问题。这两种情况要求的重新抛球和以上所讲的"两抛一放"中要求的重新抛球是不同的。

### （二）规则 10.1c：跨立或站在打球线上击球

球员不得采用以下站位方式击球：故意将双脚置于打球线或该线在球后方的延长线的两侧，或者故意用任何一只脚触碰打球线或该线在球后方的延长线。但是，如果球员采用这样的站位出于无意，或是为了避开另一位球员的打球线，他不受处罚。

### （三）规则 10.2b：其他帮助

在球道上，球员可以让任何人为其指示打球线，但是当球员击球时，任何人不得站在打球线上或其附近，并且任何用于指示打球线的标记必须在球员击球前被移开。

该条规则在盲洞很容易被忽视，因为很多球员习惯于先在盲洞放一个标记，然后以该标记作为参考点进行击球，全然没有意识到这样做违反了规则。相应的处罚是比洞赛判该洞负，比杆赛判罚 2 杆。

如果球已经上了果岭，球员就必须更加小心。因为在果岭上的规定相对更为苛刻，球员任何时候都不得在果岭上放置任何标记用于指示打球线。

当然，在击球之前，球员可以让球童用其他方式为自己指示打球线，比如球童可以用手为球员指出打球线的方向。但是当球员正在击球时，球童不得故意站在球员的打球线或其附近的地方，或做其他任何事情以指出球员的打球线，否则球员会受到一般性处罚。

## 第十五节

## 案例 15　Par4

### 一、案例材料

第十五洞是距离较长的四杆洞。两人虽然在十四洞打平，但赵强凭借在第十三洞的优势在本洞优先开球。赵强奋力一击，开球偏右，球停在了球道右侧的球车道中。王成的开球则稳稳地落在球道正中。

赵强走到球前，发现球车道右侧是一片树林，左侧是半长草区。他觉得如果将球抛在左侧会好打一些，于是拿起球准备在左侧抛球。这时，王成上前制止，说球原来的停点距离右侧的树林更近，最近完整补救点应该在右侧。

赵强听从了王成的建议，按照不可移动妨碍物的补救程序找到最近完整补救点，在其一支球杆长度范围内且不更靠近球洞的位置抛球，结果球停在了一棵大树的旁边。

赵强站在树旁用 6 号铁杆奋力一击，将球击到距果岭 30 码的位置。由于这一杆打到了树根上，球杆杆身明显弯曲。赵强试着将球杆扳直，虽然没怎么用力，但球杆一下子被折断了。赵强无奈地看着自己的球杆，让自己的球童去会所的专卖店借一支球杆过来以便继续比赛，然后让王成的球童帮忙管理球包和球杆。

王成攻果岭的一杆打得短了一些，结果球飞入果岭左边的长草中。他在果岭边的长草中切球时，受长草的妨碍，不小心连击了自己的球，一共连击 2 次，最终球停在距离球洞 1 码处的位置。之后，王成又用 1 推将球击入洞中。赵强用 5 号铁杆将球切上果岭，然后 2 推入洞。

## 二、任务

（1）根据文字材料，画出两位球员在此洞的打球路线，在图上简要标明每位球员违反规则及受到罚杆的情况。

（2）作为裁判员，你觉得赵强和王成两位球员在本洞各打了多少杆？两人分别用了几杆将球攻上果岭？在果岭上推了几杆？各罚了几杆，为什么被罚？

## 三、案例剖析

### （一）案例分析

（1）赵强的球停在球车道上，在王成的提醒下他正确地完成了对不可移动妨碍物的补救。王成对赵强的提醒属于规则应用类的公开信息，不算助言。

（2）赵强的球杆在正常打球过程中发生弯曲，因此他可以进行修理或用另外一支球杆进行更换。由于球杆杆身折断，赵强让球童去会所借另一支杆替换这支损坏的球杆，这没有问题，但是他不应该同时让王成的球童为他管理球包和球杆，他的这一举动违反了规则10.3，导致2杆罚杆。

（3）王成在长草中击球时意外击到球两次，按照规则10.1a的规定，只算一次击球，且不受处罚。

**（二）本洞打球路线图**

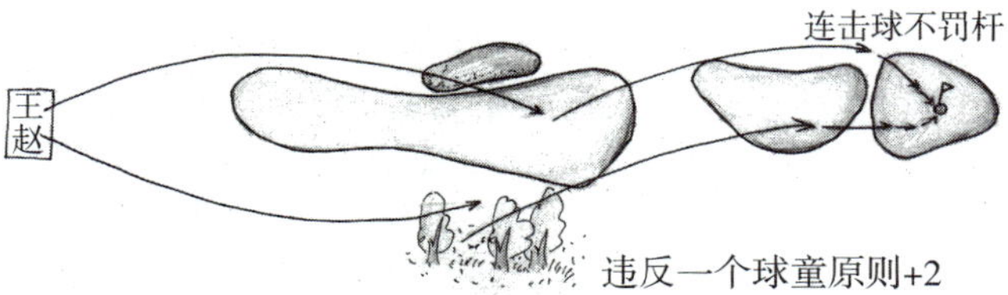


**图5－36　第十五洞打球路线示意图**

**（三）本洞成绩**

赵强：3上2推（发球区1杆、球道2杆、果岭2杆），击球5杆，罚2杆（违反一个球童原则），共7杆。

王成：3上1推（发球区1杆、球道2杆、果岭1杆），击球4杆，没有罚杆，共4杆。

## 四、本洞涉及的重要规则

**（一）规则16.1：异常球场状况（含不可移动妨碍物）**

规则规定，当不可移动妨碍物对球员的打球造成妨碍时，球员可以不受处罚地接受补救。什么情况下才算造成妨碍呢？规则规定，当球员的球位于不可移动妨碍物之内或之上，或者靠近妨碍物而该妨碍物影响了球员预计站位区域或预计挥杆区域时，妨碍物即构成了妨碍。如果球在果岭上，而位于同一果岭上的不可移动妨碍物影响了球员的打球线，它也构成了妨碍。但是，当球位于果岭以外的其他位置时，不可移动妨碍物即使在球员的打球线上也不算构成妨碍，球员不能接受无处罚的补救。

不可移动妨碍物的标准补救程序如下：

（1）球员需要找到最近完整补救点（参考点）。对于不可移动妨碍物而言，最近完整补救点同样需要满足以下四点要求，缺一不可：

①该点必须位于球场上，并且最接近球原来的停点。

②该点不比球原来的停点更靠近球洞。

③如果球处于该点，不可移动妨碍物对球员造成的妨碍将不复存在。

④该点与球原来的停点位于相同或相似性质的区域。

具体而言，如果球原来的停点在球道上，那么最近完整补救点也必须在球道上；球原来的停点在沙坑中，最近完整补救点也必须在沙坑中；球原来的停点在果岭上，最近完整补救点必须在果岭上或者球道上；球原来的停点在发球区中，最近完整补救点必须在发球区中或者球道上。

（2）以最近完整补救点作为参考点，球员在该点一支球杆长度范围内且不更靠近球洞的地方抛球。

尽管规则对此论述得再清楚不过，但是在实际执行过程中还是容易产生各种各样的偏差。经常出现的一个错误就是球员没能正确地找到最近完整补救点，或者压根就不去找最近完整补救点。

值得注意的是，球员在一支球杆长度范围内抛球时，参考点是最近完整补救点，而非妨碍物本身。

### （二）规则 4.1：球杆

在球场上打球时损坏球杆的情况并不罕见，根据球杆损坏的原因和时间，规则有相应的处理办法。如果合规球杆在一轮比赛期间或按照规则 5.7a 中止比赛期间遭到损坏，除非该损坏由滥用所致，否则球员可以对其进行修理或更换另外一支球杆。

但是，无论损坏的性质和缘由是什么，受损的球杆在该轮比赛的剩余部分仍然被视作合规球杆（但比杆赛的附加赛属于新的一轮比赛，因而不包括在内）。

在该轮比赛的剩余部分，球员可以继续用这支受损的球杆击球，也可以修理该球杆或更换另外一支球杆［参见规则 4.1b（4）］，但由滥用所致的损坏情况除外。

如果球员用另外一支球杆替换了损坏的球杆，他必须按照规则 4.1c（1）的程序在下一杆击球前放弃受损的球杆。

### （三）规则 10.3a（1）：球员在同一时间只能有一名球童

在一轮比赛中球员可以让一名球童来携带、运输和管理他的球杆，提供助言以及通过其他被允许的方式来帮助他，但是球员在任何同一时间都不能拥有一名以上的球童，否则将受到一般性处罚。

在各个同一时间受到多个球童帮助的球洞，该球员均受到一般性处罚。

### （四）规则 10.1a：正确击球

规则规定，如果球员的球杆意外击到球多次，只算作一次击球，他不受处罚。需要注意的是，这里的击球必须是一个完整的击球动作而不是两个或多个独立的击球过程，比如球员在完成一记短距离的推杆时没有将球推进洞中，当球还在运动的时候，他迅速地用推杆将球拨进洞。这种情况下，球员明显违反了击打运动中球的规则，并不能触发连击球的规则应用，因为这两次击球是两个独立的击球动作，而非像连击球的规则要求的“在一次击球过程中”，所以球员将被罚 2 杆。

# 第十六节

## 案例 16　Par4

### 一、案例材料

第十六洞仍然是一个标准杆为 4 杆的中洞。王成的开球落在了球道右侧的树林里，赵强的开球停在了球道左侧的长草中。

王成在树林里找到了他的球，在球的前方有一片区域被白线标定为整修地，而整修地中的一棵树刚好挡住了他的打球线。王成拿起球，在避开树妨碍的点的一支球杆长度范围内抛球。遗憾的是，球停在了一个比较难打的位置，他只能用切杆将球打上球道。

赵强也发现他的球在一块整修地旁边，而他击球时刚好需要站在旁边的整修地中。他按照异常地面状况的补救程序，在最近完整补救点一支球杆长度范围内且不更靠近球洞的位置抛球，然后用6号铁杆将球攻上果岭。

王成用挖起杆将球从球道打上果岭，然后又用2杆将球击入洞中。赵强的球距离球洞有近10码的距离，但他第一推用力过大，球越过了球洞。赵强非常生气，在自己的球静止之前用推杆将球敲入洞中。

## 二、任务

（1）根据文字材料，画出两位球员在此洞的打球路线，在图上简要标明每位球员违反规则及受到罚杆的情况。

（2）作为裁判员，你觉得赵强和王成两位球员在本洞各打了多少杆？两人分别用了几杆将球攻上果岭？在果岭上推了几杆？各罚了几杆，为什么被罚？

## 三、案例剖析

### （一）案例分析

（1）规则规定，只有当球位于整修地之内，或者整修地对球员的预计站位区域、预计挥杆区域造成影响时才构成妨碍。整修地内的这棵树仅仅位于王成的打球线上，并没有对他的站位或挥杆造成影响，所以并不构成妨碍。因此，王成在此处不能接受补救，他拿起球的行为得不到任何规则的许可，他将因移动自己的球而受到1杆的处罚，并且必须将球放回原处。由于王成在击球之前并没有这样做，他将受到规则的一般性处罚，即罚2杆。

（2）赵强的站位受到整修地的妨碍，他可以接受补救。赵强的补救行为符合规则要求。

（3）赵强在球尚未停下来时又对其进行了击打，其行为构成击打运动中球，他将受到2杆的处罚。

### （二）本洞打球路线图

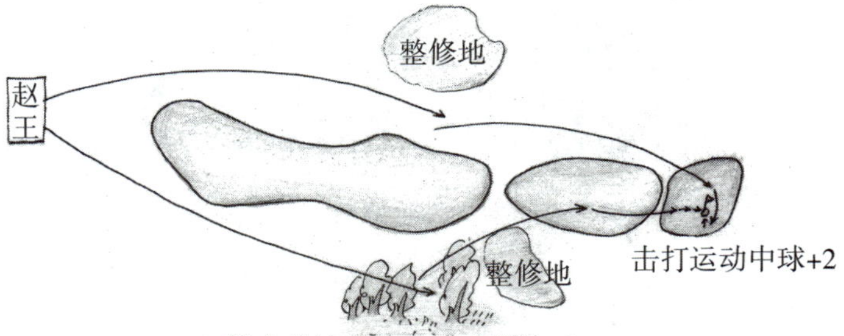


图5－37　第十六洞打球路线示意图

### （三）本洞成绩

赵强：2上2推（发球区1杆、球道1杆、果岭2杆），击球4杆，罚杆2杆（击打运动中球），共6杆。

王成：3上2推（发球区1杆、球道2杆、果岭2杆），击球5杆，罚杆2杆（静止的球被移动未放回原处），共7杆。

## 四、本洞涉及的重要规则

### （一）规则16.1：异常球场状况（含不可移动妨碍物）

异常球场状况是指非正常状态下的球场部分，主要包括四个方面：动物的洞穴、整修地、不可移动妨碍物或临时积水。

1. 动物的洞穴

动物的洞穴指的是动物在地里所挖的任何洞穴，但被定义为散置障碍物的动物（例如蠕虫或昆虫）所挖的洞穴除外，如图5－38所示，具体规定详见定义4。

图 5－38　掘穴动物的洞穴——鼠洞

2. 整修地

整修地是指被委员会界定为整修地的任何球场部分。在大型比赛中，委员会一般会在比赛开始前用白色喷漆将场内需要界定为整修地的区域画在一个闭合的圈内，这些白色画线也属于整修地的一部分，如图 5－39所示。

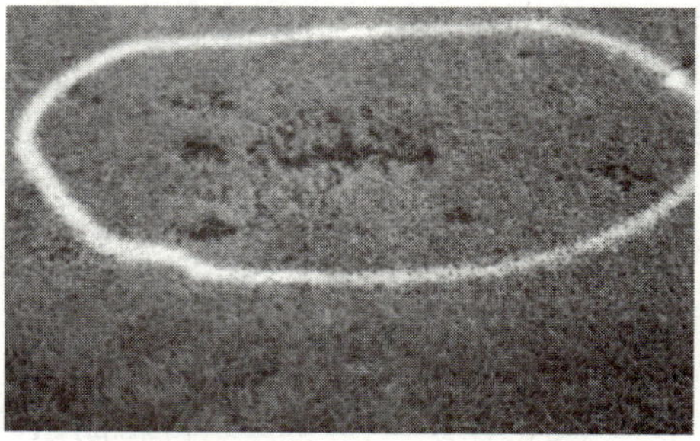

图 5－39　整修地

整修地内的所有地面和任何生长着的草、灌木、树木以及其他生长着的或连接着的自然物体等均属于整修地的一部分。也就是说，当球员的球停在一片整修地旁边时，此时虽然整修地本身并没有对球员的打球造成妨碍，但如果位于整修地内的一棵树的树枝影响了球员的挥杆，球员同样可以接受补救。因为整修地内的树属于整修地的一部分。整修地的界线垂直向下延伸，但不向上延伸。当球位于整修地内或者球的任何部分触及整修地时，该球即为整修地内的球。

此外，即便没有被标示为整修地，球场内准备被移走的堆积物和球场工人所制造的洞穴也具有整修地的属性。至于那些虽然被弃置在球场上但不准备移走的草屑和其他物体，除非它们被委员会标示为整修地，否则它们不自动属于整修地的范畴。

例如，我国北方有些球场到了秋季会有落叶，球场工人在白天会把这些落叶聚积在一起，到晚上再统一运出球场。当球员的球位于这些聚积在一起的树叶中时，球员可以按照整修地的规则进行补救，因为这些树叶是准备被移走的堆积物，具有整修地的属性。

3. 临时积水

临时积水是指球员在采取站位前后在球场上可见的任何临时性积水，但位于罚杆区内的水不是临时积水。当球位于临时积水中或者球的任何部分触及临时积水时，该球即为临时积水中的球。需要指出的是，临时积水一定是可以被看见的。刚刚下过雨的球场地面往往比较潮湿，如果球员在采取站位时听到脚下有吱吱的响声，但看不到有水溢出，这种情况就不属于临时积水。如果球员在采取正常站位的过程中有临时积水溢出，则他可以接受补救。

另外，对于因为下雨而水面上涨的池塘、小溪等，如果水溢出罚杆区，则位于罚杆区界线外的那部分水域也属于临时积水，球员打球受到妨碍时可以接受补救。

当异常球场状况对球员的打球造成妨碍时，球员可以不受处罚地接受补救。那什么情况下才算造成妨碍呢？规则规定，当球员的球位于或触及异常球场状况，或者这种状况影响了球员的预计站位区域或预计挥杆区域时，异常球场状况即构成了妨碍。若球在果岭上，而位于同一果岭上的异常球场状况影响了球员的打球线，这也构成了妨碍。但是，当球位于果岭以外的其他位置时，异常球场状况在球员的打球线上不算构成妨碍，球员也就不能得到无处罚的补救，如图 5 - 40 所示。

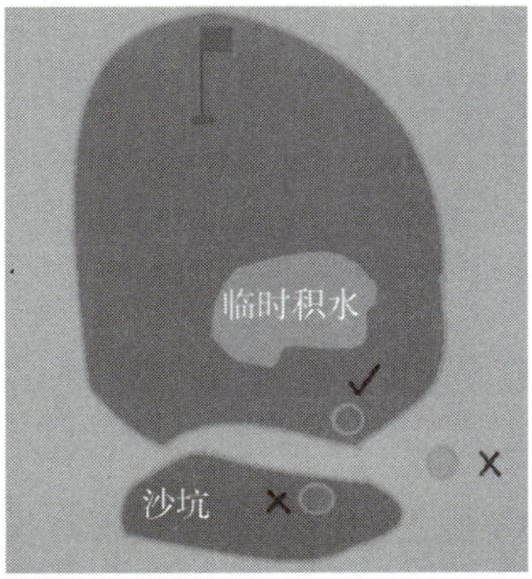


**图 5 - 40　果岭上的异常球场状况（临时积水）影响推杆**

4. 针对异常球场状况的补救

规则 16. 1a 指出，在除罚杆区以外的任何地方，只要球被球场内的异常球场状况妨碍，球员即可获得补救。不过，击球明显不合理时例外。

球员可以遵照以下程序对异常球场状况的妨碍进行补救：

（1）如果球位于普通区，球员需要先找到最近完整补救点，然后以该点为参考点，在一支球杆长度范围内且不更靠近球洞的区域内抛球。需注意的是补救区的位置必须在普通区内，如图 5－41 所示。

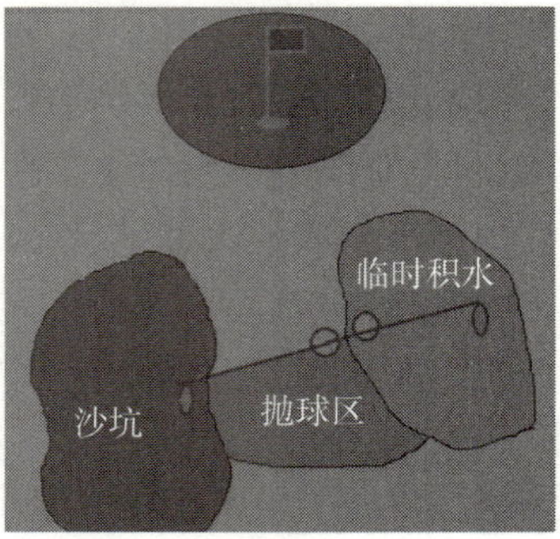

图 5－41　对异常球场状况（临时积水）的补救

（2）如果球在沙坑内，且受到异常球场状况的妨碍，球员的补救方式有两种：一是免罚补救，将球抛在沙坑内的补救区域；二是接受 1 杆的罚杆，进行向后连线补救，然后在沙坑外打球。具体补救流程参见规则 16. 1c。

（3）如果球位于果岭上，球员必须将球放置在最近完整补救点，不受处罚。需要留意的是果岭上的异常球场状况可能只是位于打球线上，如图 5－42 所示。

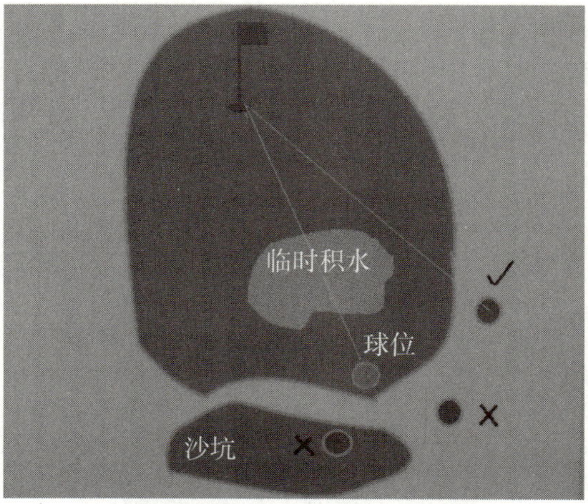

图 5－42　对果岭上异常球场状况（临时积水）的补救

### （二）规则 11.2：运动中球被人故意变向或停止

如果球员故意使任何运动中球变向或停止，他将受到一般性处罚。这就要求球员不得在他的球处于运动状态时再次击打球，否则要受到比洞赛该洞负、比杆赛罚 2 杆的处罚。但有个例外情况需要留意：如果球员拿起正在临时积水中或罚杆区内的水中运动的自己的球，然后按照异常球场状况或罚杆区的补救程序进行补救，他不会因为移动运动中球而受处罚。

# 第十七节

## 案例 17　Par5

### 一、案例材料

第十七洞是一个球道长度相对较短的五杆洞，擅长木杆的选手经常将此洞当作四杆洞来打，借此达成“抓鸟”的目的。赵强也有这种想法，他选用 1 号木杆大力开球，结果打了一个大大的左曲球，球朝球道左侧的水面飞去。还算幸运的是，球最后越过水面落在了第十八洞的球道边缘。王成则打得比较保守，用 3 号木杆将球打到了球道正中。

赵强跑到隔壁球道寻找自己的球，找了半天也没有找到。于是他询问正在隔壁球道打球的球员有没有看到一个标有字母 Q 的球。一名球童告诉赵强，他刚才在找自己球员的球时发现了那个标有字母 Q 的球，并且把它捡了起来。赵强向那名球童要回了他的球，并在球童的指引下准确地找到了球一开始被拿起的位置。赵强在那一点的一支球杆长度范围内抛球，但在球静止后赵强忽然意识到自己的处置程序存在问题。于是他捡起球，将球放置在刚才球童指引的点上，然后用 7 号铁杆将球打回了自己的球道。

王成继续采用保守打法，用5号铁杆将球击至距果岭110码左右的位置，他的球刚好落在赵强的球旁边。

两人来到球前，发现他们的球虽然距离较近，但并不妨碍对方打球。王成先击球，一杆将球攻上果岭。赵强击球时发现球道上的这个球不是他的，而是王成的，无疑王成刚才打走了赵强的球。于是赵强从球包里又拿出一颗球，准备放在刚才王成打球的位置。由于王成在击球时挖起了一大块草皮，赵强要放置球的位置状态已经发生了改变。思索片刻后，赵强在球原来的停点的一支球杆长度范围内且不更靠近球洞的位置抛球，然后一杆将球攻上果岭。王成显得有些懊悔，他在自己的球前试挥了两下，然后用9号铁杆将球送上了果岭，球落地后一直在滚，最终倚靠旗杆停了下来。

走近球洞，王成仔细观察，发现球的一部分居于果岭表面以下，觉得应该算是进洞了，于是捡球离开。之后，赵强用2推完成了该洞。

## 二、任务

（1）根据文字材料，画出两位球员在此洞的打球路线，在图上简要标明每位球员违反规则及受到罚杆的情况。

（2）作为裁判员，你觉得赵强和王成两位球员在本洞各打了多少杆？两人分别用了几杆将球攻上果岭？在果岭上推了几杆？各罚了几杆，为什么被罚？

## 三、案例剖析

### （一）案例分析

（1）赵强将球打上旁边的球道后，球被局外者移动，他需要将球放置回原位。当他准确知道球被拿起的点时，按照规则他需要把球放置在那一点，而不能抛球。赵强的第一次处置程序错误，但他在击球之前意识到了这个错误，然后按照正确的方式进行了处置，所以不会受到任何处罚。

（2）王成打了错球，将受到2杆的处罚。而这个错球恰好是赵强的球，按照规则赵强可以再拿出一个球放置在原来球的停点上。

（3）由于赵强放置球的位置状态已经发生改变，他要在原来球的停点的一支球杆长度范围内找一个与原来球的位置状态最接近的地方放置球。可是赵强没有按照规则的要求去执行，而在球原来停点的一支球杆长度范围内抛球，他将因违反规则受到一般性处罚，被罚 2 杆。

（4）王成的球倚靠旗杆静止，他随后的处理没有问题。当球倚靠留在球洞中的旗杆静止时，规则提到如果在球洞中球的任何一部分位于推杆果岭表面以下时，即便该球没有整体都在表面以下，该球也被视为进洞。

**（二）本洞打球路线图**

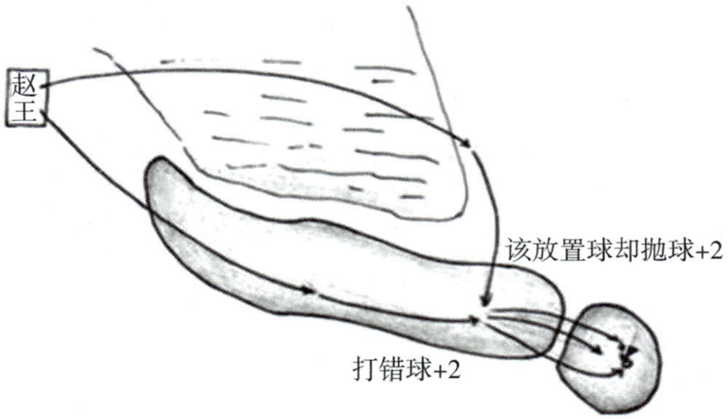


**图 5－43　第十七洞打球路线示意图**

**（三）本洞成绩**

赵强：3 上 2 推（发球区 1 杆、球道 2 杆、果岭 2 杆），击球 5 杆，罚杆 2 杆（该放置球却抛球），共 7 杆。

王成：3 上 0 推（发球区 1 杆、球道 2 杆），击球 3 杆，罚杆 2 杆（打错球），共 5 杆。

## 四、本洞涉及的重要规则

**（一）规则 9.6：球被外部因素拿起或移动**

如果有人知道或几乎肯定某外部因素（包括比杆赛中的其他球员或者另外一个球）拿起或移动了球员的静止中球，球员不受处罚，但是这个球必须被放置回初始位置（如果不知道该点，必须估计）（参见规则 14.2）。

### （二）规则 6.3c：错球

（1）球员不得击打错球（在水中运动的球例外）。比杆赛中，球员打错球会受到一般性处罚（罚 2 杆），并且必须纠正错误，即要在初始球的现有位置继续打球，或者按照规则进行补救。不过，球员击打错球的那一杆，以及纠正该错误之前打的其他杆数（包括击球次数和单纯因为打那个球而受到的额外罚杆），均不计入成绩。但是，如果球员在击球开始另一个球洞之前没有纠正错误，或者当事情发生在本轮最后一个球洞，且他在提交其记分卡之前没有纠正错误时，他将被取消资格。

（2）如果有人知道或几乎肯定球员的球已被另一名球员作为错球击打，该球员必须把初始球或另一个球放置回其初始位置（如果不知道该点，必须估计）（参见规则 14.2）。

### （三）规则 14.2d：初始球位被改变时放置球回原位

如果必须把一个被拿起或移动的球放置回原位，但其初始球位已被改变，球员必须用以下方式将它放置回原位：

（1）无论在沙坑内还是在球场的其他任何地方，如果球原先位于沙子中，球员将这个球放置回初始位置时（如果不知道该点，必须估计）（参见规则 14.2），必须尽可能恢复其初始球位。恢复球位时，如果球之前被沙子覆盖，球员可以露出这个球的一小部分。

（2）如果球位于沙子以外的任何地方，球员放置球回原位时，必须将它放置在与初始位置最相似且距离最近之处，该处必须在其初始位置一支球杆长度范围内（如果不知道该点，必须估计）（参见规则 14.2），并且不更靠近球洞，还得与初始位置位于同一种球场区域之内。

案例中，赵强的球被王成打走了，他需要重新放置一个球在原来的停点。由于王成打球时铲掉了一块草皮，使原来球位发生改变，赵强只得将球放置在与初始位置最相似、距离最近且不更靠近球洞的位置。赵强抛球的处置办法显然错误，得接受 2 杆罚杆。

### （四）规则 13.2c：球倚靠洞内的旗杆静止

有些时候，由于刮风或者球洞本身的问题，插在球洞中的旗杆不是位于球洞的正中，而是向洞口的一侧倾斜，这时就有可能出现球卡在旗杆与球洞中间的情况。根据规则，此时只要球有任何一部分在球洞内且低于推杆果岭表面，即便该球整体还未在表面以下，它也被视作已进洞。

如果球没有任何一部分在球洞内且低于推杆果岭表面，则该球没有进洞，球员必须在现有位置打球；如果拔走旗杆后这个球移动了（无论是掉入球洞还是离开球洞），球员不受处罚，必须把它放置回球洞边缘（参见规则14.2）。

# 第十八节

## 案例18 Par4

### 一、案例材料

最后一个洞是标准杆为4杆的中洞，球道中部左侧有沙坑，右边是球车道。王成的开球稍稍偏左，停在球道左侧的沙坑附近；赵强的开球位于球道中间。

王成来到球前，发现自己的球停靠在沙坑外的沙耙边。他取走沙耙后，球向前滚了几厘米。王成用7号铁杆从球的新位置将球攻上果岭，球停在距离球洞5码的位置。赵强则用8号铁杆将球送上果岭。

赵强在果岭上用2推完成最后一洞。王成错过了这记5码的推杆，球停在了洞口，他没有做标记就直接将球拿起，转身准备离开。这时，赵强提醒王成这是比杆赛，他必须履行击球入洞的程序。于是王成将球放回洞口，1推进洞。

回到会所记分处，赵强和王成在核对双方的成绩后互相签字确认，并且把记分卡递交给委员会。交卡之后，委员会发现赵强在记分卡上填写的总成绩比委员会计算的总成绩要低1杆。经核实，赵强的每一个洞的成绩记录都是正确的，只是最后计算总杆成绩时出错，算少了1杆。

### 二、任务

（1）根据文字材料，画出两位球员在此洞的打球路线，在图上简要标明每位球员违反规则及受到罚杆的情况。

（2）作为裁判员，你觉得赵强和王成两位球员在本洞各打了多少杆？两人分别用了几杆将球攻上果岭？在果岭上推了几杆？各罚了几杆，为什么被罚？

## 三、案例剖析

### （一）案例分析

（1）沙耙是可移动妨碍物，王成在移开可移动妨碍物时导致球移动，按照规则他应该将球放置回原处。但是王成没有把球放回原处，而是在球的现有位置状态下打了球。他的行为构成了从错误的地方打球，但此处的错误不属于严重违规，因此他只需接受 2 杆的罚杆，然后继续完成比赛即可。

（2）王成的球停在洞口，该洞尚未结束，他没有做标记就把球拿起来并准备离开。根据相关要求，王成要受到 1 杆的处罚。球员在比杆赛中必须履行击球入洞的程序，王成的球停在洞口尚未进洞，他不被允许捡球离开。幸好有赵强的提醒，王成才能在离开果岭之前纠正这一错误，否则他将受到取消资格的处罚。

（3）赵强和王成提交记分卡的程序没有问题。比赛中，球员只需要保证每一个洞的成绩记录正确，至于计算各洞成绩的总和是委员会的职责。虽然赵强自己计算的 18 洞成绩总和比实际成绩少 1 杆，但他并不会因此受到任何处罚。

### （二）本洞打球路线图

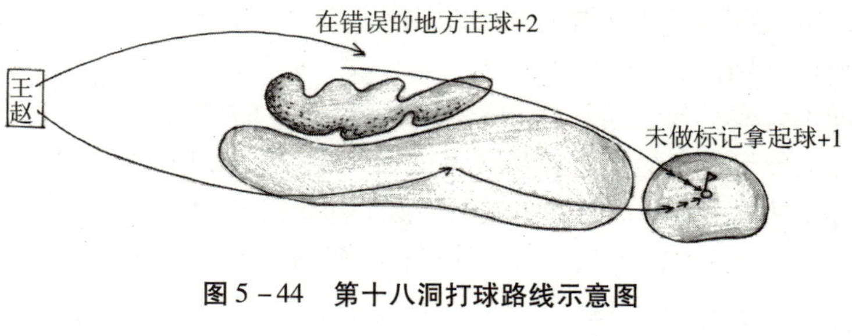


**图 5－44　第十八洞打球路线示意图**

### （三）本洞成绩

赵强：2上2推（发球区1杆、球道1杆、果岭2杆），击球4杆，没有罚杆，共4杆。

王成：2上2推（发球区1杆、球道1杆、果岭2杆），击球4杆，罚杆3杆（在错误的地方击球罚2杆，未做标记拿起球罚1杆），共7杆。

## 四、本洞涉及的重要规则

### （一）规则14.7：从错误的地方打球

在以下两种情况下，球员的行为容易构成从错误的地方打球：一是球员在规则不允许击球、抛球或者放置球的地方对使用中球进行了击打；二是当规则要求球员重新抛球或将移动了的球放回原位时，他没有按照规则去做，而是在球的现有位置状态下打了球。

在错误的地方打球并不是一起独立事件，球员一定是违反了某一条规则才使得自己在错误的地方打球。例如，当球员的球静止在错误果岭上时，球员并没有按照错误果岭的补救程序处置，而是直接在球的停点击球，他违反了规则13.1f（必须从错误果岭进行补救）。同时，球员的行为也属于在规则不允许打球的地方进行了击球，构成了从错误的地方打球。

规则对球员从错误的地方打球的处罚是一般性处罚。

比杆赛中，根据实际情况，球员从错误的地方打球后会有三种不同的处置方法：

（1）如果球员从错误的地方打球，但尚未构成严重犯规，他必须用从错误的地方打的球继续完成该洞，无须纠正错误。

（2）如果球员从错误的地方打球构成严重犯规，球员必须纠正错误，按照规则用一个从正确的地方打的球完成该洞。如果球员在击球开始另一个球洞之前没有纠正错误，或者当错误发生在本轮最后一个球洞，且球员没有在提交其记分卡之前纠正错误时，他将被取消资格。

（3）如果球员不确定从错误的地方打的球是否严重违规，他应当同时用从错误的地方打的球和按照规则从正确的地方打的第二个球一起完成该洞。需要注意的是，球员必须在提交记分卡之前向委员会报告打两个球的情况，即便他认为这两个球的成绩相同也必须报告，否则会被取消资格。之后，委员会再根据球员打两个球的具体情况判定其成绩。

（二）规则 3. 3c：未击球进洞

比洞赛中，同组的球员之间可以互相免除对手的下一杆击球，也就是常说的给对手“ok 球”。但是，比杆赛中没有“ok 球”，所有的球员都必须履行击球入洞的程序。如果球员在任何一洞没有击球入洞，则该球员必须在击球开始另一个球洞的比赛前（若事情发生在该轮的最后一个球洞，则必须在提交记分卡前）纠正此错误；否则，该球员将被取消资格。

（三）规则 3. 3b：比杆赛的记分；规则 20. 2e：比赛结果最终确定之后取消球员资格

业余比赛中，一组球员通常会互相做记分员。比如一组 3 名球员，可能 A 会做 B 的记分员，B 做 C 的记分员，C 做 A 的记分员。

比赛开始后，记分员会保管球员的记分卡，并逐洞填写球员的成绩。比赛结束后，记分员把记分卡交给球员本人确认。如果球员没有异议，双方就在记分卡上签字，然后由球员交给委员会。在此过程中，记分员的责任是检查、记录球员在每一个洞的杆数；而球员本人则要对记分卡的正确性负全部的责任。

根据规则，记分员和球员只需要负责每一个洞的成绩填写和确认即可，一轮比赛（18 洞）的总成绩由委员会负责计算。因此，如果球员每个洞的成绩都填写正确，但是总杆数计算错误，他不会受到任何处罚。如果某个洞的成绩填写错误，他就有可能受到严厉的处罚。

《高尔夫球规则》明确指出，如果球员签名并呈交了记分卡，他就要对记分卡的正确性负全部的责任。如果记分卡上有任何一洞的成绩高于球员实际的杆数，那么将以记分卡上的成绩为准；相反，如果记分卡上有任何一洞的成绩低于球员实际的杆数，球员将被取消资格。

正因为记分卡填写错误的后果非常严重，在正式比赛中，委员会一般会在 18 洞的果岭附近找一个安静的地方，供球员核实和提交记分卡。这样可以较好地让球员在经历了激烈的比赛后尽快平静下来、平复情绪，然后冷静地对记分卡进行检查。

# 第六章

# 国内常见的“本土”规则

高尔夫球运动被称为“绅士运动”，需要球员具备诚信、自律、时刻为他人着想的运动精神。《高尔夫球规则》作为高尔夫球运动的一部分，是球员在运动中必须严格遵守的法则。但现实生活中，大家经常会遇到一些不按规矩或规则行事的案例。

## 一、《高尔夫球规则》的基本要求

《高尔夫球规则》被翻译成几十种文字，在一百多个国家广泛使用。《高尔夫球规则》开篇（规则 1）就向球员介绍了在高尔夫球运动中应遵循的几条重要原则：在球场的现有状况打球；在球的现有位置打球；遵照规则打球，尊重这项运动的精神；如果球员违反了某条规则，他有责任对自己实施处罚，使自己在比赛中不会因此获得任何潜在利益。

另外，“公正的原则”是《高尔夫球规则》中最重要的原则。规则 20.3（规则未涉及的情况）明确规定，如果出现规则未涉及的情况，应由委员会将所有因素考虑在内，并按照合理、公平、与规则处理类似情况一致的方式予以处理。

## 二、“本土”规则出现的原因

经过几百年的发展，高尔夫球规则变得越来越完善，自然也变得越来越复杂。一名高尔夫爱好者应当认真学习规则，严格按照规则处理实践中的各种问题。但是，由于高尔夫球运动在我国的发展时间比较短，高尔夫文化及规则还远未达到普及的程度，一些高尔夫爱好者觉得“标准”的高尔夫球规则“实在太复杂”“太难学”，或者“记不清楚”，并且“每个人的理解都不同”。另外，极少数爱好者偶尔会参与赌球活动，他们为了避免对通行规则的理解和判罚争议，便自行设置一些“简单粗暴”但争议较少的条款，从而形成了一些“本土”规则。“No Touch”就是一条在我国流行较广的“本土”规则。

## 三、“No Touch”简介

“No Touch”在 2000 年左右开始流行。这种规则最先出现在海南、深圳等地，然后逐渐被全国球友所熟知。“No Touch”原本只是针对适用规则易发生争议的条款，它不是鼓励球员不遵守规则，而是尽可能地避免对规则的理解误差和不必要的争议。但随着国内球场上赌球风气日盛，一些球友对“No Touch”进行了擅自更改，要求“打到哪儿算哪儿”“停在哪儿就在哪儿打”，即便是球停在排水井的井盖上或者水泥路上也照打不误，实在打不了就接受罚杆回原位重打。若球下水，球员也只能接受罚杆回原位重打，哪怕多次击球落水，也要罚杆并回原位重打，直到过水为止。

有人将“No Touch”称为“大流氓规则”，意指惩罚性比较强、让人头疼的比赛规则。其核心在于，无论球落在什么位置，球员都不能抛球，必须在球的停点打球；如果球进水或者出界，必须回到上次击球的地方重打，并且加罚 1 杆。

与“大流氓规则”相对应的是“小流氓规则”。“小流氓规则”较为温和，但对于打不出距离的球友，它却如同恶魔。“小流氓规则”和“大流氓规则”最大的区别就是不用每球必找，而是在比赛前由各位参赛选手商量确定球场界限，通常以球道、沙坑和果岭为界内，其他一律算界外。球打在界外或落水，球员必须回到原地重打，并加罚 1 杆。也就是说，球如果被打进了长草或者树林，一律算作出界。

赌球时，球员较常采用“大流氓规则”以及惩罚性更强的“大流氓 + 赌杆赛”规则。所谓“赌杆”，就是以杆数计算赌注，如果按一杆 100 元为赌注，一洞输给对手多少杆，球员就要按 100 元乘以所输的杆数付钱。更有甚者在计算赌注时直接根据所输杆数翻番计算，如一杆输 100 元，两杆输 200 元，三杆输 400 元，四杆输 800 元，以此类推。

## 四、积极学习和应用规则，远离赌博

运用“No Touch”打球的弊端不言而喻，主要有以下两点：

1. 该规则很容易导致打球速度过慢

该规则要求球员“打到哪儿算哪儿”“停在哪儿就在哪儿打”，实在打不了就要接受罚杆回到原位重打，这些规定可能严重影响打球速度。

2. 过于简单原始的规则可能会让球员丧失诚信

“No Touch”无法约束球员故意挥杆把球周边的长草打断、在球进入罚杆区后连续试挥触碰水草、折断影响上杆的树枝，或者请球童拉开影响上杆的树枝等行为，而这些行为严重违背“在球场的现有状态下打球”这一原则。

高尔夫文化及运动精神要求球员诚信、自律、时刻为他人着想，

《高尔夫球规则》也建立在球员彼此信任的基础之上。而“No Touch”多为赌球所用，强调高效和无争议，但不能保证诚信，明显有违高尔夫球运动的精神。

高尔夫爱好者应积极学习和应用《高尔夫球规则》，严格按照《高尔夫球规则》打球，远离赌球活动。否则，这项深具文化内涵的运动的魅力将大打折扣。

# 附　录

## 最古老的高尔夫球规则——“十三条”

说到高尔夫球运动规则，人们首先想到的可能是苏格兰圣安德鲁斯皇家古老高尔夫俱乐部，但高尔夫球最早的运动规则其实出自爱丁堡附近的莫里菲尔德（Muirfield）。

1744 年 3 月 7 日，位于苏格兰的利斯绅士高尔夫球手俱乐部为将于当年 4 月 2 日举行的会员比赛特意拟定了一份比赛规则，共计 13 条。这 13 条被记载在羊皮纸上的规则不仅被后人誉为“高尔夫球运动历史上最早的法典”，还标志着高尔夫球从个人约定的民间游戏演变为一项规范的运动。

当时的规则非常简单，每条规则只有一两句话，一两页纸就囊括了规则的全部内容。但是，这 13 条规则却是后来指导高尔夫球运动的规范基础，具体内容如下：

规则一：球员必须在距离球洞一支球杆长度范围内开球（当时还没有真正的发球台，球进洞后球员接着打下一洞）。

规则二：球员的球座必须在地面上（当时的球座由小沙堆构成）。

规则三：在比赛中不允许更换高尔夫球（ 遵循“一球制” 原则）。

规则四：不能为了打球方便而移动石块、骨头、树枝等，除非在该洞的果岭上，但只能清除距球一支球杆长度范围内的障碍。

规则五：如果球员的球落入水中或其他沼泽，球员可以将球取出并放在罚杆区后开球，并因此让对手 1 杆（最早的加罚 1 杆规定）。

规则六：无论在任何地方，如果球员的球跟其他球碰到了一起，球员要把原来的球拿起，直到把球打完。

规则七：在推球入洞时，球员要诚实地打自己的球，不要做小动作，例如使自己的球碰对方的球。

规则八：如果球员的球遗失，球员要返回到上一杆击球的地方再打一个球，同时让对手 1 杆（罚杆和距离）。

规则九：在推球入洞时，任何人不允许用球杆或其他物品来标识他的球路。

规则十：如果球被任何人、马、狗或者其他的任何事物所阻止，球员应该在球的现有状态下继续打球。

规则十一：如果因挥动球杆击球造成球杆断裂，球员须在自己的杆数上加 1 杆。

规则十二：距离洞最远的球手应最先击球。

规则十三：用于维护林克斯球场的沟渠、壕沟和堤坝等不被视为球场障碍，球员可以从中取球，并用任何铁杆进行击打。

# 参考文献

［1］R&A 规则有限公司，美国高尔夫球协会 . The Rules of Golf［S］. 2023.

［2］中国高尔夫球协会．高尔夫球规则：中文版［S］. 2023.

［3］李今亮，冯力源 . GOLF 下场学规则．北京：北京体育大学出版社，2008.

［4］安铁民．高尔夫球规则实用教程．北京：中国农业大学出版社，2014.

［5］吴亚初．高尔夫概论．北京：人民体育出版社，2011.

［6］张国华．高尔夫规则与礼仪．广州：暨南大学出版社，2015.

［7］张国华．高尔夫球运动规则及案例解析．广州：暨南大学出版社，2020.